대한자강회월보
편역집
2

옮긴이

임상석 고려대 대학원 국문과 문학박사로 현재 부산대 점필재연구소 HK교수이다. 『20세기 국한문체의 형성과정』, 『시문독본』(최남선 한국학총서), 『한국고전번역학의 구성과 모색』(공저), 『동아시아, 근대를 번역하다』(공저) 등을 간행하였다.

정두영 연세대 대학원 사학과 문학박사로 현재 경상대, 연세대 강사이다. 「16세기 정국 동향과 이희(李墍)의 정치활동」, 「정조대 도성방어론과 강화유수부」, 『한국사의 이해』(공저), 『주자봉사(朱子封事)』(공역) 등을 간행하였다.

고전번역학총서 - **번역편**

대한자강회월보 편역집 2 실용학문의 태동

1판 1쇄 인쇄 2014년 12월 20일 **1판 1쇄 발행** 2014년 12월 30일

옮긴이 임상석 · 정두영 **펴낸이** 박성모 **펴낸곳** 소명출판
등록 제13-522호 **주소** 137-878 서울시 서초구 서초중앙로6길 15
대표전화 (02) 585-7840 **팩시밀리** (02) 585-7848
이메일 somyong@korea.com **홈페이지** www.somyong.co.kr

ISBN 979-11-85877-03-7 93810 값 19,000원

이 책은 정부(교육과학기술부)의 재원으로 한국연구재단의 지원을 받아 출판되었음.(NRF-2007-361-AM0059)

고전번역학총서 - 번역편

대한자강회월보 편역집 2

실용학문의 태동

The Anthology of Daehanjaganghoe Monthly on Translation

임상석 · 정두영

소명출판

■ 일러두기

1. 본 편역서의 대본은 1976년 亞細亞文化社에서 영인한 "韓國開化期學術誌"의 『大韓自强會月報』 上, 下권이다.
2. 법령, 광고, 회원 명부, 규칙 등을 제외한 대부분의 기사를 번역하였다.
3. 『대한자강회월보』의 기사들을 주제별로 나누어 편역, 출간한다.
4. 각 권의 세부목차는 기사의 성격에 따라 논설, 번역, 기타 기사 등으로 나누어 편집하였다.
5. 일본인명과 지명은 일본음으로, 중국인명과 지명은 한국 한자음으로 표기하였다.
6. 괄호는 세 가지를 사용했다. 음독인 경우 "( )"으로, 훈독인 경우 "[ ]", 원문의 괄호는 "【 】"으로 표기하였다. "( )"이 독해의 편의를 위해 삽입된 경우도 있다.
7. 괄호 안의 해설은 " ; "으로 구분했다.
8. 기타 번역 과정에서 설명이 필요한 부분은 각주를 사용하였다.
9. 본문에 나오는 작가나 인명에 대한 주석은 권 말미에 따로 정리했다.
10. 각주에 나오는 인명이나 서명을 색인에 포함한 경우도 있다.

:: 발간사

고전이란 시간과 공간을 뛰어넘는 인간의 보편적 가치를 지니고 있는 작품이라 일컬어진다. 또는 오랜 시간이 지났지만 낡고 빛바랜 것이 아니라 '오래된 미래'라는 이름으로 불리기도 한다. 고전에 대한 굳은 믿음과 아름다운 찬사이다. 물론 반론도 만만치 않다. 고전의 가치란 시공간을 벗어나 존재하기 어려우며, 고전이 형성되는 과정에서 개입하는 지배 권력의 음험한 작동을 부정할 수 없기 때문이다. 실제로 고전이란 이름으로 시대와 인간을 억압했던 사례 또한 역사에 선연하다. 그런 점에서 고전이 보편적 가치를 지닌다는 통념은 이데올로기적 허구에 가깝고, 고전이 지니고 있는 역기능에 보다 유념해야 한다는 경고는 경청할 만하다. 우리가 기억하는 고전 목록의 대부분이 과거 지배이데올로기였던 불교와 성리학, 그리고 근대 서구중심주의를 강화하는 데 복무했던 사실을 상기한다면 더욱 그러하다.

하지만 역설적이게도 위기와 변혁의 시기, 고전에 대한 새해석으로부터 갱신의 계기를 마련했다는 사실도 함께 기억할 필요가 있다. 서구에서 그리스-로마의 고전을 재해석함으로써 르네상스 시대를 열었다든가 동양에서 제자백가 시대의 유가 경전을 재해석함으로써 신유학의 시대를 열었다는 사실은 잘 알려진 바이다. 고전은 이렇듯 시공간의 아득한 간극에도 불구하고 쉽게 지워지지 않은 채 우리들에게 늘 이중의 과제를 부과하고 있었던 것이다. 과거의 고전을 오늘의 지평으로 끌고 와서 지금도 여전히 유효한 가치를 지니는가를 되묻는 현재적 질문과 동시에 과거의 고전이 담고 있던 문제의식을 재음미하면서 우리로 하여금 새로운 가치를 창출하도록 만드는 미래적 반추가 그것이다. 고전에 대한 이런 되물음과 재음미는 번역의 과정을 통해 비로소 가능하다. 기실, 번역이란 단순한 축자 해석의 차원을 넘어선다. 고전을 번역한다는 것은 고전을 산출한 과거의 지적 시공간을 오늘날의 지적 시공간 속에 삽입하는 과정이자 모두가 읽고 공유할 수 있는 지적 층위를 확충해가는 과정이기 때문이다. 고전을 과거의 현재화, 지식의 민주화라 부르는 까닭이다.

그렇다면 고전번역학이란 거듭해서 음미할 만한 가치를 지닌 고전적 텍스트를 현재와 대면시키면서 새로운 의미를 확보해가는 학문적 분투의 여정이라 할 수 있다. 고전번역은 고전에 새로운 생명을 불어넣는 갱신의 과정이며, 아득한 과거로의 회귀가 아니라 언제나 현재적 기획일 수밖에 없다. 불교 경전이 전래되어 삼국시대에 번역되며 한국 불교문화를 꽃피웠을 때도 그러했고, 유가 경전과 신유학의 고전이 전래되어 번역되며 조선 성리학을 일구었을 때도 그러했다. 뿐만 아니라 근대전환기 서양의 문명과 고전이 전래되어 번역되던 시기에도 번역은 과거로의 침잠이 아니라 늘 미래를 향한 현재적 기획의 자세를 견지했다. 바로 그 지점에서 고전번역학은 비교문화학과 해후할 수밖에 없다. 이들 둘은 기본적으로 문화와 문화 간의 차이를 넘어서려는 횡단적 성격을 공유한다. 물론 차이가 있기는 하다. 고전번역학이 시간적 차원에서 문화와 문화의 관계를 해석하는 작업이라 한다면, 비교문화학은 공간적 차원에서 문화와 문화의 사이를 해석하는 작업인 것이다. 고전번역학이 비교문화학과 어깨를 겯고 공명(共鳴)해야 하는 근거이다.

이번에 발간하게 되는 '고전번역학총서'는 단순한 축자 번역을 넘어서서 하나의 문화를 또 다른 문화로 옮기는 문화번역까지 포괄하는 입장에 서서, 고전번역과 관련된 세 가지 차원의 작업을 병행하고자 한다. 첫째, 한국문명의 전환을 이루었던 불교·성리학·서구문명의 전래와 그 고전적 텍스트의 번역에 관련된 자료를 광범위하게 수집·정리하는 작업이다. 이는 고전번역학의 토대를 구축하는 데 크게 기여할 수 있을 것이다. 둘째, 고전번역학의 맥락에서 문명전환기에 중요한 역할을 했던 고전적 텍스트를 선별·번역하는 작업이다. 이는 고전의 현재화를 통해 모두가 활용하는 지적 자산으로 제공될 것이다. 셋째, 고전적 텍스트가 번역되며 새로운 문명전환의 계기가 마련되어 가는 과정을 정밀하게 탐색하고 이를 이론적 차원으로 끌어올리는 작업이다. 이는 한국학계에 고전번역학이란 학문분야를 정립하는 의미 있는 시도가 될 것이다.

돌이켜 보면 고전과 번역은 한국학의 정체성은 물론 문명전환의 과정을 규명할 수 있는 중요한 관건이었음에도 불구하고 이제까지 문헌 정리조차 제대로 이루어지지 못했다. 특히 근대 전환기에 유구한 전통을 지닌 우리/동양 고전이 새롭게 전래된 서구 고전과의 뜻 깊은 만남, 그리고 그 과정에서 빚어진 파열과 화해의 관계에 대한 탐구는 거의 없었다. 우리는 이런 상황을 직시하고, 한국 고전번역학을 정립하기 위해 자료 수집과 번역, 이론 연구의 기초적인 작업부터 차분하게 시작하고자 한다. 우리가 펴내는 '고전번역학총서'가 그런 힘겨운 여정에 보탬이 되는 디딤돌이 되기를 기대한다.

부산대학교 점필재연구소

차례

제3부
사회과학관계 논설

제4부
실용학문 관계 교과서와 번역

제5부
기타 기사

1부 식산관계 개설

식산을 장려합시다 | 식산흥업의 필요 | 대한자강회가 식산부를 둔 뜻 | 한국에 돈이 없음을 걱정하지 말라 | 식산부 개설

식산(殖産)을 장려합시다

현은

국가의 문명(文明)이 발달됨은 오로지 부강(富强)한 실력과 관계되기에, 지금 서구 열강의 문화 수준을 보건대 모두 산업의 증식으로 말미암아 더불어 전진함이 사실로 확인됨이 분명하다. 대체로 동양의 고대를 논하더라도 선철(先哲)·선성(先聖)은 매번 정치를 담론함에 반드시 실업을 함께 거론하여 산업의 증식을 말하였다. 『서경(書經)』「대우모(大禹謨)」에 오직 "수화금목토곡(水火金木土穀)의 육부삼사(六府三事)[1]를 크게 다스렸다" 하였고, 『서경』「우공(禹貢)」1편은 오로지 토양의 비옥함과 척박함, 산물의 풍족함과 부족함을 진술하였다.[2] 『서경』「홍범(洪範)」의 팔

1 수화금목토곡…… 육부삼사 : 육부는 수·화·금·목·토·곡의 여섯 자연물을 가리킨다. 부는 재용(財用)이 흘러나오는 곳이란 의미이다. 삼사(三事)는 정덕(正德)·이용(利用)·후생(厚生)으로 백성의 덕을 바르게 하고 백성들이 편하게 쓰도록 하고 백성의 생활을 여유 있게 하는 일이다.

2 우공(禹貢)은 서경(書經)의 편명(篇名)이다. 요(堯) 임금 때 9년 동안 홍수가 나서 신하 곤(鯀)에게 명하여 다스리도록 했으나 공을 이루지 못했고, 순(舜) 임금에 이르러 곤의

정(八政)[3]에도 "첫째를 식(食)"이라 하였고, 『관자(管子)』에서도 "의식(衣食)이 충족한 뒤에 예절을 안다"[4]고 하였다. 『시경(詩經)』에 요순(堯舜)과 삼대(三代; 夏殷周)의 유풍은 모두 농사일의 어려움을 거듭 권면함이라[5] 하고, 『춘추(春秋)』는 은미하게 위문공(衛文公)이 상공업을 유통한 공을 장려하였다.[6]

이처럼, 동양의 선철·선성도 어찌 성리(性理)의 미묘하고 오묘함만을 숭상하여 산업의 실용을 내버렸겠는가. 이런 까닭에 체용(體用)을 겸비하여 실학을 연구하려는 사람은 모두 산업의 발달이 학술의 연구에 있어 제일 요체임을 알아야 한다.

우리 대한 고금의 학자들은 단지 고상한 취지로서 종주(宗主)를 삼고 청렴한 몸가짐으로 표방을 세운다. 왕연(王衍)이 입으로 아도물(阿堵物)[7]을 말하지 않으며 검루(黔婁)가 뱃속에 차래식(嗟來食)[8]을 들이지 않는 것만[9] 사대부의 높은 절조로 자부하여 실업의 방면에는 어수룩하게 전

아들 우(禹)에게 명하여 다스리게 하니, 우는 9주를 순시하여 산천을 측량하고 강을 다스려 9주의 경계를 바르게 하여 10년간에 공을 이루었다. 우공편은 중국 최고(最古)의 지리서(地理書)로 여러 지역의 토양과 물산을 기록하고 있다.

3 『서경』 홍범의 팔정(八政)이란 식(食; 식생활)·화(貨; 재화財貨)·사(祠; 제사)·사공(司空; 농지農地 개간)·사도(司徒; 교육)·사구(司寇; 치안)·빈(賓; 외교)·사(師; 국방) 등 나라를 다스리는 여덟 가지 일이다.

4 『관자』에 …… 예절을 안다: 원문은 "창고가 차면 예절을 알고, 의식이 풍족하면 영욕을 안다[倉廩實則知禮節, 衣食足則知榮辱]"이다. 출전은 『관자』「목민(牧民) 경언(經言)」이다.

5 요순(堯舜)과 …… 권면함이라: 『시경』에 관계된 언급으로 추정되나 미상.

6 『춘추(春秋)』는 …… 장려하였다: 『춘추좌씨전』 민공(閔公) 2년, "위문공(衛文公)이 재화를 증식하고 농사를 가르치며 통상을 장려하고 공인들을 우대하였다[務材、訓農、通商、惠工]"는 기사가 있다.

7 아도물(阿堵物)은 '저것'이란 의미로 돈을 가리킨다. 왕연이 돈이라는 말을 입 밖에 낸 일이 없었는데, 그의 아내가 시험 삼아 돈을 상 옆에 놓아두자 왕연이 '저것[阿堵物]'을 가져가라고 한 고사에서 나온 말이다.

8 차래식(嗟來食)은 『예기(禮記)』「단궁(檀弓)」 하에 나오는 말로, "제 나라가 큰 기근이 들었을 때 검오(黔敖)가 음식을 마련하여 길 가에 기다리고 있다가 굶주린 자가 오면 먹여주면서 아아, 가엾어라. 어서 와서 먹으라고 하였다"고 한다. 무례한 태도로 불러서 주는 음식을 말한다.

9 검루(黔婁)가 …… 않는 것만: 검루와 차래식 일화의 검오(黔敖)는 다른 사람인 듯하며,

혀 어둡다.

국조(國朝) 이래로 신사(紳士; 선비)라면 산업을 폐기하여도 자연스레 부귀영화가 따라온다 하여 존숭하고 흠모함이 천신과 같고 농공상인(農工商人)의 부류는 가축처럼 천대하였다. 그러므로 국가의 산업이 피폐하며 인민의 생업이 영성하여 오늘날의 쇠퇴한 지경에 이르렀으니 어찌 참으로 안타깝지 않으리오.

우리나라 고대를 논해보면 산업의 발달이 실로 놀랍고도 우러를 만하다. 단군(檀君)과 기자(箕子)의 시대는 너무 오래되어 징험할 수 없으나, 신라 · 고구려 · 백제의 시대에 그 농업의 굉장함과 공예의 발달이 얼마나 흥성하였는가. 이는 역사에 증명할 근거가 분명하니 지금 낱낱이 기술하기 어려워 다른 지면을 기약한다.

대저 우리나라의 천연산물은 실로 세계 여러 나라에 비교하여 우수한 반열에 어깨를 나란히 할 것이다. 만약 이를 장려하여 발달의 경지에 나아간다면 어찌 이처럼 피폐함을 고뇌하리오.

(1호, 58~59면)

차래식은 검오를 풍자한 내용이므로 필자의 착오인 듯하다.

식산흥업의 필요

장지연

대저 의식(衣食)이 넉넉해야 예절을 안다는 말은 개인에 있어서 말함이나, 개인의 경우에도 그러하거니와 국가에도 마찬가지니, 국부(國富)를 증진하여 국민의 의식(衣食)이 넉넉한 연후에야 국권 신장을 이룰 것이다. 그러나 지금의 상황처럼 국가의 빈궁이 심한 경우라면 국권 신장을 어찌 바라겠는가. 우리나라의 삼천 리 강토가 척박한 자갈밭이나 황폐한 불모지와 같다면 어찌할 수 없겠으나 그렇지는 않다. 토지가 비옥하고 기후도 온화하여 미곡의 풍성, 금광의 이득, 삼림의 울창함, 어업의 성대함이 실로 각국이 모두 군침을 흘리는 것이다. 정부에서 좋은 방법을 강구하여 인민에게 진취적 기상을 고무하면 어찌 각국의 뒤로 처지겠는가.

또 일용할 기물로 말하여도 각종 기구와 물품을 온통 외제산물에 의지해, 수입품이 증가할수록 우리나라 금전이 외국으로 유출되는 것이 많을 것이다. 그러므로 한 나라의 경제는 수입과 수출의 균형 여부로 알 수 있으니 물산이나 제품을 타국에 많이 수출하여 금전이 많이 유입되어야 국부를 이룰 수 있고, 타국의 물산과 제품을 많이 수입하여 금전이 타국에 많이 유출되면 그 나라가 빈궁에 빠진다는 것은 경제의 원칙임이 분명하다. 무릇 식산흥업(殖産興業)은 물산과 제품을 더 많이 타국으로 수출하는 원동력으로써 국부를 증진하는 근원이 되기에, 우리 자강회는 식산흥업의 발달을 기약함으로써 강령에 한 항목을 더하였다.

첫째, 농업법을 개량하여 수확을 증가하고, 공업법을 장려하여 제조품을 증가하며, 이업을 빌딜시켜 대륙인 청나라에 수출할 방법을 강구하며, 황무지를 개간하여 이득을 거두며, 광산을 채굴하여 지하에 저장된 거대한 이익을 일구는 등등, 우리 국부의 원천을 증진하는 방법이 한둘에 그치지 않는다. 지금 각국의 사람들이 사방에서 우리나라에 주목하는 이유도 모두 이런 이익을 엿보아 아는 까닭이니, 우리나라 사람이 어찌 방관하며 방임하는 것이 옳겠는가. 우리도 스스로 나아가 식산흥업의 발달에 노력하여 봅시다.

어떤 사람이 말하기를, 일본인이 해마다 늘어나 우리 국민의 이익을 흡수하니 어찌 식산흥업의 여지가 있겠는가 하는데, 우리도 공감이 가기는 한다. 그러나 일본인이 늘어나는데 우리가 점점 퇴보하면 결국 노예에 머물 뿐이다. 그러므로 우리는 자강을 힘써 권장하고 식산흥업하는 방도를 한 뜻으로 만들어, 노예 되기를 면함이 옳지 않겠는가. 모든 사물이 스스로 썩은 후에 구더기가 생기고 사람도 반드시 스스로를 모멸한 후에 남이 모욕한다는 말이 있으니, 국가도 이와 같다. 국가가 망하는 것은 스스로 망하는 것이지 남이 멸망시키는 것이 아니다.

또한 식산흥업이라고 말하는 경우에는 산업을 일으킬 뿐이 아니라, 일반 국민의 재산에 대하여 보호할 방법도 연구하여 앞날의 산업을 증식해야 하지 않겠는가. 지금 우리들이 자강이라 말한다면, 우리의 고유한 재산을 스스로 보호하여 타인에게 의지할 생각도 하지 말고 또 타인에게 침해도 받지 말아야 이것이 진정 자강하는 주의가 아니겠는가.

국부의 원천이 식산흥업에 있는 이유를 이미 안다면, 스스로 나아가 식산흥업의 발달을 뜻을 모아 권면함이 옳지 아니하오? 우리 자강회는 우리 대한 부강의 실질을 들어 국권의 회복을 신속하게 하고자 희망하는 주의이다. 최우선 식산흥업의 발달에 힘을 다하고 교육의 진작에 뜻을 모을 터이니, 그 방법과 세칙은 다음 연설에 하나하나 진술하겠다. 오늘은 시간이 촉박하므로 대강만 설명한다.

(1호, 32~35면)

대한자강회가 식산부를 둔 뜻

여병현

부국(富國) 하는 수단은 식산에 있고 식산의 방법은 근면과 기술에 있으니 노동으로 기술을 실행하며 기술로 노동을 뒷받침한 뒤에야 식산하여 부국 할 수 있다. 하늘은 이미 수화금목토곡(水火金木土穀)을 사람에게 주었으니, 사람은 마땅히 저마다 노동과 기술을 다하여 얻어 써야 한다. 그러므로 동서고금에 각종 기술자와 실업가 등이 잇따라 나와서 그 심사(心思)와 재주를 다하여 식산의 방법을 연구하였다. 식산이란 물산을 증식함을 이른다.

세계의 물산을 구별하면 두 종류가 있으니 천연적인 것과 인공적인 것이다. 이른바 천연적인 물산은 인력에 의지함이 없이 자연히 생성된 것이고, 인공적인 물산은 공력(工力)을 빌려 제조한 것이다. 세계상에 어떤 나라를 막론하고 그 나라가 지닌 천연물과 인공물을 모두 일컬어 물산이라 한다.

천연물은 더러 이 지역에서는 적합하나 다른 지역에는 적합하지 않고, 또한 한대 지방에서는 생산되지만 열대 지방에는 생산되지 않는 경우가 있다. 이 때문에 농림학자가 나와서 토지의 비옥과 척박을 살피며, 기후의 춥고 더움을 헤아려 벼 · 보리 · 목면 · 감자가 어느 지역에 적합한지와 무엇이 추위 · 더위 · 건조 · 습함에 잘 견디는지를 분명하게 시험한 다음에 조건이 맞는 것을 심고 재배하여 곡류나 과일 및 목재 등을 증산한다.

아직 드러나지 않은 하늘이 숨긴 신비와 땅이 감춘 보화를 개발하고 채취하여 이용하지 않을 수 없다. 이 때문에 광산학자가 나와서 그 사물의 이치를 밝혀낸 결과로 오금(五金; 금, 은, 구리, 쇠, 납)과 석탄 등속을 채굴하여 광물을 증산한다.

각종 천연물을 반드시 사람의 공력을 들여서 제조하되 그 인력을 돕고 기술력을 조절하는 방법이 있게 마련이다. 이 때문에 공학자가 나와서 물과 불의 힘을 빌리며 손과 눈의 기교를 다하여 새 기계를 발명하여 제조물을 증산한다.

만물은 궁극적으로 균등하게 분배되기 어렵다. 이 때문에 세계의 인민이 저마다 저에게 있는 물건을 수출하여 타인의 부족함을 충족하며, 타인의 소유를 수입하여 나에게 없는 것을 보충한 다음에 물산이 고르게 나누어진다. 이 때문에 상업가가 나타나 각국과 통상하는 것이다. 산을 넘고 바다를 건너 넉넉함과 부족함을 서로 무역하여 화물을 증식한다.

잠상(蠶桑), 목축, 어업 등 각종 실업가에 이르러서는 일일이 열거하기 어려우나 노동과 기술을 극진한 지경에 이르도록 힘씀은 현재 구미 열강과 동양 일본의 식산 기술이 바로 그것이다. 어느 나라 인민이든지 근면함과 기술을 함께 시행하여 식산에 전력하면 그 국내에 천연자원이 비록 적더라도 인공물이 도리어 많아 부강을 기약할 수 있으니, 현재 영국이 그렇다.

만일 인민이 나태하여 놀고먹기를 좋아하며, 옛 규범만 고수하여 새로운 공예를 연구하지 않으면 자국의 천연자원을 가지고 타국의 인공물을 구입하니 이러고서도 부강한 자는 드물 것이니 우리 대한 인민이 그렇다.

우리나라의 위치가 지구 동쪽 온대 지대에 있어 천하에 두터운 곳을 얻어 광산이 넉넉하고 토지가 비옥하며, 기후의 온난함을 얻어 동식물이 번성하여 인민은 나태가 습관이 되었다. 또 지식을 연마하는 힘이 부족하여 식산의 방법을 오히려 발달시키지 못했다. 그렇기에 광산이 비록 풍부하나 스스로 채굴할 수 없고 외국인이 마음대로 이익을 가져가도록 모조리 허락한다. 토지가 비록 비옥하나 황무지로 내려진 것이 많아 외국인이 개간을 요청함이 잦고, 동식물이 비록 많으나 소비할 줄만 알고 증산하는 방법을 모른다. 이 어찌 우리 대한 사람이 노동과 기술이 부족한 소치가 아니겠는가.

그러므로 오늘 대한자강회에서 식산부를 특설하여 그 방법을 연구하고 우리 동포를 노동과 기술 두 가지에 종사하게 하여 그 천연자원을 개발하고 그 인공물을 증산하려는 것이다. 우리 대한을 부강한 문명의 영역에 올려 세계열강과 수레를 나란히 달리기를 기도(企圖)하노라.

(2호, 14~16면)

한국에 돈이 없음을 걱정하지 말라[勿憂韓國無錢]

오가키 다케오

나라가 어려우면 훌륭한 재상을 생각하고, 집안이 가난하면 어진 아내를 생각하니[1] 한국은 현재 어떤 사람을 생각하겠는가. 훌륭한 재상도 필요하고 어진 아내도 필요하다. 그러나 오히려 더욱 필요한 것은 자조적(自助的) 인물이다. 자조적 인물이 있는 곳에는 금전이 절로 생기고, 명예는 바라지 않아도 얻을 것이다. 사람이 정도를 닦아 각고하게 힘쓰면 금전이 도처에서 솟아나고, 운명을 도처에서 만들 것이다. 나태함은 자립하는 방법이 아니니, 오늘날 한국인이 분명한 결심을 가져서 각자가 분발하여 자조적 인물이 된다면 국가에 1천만 원이나 2천만 원의 부채가 있을지라도 무슨 걱정이 있겠는가. 바른 마음 지혜로운 안목으로 2천만 동포가 양 손에 침 뱉고 떨쳐 일어나면 1억, 2억은 물론

1 나라가 …… 생각하니 : 위 문후(魏文侯)가 이극(李克)에게 자문을 요청하면서 인용한 말이다. 원문은 "집안이 가난하면 어진 아내를 생각하고, 나라가 어려우면 훌륭한 재상을 생각한다[家貧思良妻 國亂思良相]"이다. 출전은 『사기(史記)』 「위세가(魏世家)」이다.

이고 10억, 100억의 금전도 땅위에 솟아나게 할 수 있을 것이다. 오늘날 국민이 가장 주의할 것은 이 한 가지에 있을 뿐이니, 괄목(刮目)할지어다. 2천만 동포여!

(3호, 52~53면)

식산부(殖産部) 개설(槪說)

김성희

사농공상(士農工商)은 국민의 직업을 나누는 것이다. 한 부분이 빠지면 국가가 이루어지지 못한다. 4민이 직업을 각기 닦아 서로 침범함이 없이 식산을 자유롭게 하여 독립적으로 생활함이 곧 국민단체의 자격이다. 오늘날 자격이 불완전한 사람이 많음은 어째서인가. 인종의 품질이 불량한 것이 아니며, 오관이 갖추어지지 못한 것도 아니며, 다만 그 부지런히 힘씀이 부족하여 게으름을 스스로 달게 여긴 까닭에 노예의 성질을 만들어 눈앞의 구덩이에 빠진 결과이니 어찌 참혹하지 않겠는가.

선비는 경(卿)과 사(士)부터 군인, 경리, 서민에 이르기까지 봉급이 있는 자의 총칭이다. 중국 고대에 4민을 구분하면서 사를 그 으뜸으로 하고, 농공상을 다음으로 하여 백성의 급을 정한 것은 전제국에서 선비를 중시하는 주의에 지나지 않는다. 오직 사를 영예롭게 여기고 농공상 등은 부끄럽게 여기니, 이에 밭가는 자는 적고 먹는 자는 많으며, 생산하는 자는 적고 쓰는 자는 많아 백성이 흩어지고 재물이 고갈되어 나라가 빈약해서 곧 멸망에 이른다.

우리 대한이 그 폐단을 이어받아 스스로 떨치지 못한 지 오래되었다. 더구나 최근에는 다시 기강이 무너져서 4민에 들지 못해 귀속되지 못한 자를 억지로 사(士)라고 이름 하여 농공상에 비하여 반이나 된다. 시문(詩文)을 자랑하여 겉만 꾸미는 자, 허례를 숭상하여 고담준론만을 좇아 달려가는 자, 벼슬과 문벌의 자리를 빙자하여 무단(武斷)을 제멋대로 행하는 자, 잡기와 술을 탐욕스럽고 화류에 제멋대로인 자, 운명의 술수를 함부로 지껄여 순수한 풍속을 미혹하는 자, 시특히게 지름길을 뚫고 뇌물로 부탁하여 살 길을 도모하는 자, 거짓으로 교회를 의탁하여 보잘것없는 재산을 빼앗는 자, 돈을 주고 선원을 모아 해협에 출몰하는 자, 길을 막고 집을 털며 도둑질에 종사하는 자에 이르기까지 직업이 없는 사람이요 억지로 이름 붙인 선비다. 놀고먹는 자의 폐해가 지대한 관계로 나라가 자존할 수 없고 백성이 가축이 되어 생사여탈에 관계되는데 남의 눈치만 보고 있다. 바람과 조수가 거세니 외딴 섬에 옮겨 정박할 일을 생각해 볼 것이다.

농민은 민국(民國)의 명맥이다. 농사의 공은 역사상 중대한 사업이므로 요순(堯舜)은 직(稷)을 신하로 삼아 다스렸고, 문왕과 무왕은 직(稷)을 조상으로 흥하였다. 우리 선왕조에서도 적전(籍田)을 몸소 경작하며, 농서(農書)를 간행 반포하고 농사를 중히 여겨 수령을 내쫓거나 올려 썼다. 요즈음 압제와 빼앗음이 더욱 심하니, 벼 몇 포면 작은 흠도 유죄라 하여 비옥한 평지와 풍요한 지대를 한 번에 폐기하여 줄풀과 갈대가 눈에 가득하다. 전국 8만 2천 평방마일[1]에 경작하고 개간한 곳이 겨우 그 반 밖에 안 된다. 바위, 도로, 강이나 하천 외에도 노는 땅이 이렇게 많으니 어찌 아깝지 않겠는가. 경쟁이 극렬한 세상에 농민은 농토에 있고 김매는 자는 다 나와 있는데, 집안에 손놓고 흙으로 빚은 사람처럼

1 우리나라 면적 약 22만 평방킬로미터를 평방마일로 치환하면 이와 같은 수치가 된다.

앉아 다른 사람의 농사가 망하기만 기다리고 하늘에서 곡식이 떨어지기만 바라면 얻을 수 있겠는가. 외국인 실업회사에서 우리 대한 황무지의 개간을 청구한 것이나 고기잡이와 광산 채굴을 간섭하는 것을 생각해 볼 일이다.

공예(工藝)는 백성 산업의 요소다. 요순시대에 수장(殳斨; 요순의 신하)이 고(皐)와 기(夔)[2]와 함께 조정 반열에 같이 선 것은 국가를 도와 공을 세웠기 때문이다. 우리나라에도 신라・고려 시대에 건축, 조각, 회화 가운데 황룡사(皇龍寺) 불탑, 불상과 만불산(萬佛山) 자금루각과 솔거(率居)의 노송 그림과 그 밖의 베틀로 짠 베, 도자기, 비단, 소금과 쇠가 모두 신의 조화이다. 산림의 재목과 금옥의 물질이 애초부터 풍요롭지 않은 것이 아닌데, 어찌 그것들을 세력 있는 가문과 관청의 강제 노역에 빼앗겨 그 고통을 견뎌내지 못하게 되었는가. 이에 공업을 원수처럼 보아 아버지는 아들에게 하지 말라 이르고 아내도 지아비에게 하지 말라 깨우치니 기예가 영영 끊어지게 되었다. 각국과 통상한 이래 수출하는 것은 겨우 미곡, 소가죽 등 몇 종류뿐인데, 이마저도 제조에는 뜻이 없어 가공하지 않고 양도하니, 밥을 주고 물을 구걸함과 무엇이 다르겠는가. 지금 외국인이 차, 선박, 총포의 사용과 직물, 도자기, 철강 등의 물품으로 동양을 압도하는 형세의 힘을 생각해 볼 일이다.

장사는 통화(通貨)의 기틀이다. 국제의 진화 경쟁과 민생의 수요 공급이 밀접한 사실이니 중국 중고에 관부가 산과 바다 같아 패업을 도모하던 관이오(管夷吾; 관중)와 세 번 천금을 이루고 물화를 갖추었던 도주공(陶朱公; 범려)과, 시절이 변하는 것을 살피기 좋아하여 남이 버리면 자신이 취하던 백규(白圭)[3]는 모두 한때 나라를 도모하던 훌륭한 신하였

2 고요(皐陶)는 중국 삼대 때 순(舜)임금의 신하로 자는 정견(庭堅). 사구(司寇) 즉 옥관(獄官)의 장(長)을 지냈다. 기(夔)는 중국 삼대 때 순(舜)임금 때 음악을 맡아보던 관원이다.

3 백규(白圭)는 중국 전국시대 사람으로 이름은 단(丹)이며 규(圭)는 자이다. 맹자와 세법 및 치수(治水)에 대해 문답했다. 『맹자』「고자(告子)」 하에 나온다.

다. 그러나 우리 대한은 상인을 저자거리의 자식이라 하여 벼슬에 등용하지 않으니 이는 부의 근원을 막아 끊어버리는 것이며, 관을 높이고 민을 낮추는 잘못된 풍습이다. 상인으로 논하여도 조금 좋은 것은 하지 않고 많은 이익만을 힘써 구하며 특이한 것을 보면 바로 옮겨가고 장사에 전념하지 않는다. 금융의 통하고 막힘과 시장의 공황을 꿈에도 깨닫지 못하여 비바람에 소금과 가루가 흩날리듯 거꾸러지고 파산하는 것이 빈번하게 이어진다. 백성이 가난하면 나라가 약한 것은 만고의 통례다. 금권을 벌써 던져버리고 재화의 길을 이미 양보하여 외국의 제조품이 항구 부두에 몰려 들어옴과 시장에 부려지고 쌓임을 생각해 볼 일이다.

그러므로 게으른 성정을 고쳐서 실업에 근면한 뒤에야 국민의 자격을 잃지 않을 것이니, 사농공상 4직업의 주요 목적을 아래 논하노라.

사(士)는 마땅히 직분을 다해야 하니, 학식의 정도를 따라 관직에 임명되어 녹봉을 받음에 마땅한 직분이 저절로 있다. 정부와 인민 사이를 매개하여 감독권과 단체권을 공동으로 나아가 취하며 풍기를 쇄신하여 생활상에서 서로 도울 뿐만이 아니다. 가부를 건의하는 것은 근신(近臣)의 직분이요, 훌륭한 인재를 발탁하고 북돋움은 선사(選司; 인사 담당관)의 직분이요, 재부를 신중하게 다스림은 금고(金庫; 재무 담당관)의 직분이요, 군사를 훈련하고 군비를 갖춤은 장령(將領)의 직분이요, 공평하고 합당히 판결 처리함은 사법관의 직분이요, 교육을 일으켜 지도함은 학사(學士)의 직분이요, 수확과 성과는 농사일에 밝은 농부의 직분이요, 기예를 정밀하게 학습하는 것은 공인의 직분이요, 금융이 막히지 않도록 하는 것은 평준(平準)[4]의 직분이요, 부통(部統)과 조합은 행경(行警)[5]의 직분이요, 위무하여 거침을 다스리는 것은 지방관의 직분이요, 풍교를 연술(演述)[6] 함은 사회단체의 직분이다. 이로써 맡은 일을 감당

4 물자를 저장하여 흉년과 재해에 물가를 조절하는 기관을 평준창(平準倉)이라 하였다.

5 부통(部統)은 지역의 명령 계통으로 보이며 조합은 노동조합, 협동조합 등을 이르는 것으로 보인다. 행경(行警)은 경찰에 해당하는 것으로 보인다.

하지 못하는 자는 직책을 주지 않아야 벼슬을 구차히 영위하려는 마음이 없어진다. 그리고 관민에게 평등권을 주면 억지로 이름붙인 선비도 힘써 일함을 수치로 여기지 않아 실업에 스스로 나갈 것이다. 과학자 유사격적(留斯格的; 미상인명)은 관직을 사직하는 날로 신발 만드는 일을 직업으로 삼아 독일의 민간 산업을 실제로 권장케 하였으니 심리적 실사구시가 이와 같았다.

토지를 개량해하는 등의 일을 해야 한다. 농작물의 곡식 같은 것뿐만 아니라 임목(林木), 어잠(魚蠶), 목축 등이 모두 백성을 기르는 것이다. 본업의 제도는 자연적인 생산에 인공을 더해야 우수한 효과를 얻는 것이므로 각국 농학박사의 측량과 종자 선택에 대해서는 그 방법을 논술한 것이 이미 많고 성과가 이미 뚜렷하다. 북미의 보리, 면화와 서유럽의 포도와 사탕수수는 좋은 종자가 아니면 품질이 어찌 세계적으로 이름을 얻겠는가.

러시아 학자 아무개가 프랑스 파리에서 가려 뽑은 종자를 시험한 것을 들으니 밀 한 이삭에 1,200알의 낟알을 거두었다 한다. 그 일의 정확함은 알 수 없으나 세계에 인구가 과밀해지면 곡식을 땅에서 산출하는 것이 부족할 것을 과학자가 걱정하여 이에 대해 연구한 것이다. 종자를 가려 뽑는 것과 기구와 토질을 바꾸는 등의 일에 서양의 방법을 시행하면 작물의 이익을 넉넉하게 하는 것과 척박하고 염분 있는 땅을 옥토로 고치는 것이 어렵지 않을 것이니 어찌 비워두고 내버릴 땅이 있겠는가.

공업은 분업함이 마땅하니, 생산 조직의 첫 번째 방법이다. 노동자가 한 직업씩 분담하여 지식과 기교를 교환하여 한 기계를 만드는데, 각각의 사정과 성질에 맞추어 그 일을 맡아 하고 강령과 세목을 모아 합쳐 각기 그 쓰임을 적용하여 그 기구를 완성하게 되니, 분량의 경중과 솜씨의 정묘함이 하나라도 가지런하지 않으면 기관이 만들어지지

6 언론과 강연, 공연 등의 다양한 방식으로 풍속을 교화함을 의미한다.

못한다. 그러므로 서로 더욱 정밀함을 구하여 생각을 순수하게 모으고 발달을 힘써 도모한다.

서구에서는 전리문빙(專利文憑)과 보공금패(保工金牌)[7]를 발행하니 모두 공예를 장려하기 위함이다. 그래서 국가에 이익과 쓰임이 아주 크니, 미국인 풀턴 씨가 증기선을 창조한 것과 영국인 스티븐슨 씨가 기차를 처음 제작한 지가 지금으로부터 8, 90년 전의 일이다. 그 나라의 부강이 오늘날 어떠한가. 득상사(得賞賜; 미상인명)는 독일의 기술자인데 모래에 묻혀 있던 옛날의 예리한 무기를 발견하고 모형을 세조하여 나폴레옹의 기세를 꺾었으니 이들 사업을 생각하여 헤아려볼 일이다.

상업은 신용을 귀하게 여기니 자본가와 경영자 사이에 서로 신용이 없으면 어찌 재화를 차용하는 법이 있겠는가. 그러므로 나태하고 직업이 없는 사람은 자본이 없는 것이 아니라 신용이 없는 것이다. 영국중앙은행의 예금에 영수증이 없는 것은 자본가의 신용이요, 벨기에 상업대학의 졸업생이 학위를 가지고 베를린은행의 거액을 빌려 자국의 상권을 신장함은 경영자의 신용이다. 보호세칙을 베풀어 수입한 원료를 제조 수출할 때는 관세를 면제할 뿐 아니라 이미 납부한 수입 관세까지 환급함은 세관의 신용이니, 그러므로 상업 이익의 기초는 자본이요, 상권의 목적은 신용이라 하겠다.

유자(有子)가 말하기를 "백성이 풍족하면 군주가 누구와 함께 부족함이 있으리오"[8] 하니 한 집안의 식산이 곧 한 나라의 식산이다. 진실로 식산하고자 한다면 백성은 자유롭지 않을 수 없고, 참으로 자유롭고자 하면 백성은 평등하지 않을 수 없으니, 오호라! 우리 대한 사람들이여.

(6호, 37~42면)

---

7 전리문빙은 국가에서 주는 특허권을 이르는 것이고 보공금패는 국가에서 공인한 장인을 이르는 것으로 보인다.

8 백성이 …… 부족할 것인가: 원문은 "百姓足, 君孰與不足?"으로 공자의 제자 유약(有若; 有子)의 말이다. 출전은 『논어』 「안연(顔淵)」이다.

2부 ▌식산관계 논설

자강회 문답 | 숭재만필 | 국가가 빈약한 이유 | 임업의 필요 | 지치와 자신력의 주의 | 공업설 | 생계 구하는 방도 | 생존의 경쟁

자강회 문답(自强會問答, 2호)

장지연

혹자가 내게 묻기를 "당신이 뜻있는 신사와 더불어 발기하여 자강회를 조직하니 자강회의 목적은 어디에 있소?"

내가 말하기를 "그 목적이 취지서와 규칙에 갖추어져 있으니 각 신문 지면에 공포하였고, 자강회월보 첫머리에 실어서 세계의 눈 있고 글 읽는 자는 다 읽어보고 알 수 있거늘 당신은 어디 꿈속에 앉아 있길래 혼자 보지 못했는가" 하였다.

혹자가 말하기를 "자강회의 취지와 그 규칙 조항은 내 이미 보았지만 의심이 있어서 그대에게 나가 질문하노라."

내가 말하기를 "무엇이 의심스러운지 그 말을 들어봅시다" 하였다.

혹자가 말하기를 "현재 국권이 땅에 떨어지고 국력이 위태로워 국민이 자립할 수 없음은 알만 한 사람을 기다리지 않아도 헤아릴 수 있는데도, 그대는 무슨 힘으로 자강회를 앞장서는 것이며, 앞으로 어떻게 그 목적을 이루려 하오? 이것이 내가 풀 수 없는 의문이오" 하였다.

내가 말하기를 "그대의 의심이 괴이하지는 않소이다. 그러나 그대가 자강회의 취지를 살피지 못했기 때문에 이와 같은 의문점이 있는 것이니, 내가 그대를 위해 풀이하겠소. 오늘날 국력이 위태로운 것은 과연 그대의 말과 같으나, 국민이 된 자가 진흥 회복할 방법은 생각하지 않고 그 위태로움에 몸을 맡겨 앉아서 멸망할 날을 기다리면 되겠소? 뜻있는 애국지사는 결코 앉아서 망하기를 기다릴 수 없소. 이와 같은 때를 당하여 자강할 능력이 없더라도 사람 사람마다 마땅히 각자 자강의 길을 분발하고 격려하여 천리 길을 가는 사람이 반드시 한걸음부터 시작하는 것과 같이 해야 하오. 오늘 한 걸음 나가고 내일 한 걸음 나가 하루에 한 걸음이라도 앞으로 나가고 멈추지 않아서 날마다 달마다 계속하며 여러 해가 지나면 반드시 그 목적한 곳에 도달할 날이 있을 것이오.

우리나라의 형세는 조심스럽기가 고질병에 든 사람과 같아서 반드시 침과 뜸, 약 등으로 오래도록 치료해야 하니 빠르게 성공하기를 바라기 어렵소. 사람들이 모두 자강의 정신을 골수에 꿰어서 2천만 국민이 각기 이 사상을 가지면 그 때는 반드시 기대고 의존하는 습속을 없애고 모두 단합할 것이니, 이는 대한의 독립 자강하는 날이다. 그대는 오늘날 자강의 모임을 일으키게 되면 내일 자강의 능력이 생겨야 자강의 실효가 있다고 말할 수 있겠는가. 과연 이같이 신속한 능력이 있으면 국권이 땅에 떨어지지 않았을 것이고 독립이 무너지고 거꾸러지기에 이르지 않았을 것이다.

누가 자강의 모임을 주창할 것인가. 이미 자강의 능력이 없으므로 자강의 모임을 일으켜 사람들로 하여금 자강의 방법을 강술하여 힘을 다해 앞으로 나가고자 한 것이오. 저 구미 열강과 일본 등 흥성한 나라에는 결코 이와 같은 가련한 모임의 이름이 없소. 내 나이가 또 10년이 지남을 알지 못하되 나는 평생을 기약하고 노력 자강하다가 목적을 달성하지 못하면 또 내 자식 내 손자들로 반드시 그 목적을 달성한 뒤에 그만둘 것이니 이것이 우리 자강회원이 담당할 의무이다."

혹자가 말하기를 "그러면 자강회의 주지(主旨)는 내가 이미 환히 깨달았으나, 또 하나 의문이 있소. 그 규칙 제2조에 교육 발달과 산업 흥성을 목적으로 삼는다고 하였으니 이는 반드시 큰 자금이 있어야지만 실효를 바라볼 수 있는 것이오. 내가 듣기에 자강회원은 모두 청빈한 선비이므로 매월 각기 10전씩 덜어 겨우 비용을 감당한다는데 무슨 많은 자금이 있어서 교육을 발달하며 산업을 흥성하겠는가?"

내가 말하기를 "이 또한 의심함이 마땅하다. 그 전에도 이런 의문이 있는 사람이 한둘이 아니었으니, 내가 또 그대를 위해 분변하겠다. 대개 교육을 발달하며, 산업을 흥성함이 반드시 큰 자금이 필요하나 우리 같은 빈한한 무리가 무슨 거액을 마련하겠는가. 우리는 이미 유형한 자본이 없으므로 무형적 자본으로 본회의 목적을 달성하고자 하니 유형적 자본은 금액이 이것이요, 무형적 자본은 지식이 이것이다.

제일 교육 기관은 오로지 학부에 관계하니, 본회 여러 회원이 서로 그 발달의 방침을 연구하여 당국 여러분께 건의하여 그 실시 실행할 방도를 권고하며, 그 진흥 정돈할 방책을 면려해야 한다. 또 본회에서 전국 공사립 각 학교에 연락하여 찬성하고 지도하며 권유하고 장려하여 공익의 효과가 있게 할 것이니 이는 교육 발달의 방침이오. 제2 식산흥업의 방안도 또한 여러 의견을 합하고 지혜를 모아 더욱더 세밀함을 구하여 장점을 따르고 완전함을 취하여 정부에 건의하여 그 실행을 권해야 한다. 황무지 개간과 산림 배양과 농사개량과 관개설비와 인민재산 보호 등의 방법도 좋은 것을 강구하지 않음이 없어서 차근차근 시행하게 함이 본회의 무형적 자본이다. 이것으로 인민의 지혜를 계발하고 국력을 일으키는 요령으로 삼을 것이나 거대 금액을 어찌 쉽게 마련하겠는가. 그러나 본 회원에도 또한 힘닿는 대로 자금을 내어 앞으로 산업 승식에 작수할 방안을 행하노라."

혹자가 말하기를 "그러면 이 두 가지는 이미 들었으니 막힌 것을 열어야 하겠다. 또 의심할 수 있는 것은 귀회의 설립이 몇 달 되었는데 경향의 회원이 다만 수백여 명에 지나지 않는다 하니, 이는 다름이 아니다. 각군(各郡) 지회를 실시하지 않았기 때문에 뜻 있는 자의 충정을 막으며, 애국하는 인사들의 우러르는 정성스러움을 끊는 것이다. 경성 밖에는 단체의 결성이 없으니, 어째서 사람들에게 보여주는 것이 넓지 않아서 외롭고 약함을 자초하는가. 이 어찌 자강의 본뜻이겠는가."

내가 말하였다. "그렇다. 근래 국내에 뜻있는 신사가 본회의 취지를 듣고 분분히 편지를 보내며, 혹 사람들을 보내서 지회를 설립할 것을 요청함이 매우 많다. 그러나 본회는 이제 막 성립했기 때문에 본회 규칙을 엄밀히 의논해야 했으므로 세월이 지체되어 이제야 정하게 되었다. 이로부터는 각군(各郡) 지회를 앞으로 차차 설립하되, 뒷날 본회의 체면을 훼손하게 되어 타인의 비웃음이 될 수 있기에, 적당한 사람을 회원으로 삼는 일에 각별히 신중해야만 한다. 이는 신중하고 또 신중해야 하니 그 많으면서 혼잡한 폐단이 있는 것이 차라리 적으면서 면밀한 것만 같겠으며, 적더라도 화합하는 것만 하겠는가. 만일 2천만 남녀 동포로 함께 자강의 사상을 가지게 되면 이는 모임을 기약하지 않아도 이루어지니 어찌 반드시 본회 명부에 이름을 열거한 뒤에야 자강회원이 되겠는가.

그렇기는 하나 내가 안타까이 탄식하는 바가 있으니, 지금 몸이 대한국민이 되어서 자강의 마음이 없는 자는 모두 적의 노예일 뿐이요 오랑캐일 뿐이다. 그런즉 신사라 이름하고 국민 의무를 거칠게나마 이해하는 자라면 누가 자강의 모임을 하고자 않겠는가. 그러니 혹 몰래 비웃고 속으로 비방하는 자가 있어 저 무리가 어찌 자강할 수 있으리오 하면서 자신들은 달관하고 식견이 높아도 국외 방관자인 것처럼 하니, 이는 모두 문명의 적이요 비소와 유황을 먹여도 부족하다. 저 산림 암혈에 독서하고 도를 강하는 선비와 뜻있고 나라를 걱정하는 사람은 시험 삼아 스스로 그것을 생각건대 조국의 미약함에 통곡하고 크게 탄식함에 이른다. 우리 도의 소멸이 또한 점점 빨라져 멀지 않았는데도 헛되이 충의나 지껄이고 힘써 널리 구하고자 하는 생각은 조금도 없으니 이 또한 나라의 운명이 그렇게 되려는 것인가?

이 어찌 편안히 앉아 성명(性命)이나 얘기할 시절인가. 우리들이 단체로 마음을 맞춰 실지를 구하여 전진함이 당연한 의무이다. 그러나 이른바 독서하는 유학의 선비는 한 개인도 본회와 함께 할 생각이 없고 그 입회를 요청하는 자는 모두 새로운 학문에 마음을 둔 선비뿐이니 이것이 내가 개탄을 금하지 못하는 까닭이로다. 이러한 산림의 선비가 만일 일찍부터 깨달을 수 있어서 간절히 국민의 지각을 열어 주고 실업을 흥함으로 임무를 맡고 사회를 단합하여 국가의 원기를 기르면 어찌 오늘날과 같은 시들고 무너짐이 있겠는가? 진실로 안타깝고 한심하게 여기는 것은 만일 이와 같이 거듭 맴돌다가 시간을 낭비하면 사람들은 몇 년이 지나지 않아 장차 모두 포로와 노예가 되는 지경에 이르리니 오호라 슬플 뿐이다."

이에 혹자가 옷깃을 여미고 꿇어앉아 말하기를 "나 또한 산림 학자를 따라 공맹의 책을 외우고 읽으며 유가의 교훈에 복종하여 국민의 직분을 나눈 뜻을 거칠게 이해하나 오히려 사회의 정신에 어두워 경향에 무슨 회 무슨 회가 일어났다는 것을 들을 때마다 그 실상을 알아보면 협잡에서 나오지 않음이 없어 회라 이름한 자는 모두 국가의 민을 해치는 부류라 하여 더불어 사귀지 않았다. 이제 들으니 자강회는 실로 참된 정성으로 나라를 사랑하는 선비들이 나와 국권의 회복을 도모하고자 함이라 하니 마음속으로 감동하지 않음이 없어 서울에 오로지 달려와 선생에게 취지를 방문하게 된 것이다. 이제 선생의 정성스러운 가르침을 들으니 이제는 귀회의 진상을 알겠다. 네가 비록 불민하나 귀보의 말미에 참여하고자 하여 서론(緖論)을 듣고 남쪽 사림(士林)에게 돌아가 고하여 서로 이끌어 자강 단체를 일으키리니 선생은 안 된다고 버리지 마시오."

내가 일어나 절하고 말하기를 "전국 인사로 하여금 모두 그대처럼 뜻있는 선각자와 같게 한다면 어찌 자강이 떨쳐 일어나지 않을까 걱정하리요. 문답한 말로 월보에 기록하여 나라 안 동지에게 널리 알리기를 청하노라."

(2호, 5~10면)

숭재만필(崇齋漫筆)

장지연

우리들이 집에 깔개를 깔고 발을 치고 장막 사이에 앉아 나날이 술잔을 손에 쥐고 먹을 가지고 놀며 먼지 나게 큰소리로 이야기하면서 부싯돌 치듯 빠르게 세월을 보내고, 문밖의 바람과 조수가 질펀하게 몰아치는 것을 반성하지 않으면, 곧바로 한 암흑세계에서 취생몽사(醉生夢死)하는 밑바닥 사람이다. 어찌 정객이 도원에서 봄잠을 자는 것을 귀하게 여기겠는가. 뜻있는 우국지사가 강개하고 격앙하여 시대의 일을 비분하여 가의(賈誼)의 통곡[1]을 펼치고, 원안(袁安)의 울음[2]을 터뜨리며, 신정(新亭)의 눈물[3]을 떨구며, 오희(五噫)의 노래[4]를 부른다. 흐느껴 크게 탄식하고 마

1 가의(賈誼)는 한나라 문제에게 여러 번 상소를 올리며 통곡했다 한다.

2 원안(袁安)은 조정의 조회에서 국가 일을 논하면서 개탄하여 눈물을 자주 흘렸다고 한다.

3 신정은 진(晉) 나라가 강동(江東)으로 쫓겨 옮긴 곳의 정자(亭子)이다. 어느 날 여러 신하들이 여기 나와 놀다가 술이 거나해지면서, "풍경은 다르지 않은데, 눈을 들어 보니 산하의 다름이 있구나[風景不殊 擧目 有山河之異]" 하고 서로 보며 울었다 한다.

4 오희(五噫)의 노래는 후한(後漢)의 양홍(梁鴻)이 세상의 비리를 보고 지은 노래이다.

음속에 불평이 쌓이나니 그 뜻이 비참하며 그 마음이 애달프다. 나라를 생각하면 어찌 이렇지 않을 수 있겠는가. 이는 곧 자연스러운 감정이다. 그러나 이것이 어찌 나라에 보탬이 되며 어찌 일을 구제하겠는가. 한 가지 실제적인 일을 탐구하며 한 가지 실제적인 상황을 조사하여 우리 동포로 하여금 각오하고 분발하여 실효가 있게 하는 것만 못한 것이다.

우리나라의 기후와 땅의 성질이 농사에 적당한 것을 모두 갖추었으므로 원래 농업국으로 일컬어진 것도 까닭이 있었다. 지금 마을과 들판 사이에 농부 늙은이들과 나무꾼이나 목동도 모두 농업의 이익을 잘 말하며, 농사짓는 기술을 꿰뚫고 있어 습하거나 메마른 어느 땅 어느 흙에 무엇이 적당하며 무엇이 마땅한가와 어떤 땅이 좋고 어떤 땅이 척박한지를 또한 익숙하게 알면서 아담하게 말할 수 있으니, 이는 다름이 아니다. 농학의 연구로 이것을 얻은 것이 아니요 다만 경험으로 증명하며, 견문으로 익숙하여 오직 그 한 점 신령한 성질이 저 한 범위에 특히 꿰뚫어 이해한 때문이다.

그렇기는 하나 그 농사의 기술을 말하면 대단히 유치하여 단군, 기자, 삼한 고대를 떠올리는 경작 방법이다. 그 기구를 말하면, 신라 쟁기의 남긴 제도를 수천 년 그대로 따라 그냥 쓰는 것이다. 그 관개의 기술로 말하면, 신라·백제 때 호수와 연못과 도랑의 이익을 몽땅 무너뜨리고 도리어 오늘날의 상태를 만들었다. 개량하는 법을 강구하고 대략 보충하여 꾸미면 효과를 얻을 가망이 있는 것은 우리나라 안에서 오직 이 하나의 실업뿐이다. 그런데도 이제 하나같이 버리고 돌아보지 않으니, 이것이 쇠퇴함에 빠지는 것은 비록 위에 있는 자의 잘못이라 말하겠으나 우리들 학문을 연구하는 자가 또한 그 책임을 핑계대기 어렵다. 실업의 연구가 어찌 지금의 중요한 책무가 아니겠는가.

우리나라 전면적이 8만 3천 평방마일이요, 우리나라 인구는 요즈음 조사표에 근거하면 1천 2백만 명이라 말한다. 이에 대조하면 1평방 마일에 146명씩이니, 그 인구의 희소함은 실로 세계에 비할 바가 드물다.

또 그 농경지는 전 면적의 15%로 계산하면 곧 331만 2천 정보(町步; 3천평)이니, 현 경지 180만 정보를 제하면 그 나머지 151만 정보의 땅은 곧 장래 개간하여 경작할 땅이요, 한 사람이 3정보로 평균하면 5백만 명을 기르기 넉넉할 것이다. 또 장래 개간할 땅 141만 정보의 절반인 70만 정보는 쌀농사 짓는 땅으로 정하고, 1정보에 15원 수입으로 미리 계산하면 모두 1억 5백만 원이다. 그 나머지 절반은 밭으로 정하고 1정보에 8원으로 미리 계산하면 모두 5천 6백만 원이니, 합계 1억 6천 1백만 원이다. 전국의 개간하지 않은 땅의 남는 이익이 여기에 이르니, 황무지를 개간하는 것이 오늘날 제일 필요한 것이다. 그러므로 일본의 식민 경영자들이 실로 여기서 비롯한 것이다.

최근 조사표에 근거하면 경부철도와 산요우(山陽)철도[5] 사이에 연락선이 교통한 이래로 일본인이 한국에 건너오는 자가 달마다 증가하여 그 연락선에 매일 새로 한국에 건너오는 자가 200명 이상에 이른다. 그 밖에 오오사카 상선, 일본 우편선 및 각 기선회사의 선박 등 각 항구에 매일 새로 한국에 건너오는 자가 300여 명씩이니, 하루에 새로 건너오는 자가 500여 명이 된다. 1개월에 1만 5천여 명이요, 1개년에 18만 명 이상이 와서 사니, 한국 8도를 개방하여 일본인에게 무한정한 보고(寶庫)로 만들어 줌은 실로 정치적 경영 외에 경제적 지위를 점유시켜 식민 계획의 목적을 달성하기 쉽게 해주는 것이다.

우리나라 인구는 1평방 마일에 146명이요, 일본 인구는 1평방 마일에 299명이니, 이를 비교하면 우리나라 면적당 인구는 일본의 반에 불과하다. 4, 5백만 명을 이식하여도 여유가 있다는 설은 일본 각 신문에서 논술한 바이다.

몇 달 전 일본인이 조사한 바에 의하면 우리나라 조계지에 거류하는 일본인의 수가 다음과 같다.

---

5 산요우철도는 고베에서 와까야마, 히로시마를 거쳐 시모노세키를 잇는 철도이다.

▲ 경성(京城), 11,491명, ▲ 인천(仁川), 14,013명, ▲ 대구(大邱), 1,771명, ▲ 평양(平壤), 5,662명, ▲ 군산(群山), 2,683명, ▲ 목포(木浦), 1,780명, ▲ 부산(釜山), 17,785명, ▲ 원산(元山), 3,257명, ▲ 의주(義州), 1,137명, ▲ 마산포(馬山浦), 1,626명, ▲ 진남포(鎭南浦), 2,922명 합계 64,127명.

이는 다만 각 항구와 시장, 조계지 내에 거류하는 일본인 인구의 조사표이고, 그 밖에 전국 내륙지방의 경부철도선 정거장 연로(沿路)와 경의선 정거장 연로와 또 그밖에 은진(恩津), 강경(江景), 공주(公州), 전주(全州), 나주(羅州), 함흥(咸興), 경흥(慶興), 성진(城津) 등 13도 읍시 각처에 흩어져 거주하는 인구가 5, 6만 명에 이른다. 날마다 새로 건너오는 사람이 갈수록 증가하면 장차 몇 백만 명이 이식될지 알지 못한다.

그 전답을 사들인 수는 그 조사한 실제 수를 얻을 수 없으나 다만 지난 3월 말 조사표에 근거하면 사들인 군산 부근 땅의 면적이 약 12만 두락이요, 금강 유역에 사들인 땅의 면적이 약 1만여 정보이다. 작년 3월 말 조사와 비교하면 논 27,531두락과 밭 3,832두락과 묵정밭, 갈대밭 1,071두락이 늘었다 하니, 이에 근거하면 전토를 사들인 수도 또한 해마다 증가하는 것을 미루어 알 수 있다.

(2호, 16~19면)

저들 이주민이 그 생활을 의지하는 것은 모두 한국의 산업인 것이다. 토지에 농사를 짓는 것과 산야에 나무를 심는 것과 강과 바다에서 고기를 잡는 것과 광산의 채굴을 보고로 만들기 위해 경영 생활하여 밤낮으로 뛰어다니며 신체를 지치도록 수고하고 남편과 아내가 힘을 합쳐 있는 힘껏 정성을 다해 재산을 일으키는 방법을 다한다. 오직 우리 한인은 유치한 농사만 짓고 또 게으른 관습까지 겸하여 저들이 한발 나아가면 우리는 한 발 물러서고, 저들이 한 구역을 차지하면 우리는 한 구역을 양보하니, 날이 갈수록 물러나고 양보하여 끝내는 물러날 땅도 남지 않을 것이다.

저 한가하게 살며 놀고 쉬는 어리석은 남녀는 배불리 먹고 가벼운 옷을 입으며 경영하는 것이 없다. 입에는 긴 담뱃대를 가로 물며 허리에는 엽전을 차고 밤낮으로 주색잡기의 마당에서 소일하다가 그 재산이 없어지고 주머니가 텅 비면 곧 그 부형과 친척의 토지 문서를 훔쳐 일본인에게 전당잡혔다가 파는 것을 잘하는 일로 안다. 이 때문에 토지와 산업이 다투어 점점 일본인들에게 팔려나가니 한국의 토지권도 그들의 손아귀에 장악될 것이다.

임업, 이업, 광업, 공업, 상업, 농산물 제조업 따위는 원래 우리가 부족한 것이니, 잠시 외국인에게 양보한다 한다지만 사람마다 경영할 수 있는 농업도 또한 농사지을 땅이 없다는 탄식을 면하기 어려울 것이다.

저 이주자들이 비록 황무지를 개간한다고 일컫지만, 황무지 개척은 반드시 많은 자본을 투입한 뒤에 효과를 거두는 것을 바라볼 수 있다. 오늘날 저 노동자의 부류는 겨우 몸과 처자만 끌고 한국에 건너온 처지에 무슨 자금이 있어 투자하겠는가. 하물며 이 황무지 개척 문제는 그 이주민이 농사지을 수 있는 남은 토지가 없으므로 의견을 내어 구실을 삼는 까닭이다.

우매한 우리나라 사람은 도둑질해 파는 이익을 쉽게 여기며 또 그 땅값을 넉넉히 얻을 수 있다고 하여 일본인에게 몰래 팔다가 더러는 거저 빼앗기고도 오히려 후회할 줄 모르고, 땅 파는 자가 나란히 일본인의 문으로 달려간다. 이에 일본인은 허다한 자금을 쓰지 않고도 앉아서 현재 경작하는 비옥한 전토를 얻으니, 어찌 괴로이 비용과 노동력을 들여 황무지 개척에 종사하겠는가. 한국인은 장차 현재 경작하는 토지를 모두 일본인에게 내주고 끝내 농사지을 땅이 없어지면, 반드시 어쩔 수 없이 황무지 개간에 종사하거나 더러 척박하고 불모한 땅에 농사지어 먹고 살려고 할 것이다. 이 비참한 지경에 빠진 뒤에야 비로소 후회하더라도 배꼽을 물어뜯은들 무슨 소용이 있겠는가.

지난날에 밀양 부근의 한 사람이 집안이 넉넉하고 전토가 있으나 재물에 인색하여 만일 사소한 이익이라도 있으면 좌우를 계산해 보지 않고 감히 취하였다. 하루는 이웃에 사는 일어 통역자가 와서 가만히 말하기를,

> 지금 일본 사람이 거대한 금액으로 전토를 사고자 하는데, 값은 한국인에 비하여 3배로 넉넉히 줄 것이다. 대개 이해를 따지지 않고 다만 토지를 매입하려는 사람이다. 그대의 집에 전장이 자못 넓으니 만일 이 땅을 팔아서 다른 땅을 사면 반드시 몇 배 이익을 얻을 수 있으리라

그 사람이 그 이익을 기뻐하여 수십 마지기 문서를 팔겠다고 허락하였다. 저 통역자가 그 문서를 가지고 간 뒤에 그림자가 영영 끊어졌다. 그 사람이 의심하여 땅값을 따지러 가니 통역하는 사람이 말하기를, "일본 사람이 주지 않으니 일본 사람에게 가서 따지라" 하였다. 이어서 일본인이 사는 곳에 가서 그 신용이 없음을 따졌다. 일본인이 웃으며 말하기를, "그 땅은 이미 내 소유니, 너는 여러 말 말라" 하고 쫓아 버렸다. 그 사람이 하릴없이 물러나가서 이에 사기 당했음을 알고 분함을 이기지 못하나 관아에 소송하려고 해도 외국인에게 전토를 몰래 파는 것이 국가에서 금지하는 것이므로 감히 소송도 못하고, 통역자에게 따지고자 한들 또 일본인의 위세가 두려워 끝내 어찌지 못하고 거저 잃고 만 것이다. 오호라, 전국에 이 같은 어리석은 웃음거리가 어찌 다만 이 사람뿐이겠는가. 개탄할 일이다.

【전제(田制)】 우리나라 전결(田結)의 제도는 신라 시대에 처음 만들어져서 고려 때 이르기까지 그대로 따르기도 하면서 여러 번 고쳐짐을 겪었고, 조선 초에 고려의 제도를 따르고 개혁한 것이 없었다. 선조 때 임진란을 겪은 뒤로 전제가 문란하여 전결이 태반이나 줄어들었으므로,

각읍의 수령이 회계를 보는 아전에게 토지 사이를 출입하며 글자를 살펴 결을 지었다. 효종 계사년(1653, 효종 4) 8월에 경기에 양전(量田)을 시행하면서 하교(下教)하기를, "경기의 전지는 토지는 척박하고 부세는 번거로우니, 그 등급제도를 강등하여 줄여 가볍게 하기를 힘써 좇으라"[6] 하였다. 좌의정 김육(金堉)의 말을 따라 둔전(屯田)을 설치하고 유민에게 나누어주어 황무지 개간을 권면하되 3년을 한하여 그 세금을 징수하지 않게 하였다.[7]

효종 때 내린 준수책(遵守冊)[8]에 이르기를, "옛 제도에 전품(田品; 밭의 등급)이 다만 상·중·하 3등척이었는데, 지금 다시 6등으로 나누어 결법을 정한다. 주척(周尺; 자의 일종) 1등 4척 7촌 5푼 5리로 양전척(量田尺; 논밭을 재는 자)을 만들어 면적이 1만 척이면 1등에 1결(結; 조세 계산을 위한 논밭의 단위)을 삼고, 2등은 85부(負) 1파(把)요, 3등은 70부 1속(束) 1파요, 4등은 55부 7파요, 5등은 40부요, 6등은 25부니, 매 등에 15로 차이를 삼고, 그 전품은 상·중·하 9등으로 나누어 예를 삼는다"[9]고 하니, 이른바 연분법이 이것이다.

【기후】 우리나라가 북위 33도 13분으로부터 43도 2분 사이에 있어서 경기 이남의 충청, 전라, 경상 삼남의 지방은 온화 평균하므로 늦겨울에 비와 눈이 적다. 강원, 함경, 평안 등의 도는 한풍이 비상하게 격렬하여 8월 이후면 곧 눈이 내려 그 산골짜기 깊고 험준한 곳은 이듬해 4월에 이르러 눈이 비로소 녹으므로 농작물이 번식 창성할 수 없어서 다만 서속, 피, 옥수수, 보리, 밀의 곡물을 산출할 뿐이다. 이는 기후 때문이다.

우리나라 각 지방의 기후의 차이는 산맥의 배열에 따라 남북 2부의

6 『효종실록』 11권, 효종 4년(1653 계사년) 9월 2일.

7 『효종실록』 14권, 효종 6년(1655 을미년) 1월 26일.

8 풍흉에 따라 토지의 등급을 매기는 연분법을 세종때부터 실시했으며, 그 새로운 계산법인 준수책을 효종 때 작성하여 배포하였다.

9 『여유당전서』 시문집 12, 「전결변(田結辨)」.

구별이 있다. 그 삼남은 산맥이 많이 남북으로 달려서 바닷바람이 협곡에 통하여 깊이 내부에 미치므로 기후가 조금 온화하니, 이른바 계절풍대에 속한다. 그 밖의 5도는 산맥이 대개 동서로 달리므로 남방의 바닷바람이 막혀 전혀 통하지 못해 북방 대륙의 기후에 영향을 받아 한서(寒暑)의 차이가 심하니, 이른바 시베리아성 온대[10]에 속한 것이다.

(3호, 9~12면)

우기는 매년 5월 초순경으로 6월 하순경에 끝난다. 북부는 6, 7월경에도 장맛비가 반드시 있으므로 속칭 7월 장마라 하여 습기가 많고 무더움이 특히 심하다. 남부는 여름과 가을이 바뀔 때 서남 계절풍이 유행하는 사이에 세찬 비가 여러 차례 내린다.

눈은 강원, 함경 등의 도에 6, 7척이 쌓이는 데 미치나 그 밖에는 일반적으로 적다.

바다 위에 끼는 안개는 3, 4월경에 많은데, 그 많이 맞아들이는 곳은 서해 쪽이니 며칠간 짙게 껴서 지척을 분간하지 못하기에 이르므로 항해하는 자가 늘 곤란을 느낀다.

바람은 동해 쪽에 겨울과 봄의 기후는 북풍 또는 서풍이 많고, 여름철에는 남풍이 많으며, 가을에는 북동 또는 북풍이 많으며, 동풍은 늘 희소하나, 매번 우기를 따라 자주 부니, 나라 풍속에 이른바 샛바람[곧 동북 샛바람]이라고 하는 것이 이것이다. 남해와 서해 쪽에는 가장 많은 것이 봄에 남풍 및 북서풍과 여름에 남서풍, 북서풍과 가을에 북서풍, 북풍, 서풍과 겨울에 서풍, 북서풍, 북풍이요, 그 북동풍 및 동풍은 또한 강우기를 따라 먼저 불어옴이 동해와 같아서 점차 남으로부터 서쪽으로 바뀌면 곧 비가 개일 징조라 한다.

지금 각 개항지의 기상 관측에 의거한 것이 다음과 같다.

---

10 지금의 정의와는 다르다. 현재, 한국의 기후는 냉대 동계 소우 기후와 온대 하우 기후, 온난 습윤 기후가 지역에 따라 같이 나타난다고 정의된다.

경성 : 최고온도 섭씨 35도, 최저온도 섭씨 -10.6도, 비오는 날 95일, 눈 오는 날 11일

진남포 : 최고온도 24도, 최저온도 -14도, 흐린 날 90일, 비오는 날 36일, 눈 오는 날 5일, 맑은 날 234일

평양 : 최고온도 섭씨 29도, 최저온도 1도, 흐린 날 70일, 비오는 날 51일, 눈 오는 날 12일, 맑은 날 232일

원산 : 최고온도 31도, 최저온도 -7도, 흐린 날 44일, 비오는 날 46일, 눈 오는 날 12일, 맑은 날 263일

목포 : 최고온도 31도, 최저온도 7도, 흐린 날 57일, 비오는 날 36일, 눈 오는 날 10일, 맑은 날 263일

부산 : 온도 평균, 우량(雨量) 또한 평균

우리나라 안에 생산되는 산물이 또한 매우 풍부하니, 그 식물산, 동물산, 광물산을 다음과 같이 구별한다.

식물산

느릅나무 : 적송, 전나무

침엽수 : 오엽송(五葉松), 낙엽송, 삼나무, 측백나무

활엽수 : 오동나무, 단풍나무, 졸참나무, 떡갈나무, 감탕나무, 느티나무, 녹나무, 박달나무, 홰나무, 버드나무, 느릅나무

과수(果樹) : 대추나무, 밤나무, 감나무, 배나무, 복숭아나무, 오얏나무, 매화나무, 살구나무, 은행나무, 호두나무, 석류나무, 능금나무, 풀명자나무, 팥배나무, 개암나무, 밀감나무, 귤나무, 비자나무

곡물 : 쌀, 보리, 조, 콩, 대두, 녹두, 완두, 기장, 피, 옥수수, 메밀

약재 : 인삼(人蔘), 복령(茯苓) 등

연초, 잇꽃, 삼, 모시, 목면, 뽕나무, 닥나무, 옻나무, 대나무, 부들, 갈

대, 용수초(龍鬚草; 골풀) 등 각종 농작물의 산물이 매우 많고, 울릉도는 물푸레나무와 또 깃대 같은 큰대나무가 난다.

우리나라는 조림(造林)하는 법을 몰라 삼림이 원래 번성하지 않는데, 수삼십 년 이래로 공사의 삼림을 남벌하여 모두 동탁(童濯; 헐벗음)의 형상을 면하지 못하고 그 겨우 있는 것이 심산궁곡의 사이에 지나지 않는다. 온돌 때문에 아름드리 대들보 재목이 모두 아궁이 아래로 들어가서 삼림이 벌거벗은 것이다. 만일 이대로 몇 년 지나면 장차 전국에 깊은 산 험준한 두메를 물론하고 반드시 모두 촉산(蜀山)[11]이 우뚝하다 읊는 것을 볼 것이다.

동물산

일본인이 한국에 대해 인구가 드물고 성기므로 동물이 자못 번식력을 얻을 수 있다고 한다. 비록 반드시 그런지는 알지 못하나, 우리나라는 산이 많고 들이 적어 새와 짐승이 생장하기 편하므로 종전에는 동물의 산출이 자못 번식하였다. 또 우리나라는 직업적으로 사냥하는 사람이 매우 드물어서 일본에서 어부와 사냥꾼이 도처에 모이는 것과 비교할 수 없으므로 이렇게 번식한다고들 한다. 그러나 지금은 동쪽의 협곡과 북쪽의 준령이 모두 초목이 없으므로 동물의 생산이 또한 점점 예전과 같지 않다. 어찌 자유로이 번식할 수 있겠는가.

함경, 강원 등의 도는 예부터 호랑이, 표범, 곰, 승냥이, 늑대, 사향노루, 사슴, 노루, 토끼, 여우, 이리, 산돼지, 담비【곧 청서】, 오소리 종류가 많고, 또 수달, 산양【곧 흑양】, 고양이, 쥐 등속이 많다. 울릉도는 가지(嘉支) 또는 가지(可之)[12]가 특산물이니, 바다 속에 살아서 소모양이요【또한 자세히 보면 뿔이 없는데, 해안에 몰려 누웠다가 사람이 혼자 온 것을 보면 해치고 사람

---

11 아방궁을 짓느라 촉산의 나무를 다 베어냈다고 한다. 출전은 두목지(杜牧之)의 「아방궁부(阿房宮賦)」이다.

12 당시 한국어민들이 일본강치를 "가재"라 불렀다고 한다. 현재 멸종된 상태이다.

이 많으면 물속으로 도망가는 것이다】. 또 고양이같이 큰 쥐도 있다.

조류는 학, 해오라기, 참새, 노사, 갈매기, 제호(鵜鶘; 사다새), 고니, 집오리, 까마귀, 까치, 꿩, 물오리, 오리, 메추라기, 집비둘기, 제비, 올빼미, 수리, 부엉이, 솔개, 매, 독수리가 가장 많다. 그 북도(北道)[13]에서 나는 큰 수리는 해동청이라고 하는데 세상에 저명하다.

어류는 동북해에 큰고래, 해로(海鱸; 농어), 해서(海鼠),[14] 물개【곧 올눌제】가 많으며, 북해는 명태가 나고, 강원도 이남으로 경상도 영해, 영덕 등 연해는 대게가 나는데 길이가 몇 장에 이르니, 이는 모두 우리나라 특산이고 다른 나라에는 없는 것이다. 경상, 전라도 연해에 전복이 나는데 큰 것은 한 척에 가깝다. 황해도 연해에 흑육(黑肉)【곧 해삼이니 왕망(王莽)이 좋아하던 것이다】이 나는데 가장 많다. 그 밖에 겨울의 청어, 대구어, 봄의 민어, 조기, 여름의 준치, 고등어, 갈치, 방어, 전어류와 같은 것이 가장 큰 어업이요, 문어와 같은 것은 또 우리나라 특산이다.

굴, 미네굴, 쌀새우 종류는 젓갈을 담가 전국의 식료로 공급하는 것이 적지 않다. 나머지 비늘 있는 어족이 풍부하고 넉넉하게 산출된다고 할 수 있으나, 3면이 바다로 둘러싸인 어업권이 누구 손에 속할지 모른다.

가축은 소, 말, 나귀, 노새, 닭, 돼지, 개 종류가 번창하지 않음이 없으나, 소는 큰 것이 서양 소에 견주고, 또 목축하기 적당하므로 소가죽의 수출이 거액이다. 말은 몸이 작고 잘 달리므로 과하마(果下馬)라고 하여 외국에서 칭송받으며, 다만 양이 많이 번식하지 않으므로 옛날부터 목축하는 자가 드물고 오직 전생시(典牲寺)[15]에서 해마다 수십 두를 길러 종묘와 사직의 희생에 공급할 뿐이다.

(4호, 14~17면)

13 『오주연문장전산고』 "주군(州郡)"에는 해동청이 백령도의 산물이라 되어 있다.

14 해서(海鼠)는 해삼을 이르는 말인데, 문맥으로 보아 여기서는 다른 대상을 이르는 것으로 보인다.

15 전생시(典牲寺) : 전생서(典牲署)를 가리키는 듯. 궁중 제사에 쓸 희생을 기르는 일을 맡았다.

국가가 빈약한 이유[國家貧弱之故]

장지연

지구의 열국에서 우리나라처럼 빈약한 나라가 없다. 부유하기에 강해지고 가난하기에 약해짐은 지혜로운 자와 어리석은 이가 모두 아는 바인데, 우리나라는 어찌 지극히 가난하고 약해진 것인가. 어찌 토지가 불모하고 오곡이 자라지 않기 때문일까? 아니면 기후가 불온하여 삼림이 우거지지 못한 탓인가? 또는 산악과 하해(河海)에서 나오는 광물이나 해산물의 이익이 풍부하지 않아서인가? 어찌 빈약하여 떨치지 못하는가! 이는 반드시 이유가 있는 것이다. 『대학』에 이르기를, "인민이 있으면 이에 토지가 있게 되고, 토지가 있으면 이에 재물이 있게 된다."[1]라고 하였으니, 8만 2천여 평방마일의 강토와 2천만 인구로 가난을 근심함이 이토록 지극하도다.

경에 이르기를, "생산하는 자가 많고 먹는 자가 적으면 재물이 늘 족

---

1 인민이 …… 된다: 원문은 "有人此有土 有土此有財 有財"로 출전은 『대학(大學)』 10장이다.

하다"[2]라고 하였으니, 지극하구나, 그 말이여! 후세의 경제학자들이 말하는 식산의 기술이란 것도 여기서 벗어난 적이 없도다. 무릇 일국의 1년 생산이란 나라 안 인민들 1년 생산의 총계이다. 일국 인민들 중 노동하고 하지 않은 자들이나 생산하고 하지 않은 자들을 함께 총괄하면, 그 땅의 소산과 그 인민의 소출로 부양됨은 한가지이다. 그러니 소비하는 자가 많고 생산하는 자가 적으면 그 나라가 빈약하지 않을 수 없다.

우리나라가 빈약한 이유를 궁구해보면 정치의 결과에서 비롯하지 않은 것이 없으니, 그 원인은 여러 가지이다. 첫째는 부의 근원을 막은 것이요, 둘째는 놀고먹으며 재물을 써버린 것이니, 그 근본을 따지면 두 가지 모두 탐학이 차오른 탓이다. 이 생령(生靈)들이 수백 년의 압제와 속박 아래 신음하다가 그 발산의 생기가 눌려 막히고 그 영각(靈覺)의 두뇌가 닫혀 버렸다. 침탈과 할박(割剝)[3]이 지극하지 않은 적이 없으니, 생계를 도모할 생각을 스스로 해치고 스스로 없앴고 발전의 취미를 전멸시켰다. 그러므로 식산과 흥업의 방도에 정력을 집중할 수 없었으며, 산과 바다를 지독하게 금제하고 가혹한 세금을 부과해 부의 근원을 닫았으며 보물 창고를 방기하여 전국의 안에서 이익이 버려지고 물산이 끊어질 지경으로 만들었다.

필경은 이웃사람에게 탈취를 당하게 되었으니, 오호라! 조세를 면해야 물고기가 잡히고 정치가 청렴해야 구슬이 돌아옴[4]은 어찌 까닭이 없겠는가. 이것이 부의 근원을 근절하고 스스로 빈약을 자초한 이유이다. 노자가 말하기를, "천하에 기휘(忌諱)함이 많으면 백성이 더욱 가난해진다"[5]고 하였으니, 인민이 가난한 까닭이 어찌 기휘함이 복잡함에

2 생산하는 …… 족하다: 원문은 "生之者衆 食之者寡則財恒足矣"로 출전은 『대학』 10장이다.

3 할박(割剝)은 가죽을 벗기고 살을 도려낸다는 표현으로 탐관오리의 수탈을 빗대는 말이다.

4 구슬이 돌아옴: 원문은 "주환(珠還)"으로 후한의 맹상(孟嘗)이 합포(合浦, 현재 광서성 장족자치구)의 태수가 되어 정치를 청렴하게 하자 합포의 특산물인 구슬이 다시 나오기 시작했다고 한다.

5 천하에 …… 가난해진다: 원문은 "天下多忌諱, 而民彌貧"으로 출전은 『노자도덕경(老子

서 비롯되지 않았으리오!

내가 「화식전(貨殖傳)」을 읽으니, "농부가 나오지 않으면 먹을 것이 부족해지고, 장인이 나오지 않으면 물건이 부족해지고, 상인이 나오지 않으면 삼보(三寶)[6]가 끊어지며, 우인(虞人)[7]이 나오지 않으면 물자가 적어진다"[8]고 하였다. 우리나라가 쇄국시대에는 광산을 폐장(閉藏)하고 외국과 교역을 금지한 것은 취지가 있었으니 번다히 논할 필요는 없다. 그런데 농공상업과 실업에 이르기까지 일체를 방기하여 다만 장려하는 희망이 없을 뿐 아니라, 억압하고 수탈하며 도리어 증식을 막고 좌절시켜서, 그 틈에 한두 가지 약간 일어나는 조짐조차도 모두 도리어 움츠러들어 감축을 면하지 못한다.

이로써 공업과 상업이 쇠미하고 퇴폐하여 압력이 닥쳐옴에 하려는 뜻이 사라져 버려, 도자기와 인삼 산업까지 위축된 것을 보면 그 나머지도 짐작할 만하다. 공업과 상업이 발달할 수 없었던 것이 어찌 이유가 없겠는가. 그러나 이렇게 가난과 초라함이 극심하여 재원(財源)이 두절되었다 해도 요행히 맥락이 근근이 살아남은 것은 오직 농업의 생산이 겨우 자급할 만 할 따름인데, 그렇지 않다면 어찌 먹지도 못하는 우환을 면할 수 있었으리오!

한비자가 말하기를, "힘을 쓰는 자가 적으면 나라가 가난하다"[9]고 하였으니, 이것은 곧 『대학』에서 말하는 생산[10]이다. 무릇 같은 토지라도 야만 민족의 손에 있으면 돌밭이 되고 문명 민족의 손에 있으면 귀한 재산이 되니 왜 그런가. 문명인은 자본과 노동력을 잘 이용하여 증식

道德經)』 57장이다.

6 삼보는 인민, 정치, 토지를 의미하는 경우도 있으나 여기서는 식량, 자재, 상품을 이른다.

7 우인은 산림과 하천을 다스리는 관리이다.

8 농부가 …… 적어진다 : 『사기』 129권 「열전 · 화식전」의 서문에 나오는 말로 원출전은 『상서(尙書)』이다.

9 힘을 …… 가난하다 : 원문은 "用力者寡, 則國貧"으로 출전은 『한비자(韓非子)』 「오두(五蠹)」 49장이다.

10 생산의 원문은 "生之"로 앞서 각주에 인용한 『대학』 10장의 구절을 가리킨다.

하지만 야만인은 그렇게 하지 못하니, 자고로 나태하여 놀고먹는 인민이 많은데 그 나라가 가난하고 누추하지 않을 수 없으며 그 나라가 가난하고 누추하면 쇠퇴하지 않을 수 없다. 하물며 이렇게 경쟁이 극렬한 시대에서 나태하고도 생존할 수 있는 자는 있을 수 없다.

내가 서양의 경제학자의 말을 들으니, 무릇 이익을 생산하는 사람은 두 종류가 있으니, 첫째는 직접 이익을 생산하는 자로 농부나 공인과 같은 종류요, 둘째는 간접으로 이익을 생기게 하는 자로 상인, 군인, 정치가, 교육가와 같은 종류이다. 그 이익을 생기게 하는 힘도 또한 두 종류가 있으니, 하나는 체력(體力)이요, 하나는 심력(心力)이다. 다시 심력을 두 가지로 세분하면 지력(智力)과 덕력(德力)이라 할 수 있는데, 소위 간접적으로 이익을 생산하는 자 중에도 관리나 군인 같은 종류는 심력으로 이익의 생산을 보호하는 것이다. 그러나 영국인 아담 스미스 씨는 논하길,

> 무릇 상급에 관리, 교사, 의사, 문장 짓는 선비 등이 있고, 하급에는 배우, 광대, 병사, 마부, 노비, 천역(賤役) 등은 노동력을 사용함에 모름지기 귀천이 크게 다르고 경중이 상이하나, 모두 회복할 수 없는 곳에 그 힘을 쓰니 다 분리(分利)【즉 재물을 소모함】[11]에 참여하기에 가난하게 만드는 사례들이다.[12]

나는 스미스 씨의 이 주장은 지나쳐서 서구 개명 국가의 정치에 있어서는 꼭 들어맞지는 않는 것이나 우리나라의 현상으로 논하면 들어맞는다고 하겠다. 스미스 씨의 말은 놀고먹는 관리가 재물을 가장 많이 소모하는 고질을 가진 한국에 들어맞는다. 우선 재물을 크게 소모하는

11 분리(分利)는 서구 개념어를 번역한 것으로 보인다.

12 이 구절에 나오는 직종들은 농부, 공인처럼 직접적 생산에 종사하지 않는 성격인 것으로 보인다.

것에 대해 논해본다. 고관이든 아전이든, 머리를 쓰는지 힘을 쓰는지를 불문하고 무슨 일을 어떻게 하는 지 묻는다면, 관리들이 자나 깨나 열중하는 것들이란 권리의 다툼, 권세에 붙좇기, 당파로 모함하기, 아첨의 추구, 탐학과 수탈로 자기 배를 채우는 일 등에 지나지 않는다. 국민 공익의 추구에 털끝만큼의 관계가 전혀 없으니, 이런 습관에 성질이 전염되어 뇌수에 고질이 되어 구차히 하는 일 없이 녹만 타먹으며 헛되이 국고를 훔치고서도 편안하게 당연히 여기고 뻔뻔하게 수치를 모른다.

아아, 영국인 벤담 씨는 일찍이, "정부라는 것은 유해한 사물이지만 그래도 설립해야 하는 이유는 해가 작은 사물로 해가 큰 사물을 막으려는 것이다"라고 하였다. 또 일본인 니시무라 시게키[西村茂樹] 씨는 이 논의를 통찰하여, "정부가 인민에 해되는 일이 적으면서 다른 큰 피해를 막아준다면 좋은 정부이고, 인민에게 해되는 일이 많으면서 다른 큰 피해를 막지 못한다면 나쁜 정부이다"라고 하였다. 관리 된 자가 진실로 그 직분을 받들어 인민을 위하여 다른 재해를 잘 막아준다면 그 간접으로 생산되는 이익이 직접으로 소비되는 것을 충분히 보충하고도 남을 것이다.

그러므로 문명국의 관리는 분리(分利)라고 할 수 없으니, 이른바 국민의 다른 재해라는 것은 무엇인가? 홍수, 가뭄, 질병의 유행과, 세도 있는 자들의 불법적 자행,[13] 소송의 왕굴(枉屈; 바르지 못함)과 도적의 횡포, 그리고 더욱 심한 경우에는 외국의 침탈과 협박에 우리의 주권을 빼앗기고 우리의 공공재산을 잃는 것이다. 이러한 피해들은 정부의 바른 조처를 기다릴 수밖에 없다. 정부가 이런 피해를 잘 막아낸다면 인민은 피땀 흘려 얻은 재산을 바쳐 정부를 넉넉하게 해 줄지라도, 영업자가 보험을 드는 것과 마찬가지로 정부에게 인색하게 굴거나 꺼리지 않을 것이다.

우리나라의 관리라면 이에 어떠한가. 인민에게 재난이 있어도 돕지 못하고 인민에게 잘못이 있어도 바로잡지 못하며, 굶어죽은 시체가 길

13 자행 : 원문은 "◯凌"으로 한 글자가 판독 불가이다. 문맥상 위와 같이 옮겼다.

에 널려도 구하지 못하고 도적떼가 나라에 가득해도 잡지 못한다. 자기 위신만을 근심하여 구차히 살고 눈치만 보면서 일희일비하다가, 인민을 압제하고 그 재산을 빼앗아 자기 지위를 다진다. 이는 관리가 있는 것이 도리어 관리가 없는 것만 못하다. 대저 관리가 인민을 보호하여 환난을 막지 못한다 해도 이미 피해가 심한데, 하물며 관리라는 이유로 인민에게 주는 피해가 더욱 심하며 인민의 생산을 날로 줄이니 이는 바로 놀고먹으며 재물을 소모함이 가장 큰 자가 아니냐!

이에 전국 내에 비루하고 용렬한 성품의 권세를 추종하는 모리배들이 관계를 도박판이나 굿마당으로 알고 벼슬길을 식산과 흥업의 다시없는 법문(法門)으로 알아서 분분하고 구구하게 엽관의 기술로 경쟁한다. 세도에 붙좇음이 파리가 냄새에 꼬이듯, 개미가 누린내에 붙듯이 하고 환로에 분주함이 개가 뼈다귀를 다투듯, 솔개가 쥐를 으르듯 한다. 한 번 풍족한 둥지를 얻으면 가난뱅이가 갑자기 부자가 되어서 복리(福利)를 편안히 누린다 하고 혹은 전 집안의 재산을 한 번에 던져서 투기하기까지 하니 이는 대체 무슨 까닭인가? 모두 나태가 습성을 이루어서 노동을 하지 않고 놀고먹으며 재물을 소모하려는 심산이다.

또 한편 관에 연루되어 분리(分利)하고 재물을 소모하는 자들이 매우 많으니, 관리의 친지, 빈객, 아전, 노복, 하인 같은 부류들은 그 성질이 대략 비슷하여 두루 논할 겨를은 없다. 다만 그 중 가장 재물을 크게 축내는 무리는 군(郡)・부(府)의 아전들이다. 그 중 강하고 교활한 자들은 승냥이나 이리 같고 약하고 거친 자들은 황충이나 해충 같아서 조세 출납의 권리와 형벌을 농단하는 세력을 장악하였다. 바르게 거둔 수입을 축내고 거금을 횡령하여 유통하며, 굶주린 인민을 갈취해 개인의 주머니를 채우고 호의호식하면서 한 고을의 우두머리라 칭한다.

하나의 군이나 부의 관아에서 이렇게 길러진 무리가 걸핏하면 수백에 이르니 전국을 통계하면 이렇게 입고 먹는 자들이 거의 수십 만에 이른다. 이는 모두 관리에 연루되어 재물을 낭비하고 노는 자들이요,

그 밖에 토호나 고관과의 인연으로 관리가 되어 위세에 기대어 권리를 세우고 토색하고 침탈하는 자들이 또한 인민을 해치고 재물을 소모하는 일대 해충이다. 그 폐단은 일일이 매거할 수 없으며, 또 관에 연루되어 이로써 승냥이나 늑대처럼 굴고 황충이나 해충처럼 구는 무리가 모두 어두운 과거의 일이다. 지금부터는 반드시 과거의 상태처럼 할 수 없도록 해야만 한다. 잠시 짧게 써 보았는데, 그 사람들 스스로 헤아려 보게 한다면 참회와 반성이 없을 수 있겠는가!

(6호, 10～15면)

대저 재물을 소모하는 자는 또한 관리만이 아니다. 여러 공경과 왕족의 화려한 가족들과 거가대족들의 귀한 자제들이 모두 식량을 크게 소모하는 자들이니 대개 서구인들은 자제를 길러 장성하면 학업으로 가르쳐 충분히 자립, 자활하게 만드니 부모의 책임은 이와 같을 따름이다. 이미 자립하고 자활할 수 있다면 결단하여 분가하니 후일에 부모의 유산이 자신에게 돌아올지의 여부는 알 바가 아니다. 그러므로 고가세족(故家世族)의 자제도 모두 의뢰하는 근성을 끊고 감히 선조의 공덕에 의탁하거나 부조(父祖)의 유산을 사용하면서 스스로 한가하거나 나태하지 않는다.

지금 우리나라는 그렇지 않아서 저 공경과 귀족의 호화한 자제들은 모두 가르치지 않고 배우지 않고서 의식(衣食)이 풍요하니 그 교만하고 사치한 습속과 나태하고 안일한 기풍을 양성한다. 이러고도 공명과 부귀를 원래 당연한 것으로 여기니 이 역시 가장 크게 재물을 소모하는 자들이다. 그 다음 향촌의 부강한 토호들도 집에 거친 밭 수십 이랑이라도 있으면 그 자제가 또한 사치하고 방탕하여 한 가지 생업도 없이 한만히 놀고먹으니 부유한 집안 자제들은 다시 논할 필요도 없다. 비단 그 자제들 뿐 아니라, 이름난 고관과 부호의 집에서는 그 처첩과 노복, 친척과 문객의 족속들을 합하면 수백여 인이 되는 경우가 많으니 모두 하는 일 없이 입고 먹으며 먹여주기만 기다리는 자들이다. 가령 집에 만금의 재산이 있다 해도 수백의 입이 생업을 하지 않고 단지 먹여주기만 바라고 있다면 어떻게 유지할 수 있으랴!

만금의 재산은 비록 큰 것이나 수백 인분으로 나눈다면 각인이 차지한 바는 얼마 되지 않으며 이 수백 명 사람이 모두 이 만금으로 길러지지만 스스로 받드는 이 가문의 생계에는 추호도 그 책임을 지지 않는다. 나는 이른바 명문대가라는 집들이 화려히 번영하여 한 때는 지극하다가 몇 년 지나지 않아서 영성하게 쇠퇴하여서 집과 전장을 낱낱이 남김없이 팔아버리고 먹여 살리던 노복과 친족, 문생과 가솔들이 결국 모두 흩어져 지극히 가난해지고 궁해져서 스스로 살 수 없는 지경이 된 것도 보았다. 이는 그 습성이 나태하고 교만, 사치한 병에 물들었기 때문이니 단지 한 집의 자제를 버려놓았을 뿐이 아니라, 수십 집의 자제를 역시 버려놓은 것이로다.

비단 명문대가만 그런 것이 아니다. 비록 심상한 집안을 가지고 논하더라도 대개 일가의 가운데 이익을 생산하는 자는 1, 2인에 지나지 않고 먹이는 사람이 자주 10명을 넘으니 비록 계산에 능한 자라도 마무리를 잘 할 수 없는 것이다. 곤궁에 빠질 수밖에 없으니 이 모두 가족제도가 적당하지 않은 것에서 비롯된 것으로 정치의 풍습이 이렇게 만들었다. 그러므로 속담에 '부자가 삼대를 못간다'고 하니 그 부를 잘 이용한다면 어찌 삼대에 그칠 따름이겠는가!

일본의 미쓰이 씨[14]는 여러 세대에 부를 누릴 수 있었고 문벌이 번창한 것은 사람마다 능히 자치하여 재물을 생산하는 기술이 있기 때문이다. 우리나라가 빈약한 까닭은 그 이유가 호화한 가문의 자제들이 실재는 한 나라의 큰 해충, 도적이 되었기 때문이다. 그러나 그 근본을 따져보면 또한 자제들만의 탓은 아니고 그 부형된 자들도 그 죄를 면할 수

14 에도시대부터 막부의 어용상인으로 활약하며 메이지시대에는 미쓰이은행을 설립하여 일본의 금융을 확립하였고 다시 일본의 공업화에도 큰 기여를 한 미쓰이 가문을 말한다.

없다. 속담에 사환(仕宦)을 하는 집은 세 가지를 버려야[15] 한다고 했으니, 자제를 버리고 노복을 버리고 친척을 버리라는 말이다. 오호라! 사환의 독이 어찌 이 지경에 이르렀는가!

그 다음은 부랑한 자제들이니 이런 종자도 또한 고가세족의 교만, 사치, 나태한 찌꺼기에서 많이 나와 인근의 족속들을 물들이는 자들이다. 역시 시골의 부자나 큰 상인의 자손, 과부가 자식을 너무 아낀 경우에 자주 나오는데, 이는 부형이 된 자들이 송아지 키우는 정에 빠져서 교육의 수고를 더하지 않고 제멋대로 행동하고 자라게 버려둔 것이다. 그러므로 술 마시고 꽃구경이나 하고 창기를 끼고 방종하며 도박과 잡기로 방탕하게 논다. 아편을 피우고 음악에 탐닉하여 다른 것은 버리고 털끝만큼도 하는 일이 없고 옷은 반드시 화려하게 하고 음식은 반드시 맛있게 먹는다. 이런 결과로 반드시 가산을 탕진하고 신체와 목숨을 내버리고 도적이나 거지 두 가지 중의 하나로 되어버리니 역시 국가의 큰 해충, 도적이다.

그 다음은 용모나 꾸미는 부녀와 매음하는 창기의 무리들이니 대개 부녀자는 자녀를 낳아서 기름이 인류된 제일의 의무이다. 또한 술과 밥만 따지고[16] 가계를 주관하여 문지방 안을 지켜서 집안일을 하여 남자의 노동을 분담하니 이는 보통의 부녀가 당연히 해야 하는 일이다. 그러나 우리나라 부녀는 노동을 분담한 자는 적고 재물을 소비하는 자가 많으니 왜 이렇게 말하는가? 개명한 여러 나라를 살펴보면 학교의 교사와 상점의 회계와 의원의 간호사 및 미술과 조각의 사업에 이르기까지 두루 부녀를 써서 그 절반을 분담하기에 한나라의 내부를 통틀어

---

15 사환(仕宦)을 …… 버려야: 『목민심서』에는 버려야 할 것이 자제, 노복, 전택(田宅)으로 되어 있다. 벼슬자리에 나가면 자제와 노복의 사정을 봐주지 말고 집이나 땅을 늘리지 말아야 한다는 말이다.

16 술과 밥만 따지고: 원문은 "酒食是議"인데, 딸을 기를 때는 잘못을 저지르지 못하게 하지만 나서는 일도 없게 해야 하며 오직 술과 밥을 마련하는 일을 가르침이 지침이라 한다. 『시경』 「소아(小雅) · 사간(斯干)」에 나오는 말이다.

집안일에만 종사하는 자가 얼마 되지 않고 집밖에서 이익을 생산하는 자가 10의 6, 7이나 된다. 그런데 우리나라 부녀는 집밖에서 이익을 생산하는 일에 종사할 수 있는 자가 거의 없고 그 집안의 사업에 있어서도 또한 그 소용을 다하지 못하는 자가 많다. 독서를 못하니 글자를 모르기에 회계의 방법과 자식 교육의 법을 모르고 화장과 비단으로 꾸미기를 일로 삼으니 이 역시 재물을 크게 소모하는 자이다. 하물며 창기의 무리는 열 손가락 까딱 않고 단지 타인을 홀려서 금전과 의식(衣食)을 취할 따름이니 또한, 재물을 낭비하는 큰 해충이다.

기타 도적, 거지, 불치병자, 장님, 귀머거리 같은 사람들과 중, 비구니, 도사, 무당, 풍수, 점성가, 점쟁이 등 술수로 사기 치는 무리와 노비, 아이종 등등이 모두 예로부터 재물을 소모하는 다수를 차지한다.

스미스 씨의 말에 "독서인이 역시 재물을 크게 소모하는 자라" 하고, 양계초 씨는 말하기를,

> 사농공상을 나라의 사민(四民)으로 삼았지만 독서인을 기려서 그 우두머리로 삼으니 서구의 독서인은 재물을 소모하는 자가 열에 하나나 둘 정도지만, 이익을 생산하는 자가 오히려 열에 일고여덟이 됨은 왜인가? 저들은 그 학문을 이룬 뒤에 의사가 아니면 법관이 되고 그렇지 않더라도 율사(律師; 변호사)나 선교사, 학교교사가 된다. 또 그 공업, 상업을 배워서 직접 이익을 생산하는 자는 다시 논할 바가 없지만, 우리나라 같은 처지라면 스미스 씨의 분리(分利)설이 지당하여 이론의 여지가 없다. 우리나라 독서계의 현상은 배운 바의 학문이 어떻게 소용이 되는가를 모른다. 그 영락한 자들은 팔고문과 사장(辭章)으로 바람 들이치는 처마, 누추한 집에서 연마하여 머리 벗어지고 이 빠질 때에 이르고, 그 영달한 자들은 처첩을 뽐내며 시골구석을 농단하며 고향의 해충이 되었다. 인민을 지식으로 이끌어야 할진데 내가 보기에 독서인은 많으나 나라는 나날이 어리석어지

고, 인민을 도덕으로 깨우침에 있어서도 독서인은 많으나 풍속은 나날이 구차해진다. 사지(四肢)가 부지런하지 않으면 오곡을 나눌 수 없고, 구차히 게을러 일을 꺼리면서도 염치없이 음식을 탐하니 독서인은 실로 일종의 기생충이다. 인민에게 좀이오, 나라에게도 해충이라.

나는 지나의 독서인은 오히려 꼭 이와 같지는 않다고 여긴다. 근래 청나라 남쪽[17]의 인사들 중 시대를 깨달은 준걸한 인재가 많아서 공업, 상업 등의 실업을 연구하며 유용한 새로운 책들을 번역하여 퍼뜨리고 폐습을 간절히 개혁하고자 한다. 후진을 이끌어서 공익의 사업을 도모하는 각종 사업에 이르러 무용한 것은 거의 없다 할 수 있다. 그러나 우리나라의 독서인을 말해 보자면 실로 나라를 소모하는 큰 쥐로서 인민의 큰 좀이라, 어찌 그러한가?

우리나라 독서인의 호칭인 유사(儒士)란 것은 글방이나 향교에 자제를 모아놓고서 증선지(曾先之)의 『십팔사략(十八史略)』 첫 권과 강지(江贄)의 『통감절요(通鑑節要)』를 가르치고 『백년초(百聯抄)』[18]와 『고문진보』를 문장가의 진결로 인지해서 초학을 그르치니 몽매한 선비의 우매함이 실로 크다. 또 이미 과거(科擧) 문장은 폐지된 뒤인데도 고풍의 행시(行詩)[19] 등 무용한 저술로 과정을 삼고서 역사, 산술 등의 신학문 과목은 아득히 무슨 일인지 알지 못하고 왜놈의 학문이라, 요사한 학문이라 배척하고 익히기를 두려워할 따름이다. 이는 다름이 아니라, 자기가 평생에 배운 바가 지금에 이르러는 영락하여서 누추한 집에 생계의 방법이 없으므

17 청나라 남쪽은 양계초와 강유위 등이 중국의 남쪽인 광동성 출신이기에 나온 말인 것으로 보인다.

18 『백년초(百聯抄)』의 원문은 "百聯時"이다. 문맥상 조선시대 초학의 한시 작법 교재로 널리 사용되던 『백년초(百聯抄)』를 지칭하는 것으로 보아 위와 같이 옮겼다. 이 책은 중국의 유명한 7언 고시 중에 연구 100수를 뽑아 편찬한 내용이다.

19 행시(行詩)는 과거(科擧)의 시험 과목으로 18구 이상으로 짓는 한시의 체(體)이다.

로 이 속수(束脩; 학비)를 빌미로 호구지책을 삼는 것이다. 하루아침에 신학(新學)을 업으로 삼는다면 입고 먹는 이익을 잃어버릴 것이니 이는 바로 좀이 되고 해충이 되는 자들로 무용하게 재물을 소모함에 지나지 않는다. 청년을 그르치고 나라와 인민에 해를 끼침이 과연 어떠한가! 신학(新學)이 일어나지 못하는 잘못이 실로 이런 까닭에 있다.

또, 그 향촌의 유사(儒士)들 중 조금 드세고 약아 스스로 도모하는 자들은 향교와 서원에 출입하면서 관리들 사이를 맞춰주고, 향교의 재물을 훔쳐 공공의 물건을 빙자하여 한 지방의 으뜸이라 올리대며 사적인 재산을 늘릴 계산을 삼는다. 오호라! 향교와 서원을 세움은 성인을 스승으로 존숭하여 후진의 흥미를 고취하고 발전시키려 함이다. 교육의 종지가 오직 이와 같거늘 지금 향교와 서원을 술추렴을 농단하는 장소로 삼아서 공익사업을 방해하니 인민과 나라를 해치고 후진 세대를 그르친 잘못은 이 무리들이 아니라면 누구에게 물어야 하리오!

또 더 나아가 논해보자면, 물러나 독서하고 책 속에서 성인을 대하며 산림학자로 칭하고서, 문생들을 모아놓고 이기를 담론하는 저들은 시골의 학구(學究)나 향교에서 일을 보는 몰염치한 무리들과는 비록 다름이 있다. 그러나 역시 무용하게 재물을 소모하기는 한가지다. 양계초가 이른바 많지만 나라가 나날이 어리석어지고 풍속이 나날이 구차해 진다고 한 것이 어찌 바로 이것이 아니랴!

대저 성인의 학문이 비록 인간의 도리를 밝히고 성명의 근본을 궁구함을 오롯하지만, 때에 따라서 변화를 살피고 시대에 근거해 가감함이 또한 『주역』의 지극한 이치가 아닌가? 지금 이 천하의 변모가 이미 지극한데, 오히려 완강히 버텨서 우활한 견해를 고집하고 실용에 적합한 신학(新學)을 일체 거절, 배척하고서 단지 고담준론과 구습의 고수로 사문(斯文)의 기치라 자임하고 후진의 총명을 어리석게 가리고 있다. 이는 스스로 그릇되어 타인을 그르침이고 집안을 망쳐서 나라에까지 이르는 것이다. 어찌 어리석지 않으며, 잘못됨이 아니랴!

지금의 극렬한 경쟁을 생각해보면 공예가 날로 나아져서 세계의 풍조가 조석으로 진동하고 있다. 그런데 포의박대(褒衣博帶)[20]와 예간의로(禮干義櫓)[21]로 과연 폭렬하는 폭탄을 막을 수 있을 것이며, 배와 차의 교통을 끊고서 파도처럼 샘물처럼 솟아나는 천만 이상의 사람들을 전부 몰고 가 이 나라로 돌려보내 우리의 옛 토지를 경작하며 우리의 옛 산업을 생산하고, 우리의 옛 종족을 편히 길러 우리의 옛 권리를 회복하고, 의관문물과 예법제도를 모두 옛 면목으로 되돌려 한 지방을 스스로 지킬 수 있겠는가? 이는 반드시 그럴 수 없으니 완고하게 변하지 않아 집요하게 수구하는 주장으로 허다한 자제를 그르침에 지나지 않음이라, 이 어찌 좀이나 해충에 그칠 따름이겠는가! 전국의 산업을 모두 잃어버리면 장차 벽곡(辟穀)[22]하고서 글자나 먹는 맥망(脈望)[23]이 되려고 하는가!

오호라! 지금 우리의 절박한 급무는 오로지 교육과 식산이라는 두 가지 일뿐이로다. 자강회가 성립한 이유는 이 목적에 있을 따름이니, 이 목적을 발달시키고자 한다면 필시 전국의 사람들이 상호 협력하는 단체라야 진전의 효과를 바랄 수 있다. 그러므로 바짝 탄 입술과 해진 혀일망정 자세하게 거듭 올리니 격동시키고, 경고하며 풍유하는 바이다. 이제부터 마땅히 통렬히 구습을 버리고 바로 깨우쳐서 의뢰의 고질을 결단하여 끊어버리고 자강의 사상에 분발하라. 부형이 된 자는 자제의 교육을 면려하고 자산이 있는 자는 공익의 사업을 계도하면서 자립자활로 빈약의 수치를 벗어나려 애쓰면 실력이 여기서 생겨날 것이며 실권(實權)이 여기서 회복될 것이다. 둔하고 어둡게 예전과 같을 따름이라면 일신과 일가를 지킬 수 없을 뿐 아니라 종족이 닳아서 사멸

20 포의박대(褒衣博帶)는 품이 넓은 옷과 폭이 넓은 띠라는 뜻으로 유자(儒者)의 복장을 말한다.

21 예간의로(禮干義櫓)는 예(禮)를 방패로 삼고 의(義)로 노를 삼는다는 뜻으로, 이 구절은 최익현의 「창의격문(倡義檄文) · 재격문(再檄文)」에 나온다.

22 벽곡(辟穀)은 곡식을 먹지 않고, 솔잎, 대추, 밤 등을 생식하는 일. 신선이 되는 술법이라고 한다.

23 "신선(神仙)"이라는 글자를 써서 세 번 먹으면, 맥망이라는 벌레가 된다고 한다.

함을 어찌 피할 수 있으랴! 이를 믿지 못한다면 청컨대 이집트나 월남의 역사를 살펴볼 것이라.

(7호, 5~12면)

임업(林業)의 필요

이종일

우리 대한국의 식산을 논하자면 농무(農務)로써 근본을 삼으나, 농무 중에는 임업이 매우 크다. 형식상으로 보더라도 나라에 삼림이 있는 것은 사람에게 옷이 있는 것과 같다. 옷이 낡았는데 집이 윤택하거나, 산이 헐벗었는데 나라가 부강한 경우는 없다. 촌락의 앞뒤와 묘문의 좌우에 나무그늘이 가득한 경우는 그 집안이 번영한 것을 많이 볼 수 있다.

실질적인 면을 말하면 첫째로 산업이니, 건축의 재료와 기구의 제조와 바닷물로 소금을 구울 때의 땔나무의 수요와 음식을 익히는 등의 일의 성과에 이르기까지 잠시라도 없을 수 없다.

둘째로 위생이니, 우리 동물의 생활은 온전히 공기에 의지하고 공기의 이치는 많아서 이루 다 서술할 겨를이 없다. 그 이해하기 쉬운 것을 조금 거론하면 공기는 산소, 탄소로 나뉘는데, 산소는 곧 아침저녁 숲의 상쾌한 기운과 같고, 탄소는 여러 사람이 묵는 곳에 있는 더러운 기운이다. 동물은 산소를 호흡하면서 탄소를 내뿜고, 식물은 탄소를 흡수하면서 산소를 내뿜어 서로 도와 기르는 것이니, 수목이 희귀하면 위생에 불리하다.

셋째로 한재(旱災)를 막는 것이니, 수목이 울창한 땅에는 골짜기에서 흐르는 물이 끊이지 않고, 강우량이 적더라도 땅에 습기가 많아서 농사에 크게 이로우나, 산과 들이 황폐하고 거칠면 가는 물줄기도 말라붙고 한발이 더욱 심하여 민생에 크게 해롭다.

넷째로 토질을 개량함이니, 산과 들의 모래가 흘러내려 모래로 덮이면 토질이 척박해지며, 토질이 척박해지는 것은 산에 나무가 없기 때문이다. 가령 나무가 무성하고 뿌리가 굳고 낙엽이 썩으면 토질이 기름져서 전야가 무너지고 갈라지는 걱정을 모면할 수 있다.

이상 네 경우는 국가와 인민의 경제와 위생에 크게 관계되어 주의하지 않을 수 없는데 헛되이 머뭇거리다가 고질이 되니, 다만 오늘의 한 푼 이익만 알고 내일의 천금의 이익을 생각지 못한다.

10년의 계책은 나무를 심는 것만 같지 못하다는 설은 입으로는 말하되 아무도 실행하는 사람이 없다. 수목을 베어버리고 심지는 않아서 자연적으로 자라나는 나무도 그 싹을 꺾고 그 뿌리를 뽑아 전국 도처에 민둥산의 탄식이 없지 않다. 만일 이를 그치지 않으면 몇년 지나지 않아서 집 재목과 땔나무와 숯을 모두 외국에 의지하게 될 것이다. 민생을 어찌 지탱하고 보전하며, 나라가 어찌 보존을 꾀할 것인가.

근세 열강의 현상을 조사하건대, 임업을 큰 정책으로 삼지 않음이 없어 농림학교를 설립하고, 또 그 좋은 법규를 강구하여 비록 밭둑과 가옥 사이라도 빈 곳에 나무를 심어 인가와 도회가 문득 일대 임해(林海)를 이룬다. 재목을 만들어 이용하는 법은 관아의 허가를 얻게 하여 베어낸 수를 대신 심고 도끼를 쓸 수 있게 하니, 이는 실로 재목을 잘 쓸 수 있게 하는 방법이다.

일본은 이로부터 수백 년 이래로 산록이 무너져 내리면 주인이 책임지고 축대를 쌓았다. 밑천이 없으면 부호나 마을에서, 또는 정부가 대신 쌓도록 하고 그 비용의 많고 적음에 따라 연한을 같지 않게 해서 재배 수입을 올리도록 맡겼다가 기한이 차면 주인에게 돌려주는 것으로 법률을 정하여 깊은 산 궁벽한 곳에도 돌을 성처럼 쌓은 것을 많이 볼 수 있다. 이것이 일본의 전국산색이 울창하여 바다 같은 까닭이다.

잘 살피건대, 국가의 부강은 실로 저절로 되는 것이 아니다. 재목의 가장 귀한 것은 우리 대한산 오동나무이니, 거문고의 재목에 맞는 지름 1척, 길이 1척 남짓 되는 것이 수십 원의 값어치에 이르고, 판재는 폭 3척, 두께 3푼, 길이 6척인 것이 100원에 달하도록 값이 올라간다. 압록강 연안 삼림 채벌권을 두고 일본과 러시아가 다투는 것은 참으로 이 때문이다.

오호라, 오늘날 대대로 이 땅에 살면서 시무(時務)에 마음을 둔 자는 생계의 대책을 급급히 준비하지 않을 수 없다. 대개 하루갈이 평지밭의 5개년 소출을 논하면, 풍년이 들어도 40석 보리에 지나지 않고, 그 가치를 조사해 계산하면 가격이 올라도 300원 내외에 지나지 않는다. 만일 그 밭에 나무를 심으면 1천 그루의 백양나무를 심을 수 있고 5년 기른 노고가 보리농사와 같으면 매 그루 가치가 1원 아래로 내려가지 않음은 어리석은 자라도 알 것이다. 더구나 황폐한 땅을 값없이 차지해 이용한 경우는 어떻겠는가.

우리 대한의 임업은 소나무만을 최고로 치되, 그 땅이 붉고 누르게 헐벗은 까닭에 습기나 윤택함이 전혀 없어 벌레 먹고 말라버리는 일이 해가 갈수록 심해서 더러 임업에 주의하는 자가 있더라도 반드시 그 공이 없을 것이다. 이렇게 안정되지 못하니 베어버리면 싹이 나지 못하고 자라나는 것이 더뎌지며 토양을 손상함이 소나무보다 심한 것이 없으므로 근세 식물학자가 소나무를 가리켜 망국(亡國)의 나무라 한 것이다.

마땅히 완전무결한 재목을 취하자면 우리나라 고유의 완두송(完頭松)과 순송(筍松)은 충청도·전라도 연해변에서 산출한다. 길게 기르는 것이 아주 쉽고, 벌레 먹는 피해를 두려워하지 않으니, 이제 만일 그 종자를 구매하여 배양하면 다른 소나무에 비하여 이익이 곱이 될 것이다. 백양나무가 쉽게 생장함은 사람들이 모두 알고 있으니, 또한 두 종이 있다. 요즈음 외국에서 새로 들어온 잎이 작고 가지가 많은 것을 취하여 빽빽이 심으면 이익이 막대할 것이다.

사람들에게 더러 심기를 권하면 문득 재목이 아니라고들 하니, 세상에 어찌 재목이 아닌 나무가 있겠는가. 어리석음이 또한 심하여 함께 논하기 부족하다. 일본산 낙엽송과 삼나무는 줄기가 화살처럼 곧고 뿌리가 습기를 내어 건조한 땅을 옥토로 변하게 하고, 심은 지 7, 8년 몸통이면 마룻대 재목을 이루니, 오늘날 경성의 전신주로 가장 좋은 것이 이것이다. 지금부터 수년 전부터 일본 사람이 나주(羅州), 원산(元山) 등 부근에 많이 심었고, 동문 밖 농사시험장에 이미 심은 것이 있고, 또 정부가 수원 땅에 농림학교를 설립하니, 쉽게 얻을 수 있는 종자이다. 또 장차 그 기술을 배워 얻을 것이니, 국내 뜻있는 인사가 임업에 유의하여 서로 권면하여 부강의 근원이 감춰진 허다한 황무지도 개간하고 이를 심게 해서 좋은 목재를 길러 내면 개인의 사사로운 이익일 뿐 아니라 실로 국가의 실력을 배양하는 본원이니 우리 대한의 자강이 어찌 다른 데 있겠는가. 청컨대 허황한 말이라 말고 권면하고 힘쓰기를 구구하고 간절히 바란다.

(3호, 13～15면)

지치(知恥; 수치를 앎)와 자신력(自信力)의 주의(主義)

김성희

오늘날 천하 사람은 모두 강함을 좋아하는데, 한국 사람은 강함을 좋아하지 않는 것은 어째서인가. 압제가 강하기 때문에 인민은 일신의 생명조차 자유로울 수 없거든 어찌 지식과 사려의 강한 힘을 개발할 여지가 있겠는가. 이것은 피지배층의 약점일 뿐 아니라, 이로 인해 통치하는 정부도 강할 수 없다. 벼슬에 목숨을 의지하는 것이 나무에 기생하는 풀과 같으니, 나무가 죽으면 풀도 반드시 말라죽듯이 벼슬이 없어지면 사람도 반드시 죽는다. 벼슬을 가지고 다투고 떠들면서 밤낮으로 애걸해야 다행히 하루를 보존하니, 독립하려는 사상이 이미 없는데 어찌 강한 힘이 있겠는가.

대개 그 마음에 염치가 없기 때문에 빨리 가기만 하고 돌아오기 어려운 지경에 빠져들어도 깨닫지 못하니 안타깝도다. 요행의 문이 한번 열리자 공기(公器)를 주고받기를 사사로운 물건을 사고파는 것처럼 편안히 여기고 부끄러운 줄 모르는 것을 떠받든다. 외척의 권력을 빙자

하여 총애를 도모하며 나라와 백성을 팔아 노예가 되어도 오히려 뻔뻔한 낯짝으로 조금도 돌아보고 거리낌이 없으니, 부끄러움 없는 것이 심하기가 여기까지 이르렀다. 『시경』에 "사람이 부끄러움이 없으면 어찌 빨리 죽지 않으리오"[1] 하였으니 하늘이 그 혼백을 빼앗으려는 것인가. 슬퍼할 만하도다.

사람은 유기체의 동물이라 부끄러움을 알면 분발하여 스스로 움직이는 힘이 반드시 나온다. 스스로 움직이는 힘이 있으면 스스로 강해지는 힘이 반드시 생겨난다. 그러므로 서양 학자가 이르는 "직극직"에서 반드시 자강이 시작된다.

옛날에 월왕 구천이 회계에서 패하여 자신은 신하가 되고 처는 첩이 되는 것을 면치 못하였는데, 그 치욕이 누구보다 심했다. 이에 뜻을 다잡고 쓸개를 맛보며 산 지 20년 만에 그 원수를 갚고 패권을 주장하였다. 프러시아왕 프리드리히 빌헬름 3세가 프랑스인에게 패하여 전국 신민이 한꺼번에 칼날에 어육이 되었다. 20만 프랑스 군대가 서울에 주둔하여 식량을 토색하니 당시의 치욕이 또한 어떠했겠는가. 이에 정략을 분발하여 국민을 교육하고 스스로 닦아 60년 만에 프랑스 왕을 굴복시켜 성 아래서 맹약을 맺고 거만의 보상금과 2주의 할양으로 화약(和約)을 이루었다. 오호 위대하다 양국 민력의 강함이여! 비록 그러나 패배의 치욕이 앞에 들이닥쳐도 북을 치지 않으면 경쟁의 강한 힘이 어찌 뒤에 일어나겠는가.

그러므로 강유위는 강학회(强學會)[2] 서문에 "천도는 친함이 없으니 항상 강자를 돕는다"[3]고 하였다. 강자는 무엇인가. 인내력도 강함이요, 자

1 사람이 …… 않으리오: 원문은 "人而無禮, 胡不遄死"이다. 출전은 『시경』 「용풍 · 상서(鄘風 · 相鼠)」이다.

2 강학회(强學會)는 1895년 8월 북경에서 조직되었으며 강유위와 양계초가 주도하였다. 중국 자강의 학문을 연구한다는 취지를 세우고 『중외기문(中外紀聞)』과 『강학보(强學報)』를 발행하여 변법자강을 제창했다. 1896년 1월 청 정부에 의해 폐지되었다.

3 원문은 "天道無親 常佑强者"인데 강유위의 「강학회서(强學會序)」에는 일치하는 구절이

신감도 강함이요, 굳건함도 강함이요, 도덕력도 강함이로되, 그 심지의 자신감이 강함의 제일 성분이다. 백번 꺾여도 그만두지 않고 만번 죽어도 한번 산다는 사상으로 목적을 달성하고자 하는 사람이 세계 역사상 몇몇 영웅이기에 한두 가지 사실을 간략하게 논하겠다.

일본 학자 요시다 쇼인[吉田松陰]은 당국자의 억압에 좌절하여 본뜻을 마치지 못하고 일찍 죽었으나 유신사업의 결과는 요시다가 만든 것이다. 서양 군함에 들어가 해외의 새로운 학문을 구하며 지사를 규합하여 교토에 근왕하도록 하며, 동지를 파견하여 죠슈번(長州; 야마구치현)의 동진을 저지하였으니, 고난을 두루 맛보고 고통을 피하지 않음에 이른 자이다. 일찍이 말하기를 "사(士)는 본디 도에 뜻을 두면 그만이나 재앙과 죄를 두려워하여 당세에 비위를 맞추고 장래에 잘못을 끼치면 어찌 군자의 도리이겠는가" 하니 그 자신감이 이와 같았다.

수에즈 운하는 지중해와 홍해 사이에 끼어 있어 유럽, 아시아, 아메리카 대륙의 교통 수운의 요충지다. 이 운하가 한번 열리면 세계적 공동의 공익이 되므로 프랑스인 레셉스 씨는 30년간 경영하였는데 형세가 풀리지 않아 그 뜻을 굽혔다가 1859년에 비로소 이집트왕의 도움을 얻게 되었다. 공사를 시작한 지 10년 뒤에 준공을 완성하였다. 비난의 수렁에 빠지기 몇 차례요, 직공의 파업에 근심하기 몇 차례였으나 굽히고 꺾이지 않았다. "사람이 총을 쏘면 나는 총알을 먹겠다" 하고 세계적 대사업을 끝내 성취하였으니 어찌 한 국가의 사업에 비하겠는가. 그 자신감이 이와 같았다.

독일 재상 비스마르크는 철혈정치로 의회의 공격과 강도의 칼날에도 조금도 좌절하지 않고 전제적 결단의 책략과 억압의 수단으로 연방을 조합하며, 러시아와 프랑스를 제압하였다. 일찍이 술회하기를 "나

없다. 이는 『도덕경』 79장의 "천도는 친함이 없어 항상 선인과 함께 한다[天道無親 常與善人]"를 변형한 것이다. 1896년 상해에서 발행된 『강학보』 창간호의 「강학회보서(强學會報序)」에 "天道無知 惟信强者"라는 유사한 구절이 나온다.

의 머리는 푸줏간에 던지고, 나의 몸은 국민에게 주어 이 뜻을 반드시 이루리라" 하니 그 자신감이 이와 같았다.

오호라 우리 한국인은 치욕을 아느냐 강함을 아느냐? 진실로 자유를 호흡하고자 한다면 먼저 그 자신을 강하게 할 것이요, 자유를 누리려거든 먼저 그 나라를 강하게 해야 한다. 그러므로 자유자강하여 스스로 서고 얽매이지 않음은 본회의 정의(定義)니 동포는 기억하라.

(6호, 15~18면)

공업설(工業說)

김성희

국가의 독립 부강함이 반드시 공업계에서 비롯되는 것은 어째서인가? 공법(公法)[1]에 "기계 창포를 반드시 국민이 만드는 데 의지하라" 하였고, 이재학(理財學)에 "병기를 제작하고 선창을 세운 뒤에 독립의 목적이 달성된다"고 하였다. 이는 국가가 수요로 하는 공산품을 다른 나라에서 공급받기를 바라지 말라는 말이다. 그러므로 남의 무기를 빌리고 남의 탄약을 사고서도 열국을 제압할 수 있는 경우는 들어본 적이 없다.

토목, 금석, 모피, 가죽 따위와 같은 천하에 가득 찬 물질이 공인(工人)의 심지와 안목을 소비하여 기계를 만들지 않음이 없다. 그러므로 한 사람의 공예가 있으면 한 물건이 제작되고, 쌓인 것이 뚜렷이 더욱 많아져서 재원이 더욱 부유해진다.

현 세계 통계표상에 독일의 공업 인구가 27%요, 프랑스의 공업 인구

1 당시 한중일 삼국에 두루 전파되었던 『만국공법(萬國公法)』을 이르는 것으로 추정된다.

가 35%요, 영국의 공업 인구가 30%요, 미국의 공업 인구가 40%니, 모두 백분율로 개략 계산한 것이다. 이와 같이 공업 인구가 많으면 그 나라가 부유하고 공업 인구가 적으면 가난함을 알 수 있다. 사마천이 말하기를, "빈부(貧富)의 길은 빼앗거나 뺏기는 것이 아니니 기교 있는 자는 넉넉하고, 졸렬한 자는 부족하다"[2] 하였다.

아아! 지표면의 식물과 땅속의 광물이 비록 풍요한 나라라도 공업 제품이 아니고 원료로 수출하면 이미 그 이익의 반을 넘겨주는 것이다. 저들이 만든 가공한 재화를 수입하면 우리 소비하는 액수를 잃는 것이 또한 많다. 이와 같으면 국가의 회계와 인민의 산업이 어찌 무너지지 않을 수 있겠는가.

우리 한국 공산품에 대해 말해보자. 농산물의 대부분은 잠시 논의에서 제외하고, 그 밖에 압록강 연안 수백리 삼림과 은산(殷山), 운산(雲山), 수안(遂安), 금성(金城) 등 금광과, 경주(慶州), 영해(盈海), 단천(端川) 등 은광맥과, 철원(鐵原), 문천(文川), 김해(金海) 등 철맥과, 순안(順安), 삭주(朔州), 거제(巨濟) 등 동갱(銅坑)과, 영흥(永興), 경성(鏡城), 평양(平壤) 등 석탄과, 울산(蔚山), 경주, 영덕(盈德) 등 운모, 옥석, 수정, 수은, 마노, 반연(礬鉛)이 모두 천연 생산의 보배이다. 여러 천백 년 만들어 감춘 물질을 찾아서 채굴하지 않고 바로 외국인에게 주니, 앉아서 그 이익을 잃는 것이 매년 1천 2백만 여 원이 된다. 원료의 산출액이 이와 같으니, 제조의 이윤은 어떻겠는가.

우리가 본디 가진 거액을 이미 스스로 포기하고 그 나라를 부유하게 할 계책을 구하고자 한다면, 비록 관중(管仲)과 같이 재물을 다스리고, 백규(白圭)와 같이 살아갈 방책을 세울 수 있는 자라도 반드시 그 사이에서 손을 쓸 수 없을 것이니 안타깝다. 이뿐 아니라 기술자의 자식을 천대하여 자본주가 그를 노예로 여기고, 양반 씨족의 채찍은 그를 마소

2 빈부의 …… 부족하다 : 원문은 "貧富之道 莫之奪予 而巧者有餘 拙者不足"로 사마천의 『사기(史記)』 129권 「화식열전(貨殖列傳)」 제69에 나온다.

처럼 치는 것이 관례를 이루었으니, 하늘이 이 백성을 낳음에 어찌 그러함이 있겠는가.

인민은 각자가 부여받은 자유권이 있다. 문명국 학자가 말하기를 "포기하는 자는 그 몸을 지탱할 수 없고, 빼앗기는 자는 그 나라를 보존할 수 없다" 하였다. 어찌 두렵지 않을 수 있겠는가. 하물며 저 공(工) 자의 뜻이 노력에 따라 공을 이루는 것이니, 반드시 노력하여 공이 있는 자를 구하여 조정에 있으면 신하와 백관으로 삼고, 과거 시험을 주관하는 종장(宗匠)으로 삼고, 의술이 정밀한 자를 비범한 자로 삼고, 기예가 높은 자가 공사(工師)가 되어 제왕의 계책이나 교화를 보좌하게 한다. 그리하여 문명을 아름답게 꾸밈이 모두 백공에서 나와 이로 공적을 삼으면 어찌 작게 볼 수 있겠는가. 나라가 있으면 반드시 그 공인(工人)의 흥업이 있다는 것이 이것이다.

이전에 공예에서 분업을 귀하게 말하는 것은 연나라 옥함과, 월나라 종과, 노나라 칼과 정나라 먹이 각기 그 나은 것을 담당했을 뿐이다. 침 만드는 한 가지 작업에서 곧게 하고 잘라 갈아서 뾰족하게 하며, 돈으로 머리를 만드는 일을 진실로 한 사람이 다스리면 아마 하루에 한 개의 침도 만들 수 없을 것이다. 의복 하나의 실 가닥에서 시작하여 실을 뽑으면 짜고, 짜고 나서는 물들이고, 물들이고 나서는 바느질하는 것을 진실로 한 사람이 하면 아마 빨리 하려고 해도 할 수 없을 것이요, 정교하게 하려고 해도 할 수 없을 것이다.

그러므로 전문적 기예를 부문별로 나누어 지극하게 숙달하게 하니, 기교가 생겨 각기 아름다운 이름을 얻게 되었다. 가령 영국의 맨체스터는 방적을 전업하며, 프랑스의 리옹은 실을 전문적으로 만들며, 독일의 발칸[3]은 강철갑을 전문적으로 만들며, 오스트리아의 회태탈(懷台脫; 미상)은 화약을 전문적으로 만든다. 이런 부류들은 모두 수만 권의 책을

3 발칸(Vulcan) 슈타인(Stettin)주식회사는 당시 독일의 조선소였다. 슈타인은 현재 폴란드로 편입되어 있는데, 청나라 지식인들이 조선술을 배우려 파견된 경우가 많았다.

읽고, 조손(祖孫) 부자의 정력을 쌓으며, 많은 세월을 보내고 많은 자본을 소비하며, 많은 실험을 하고, 많은 어려움을 겪은 뒤에 한 방법을 창안하고 한 물건을 베풀어 그 뛰어난 기예를 이룬다. 그래서 인민에게 막대한 이익을 열어주고, 국가에 무궁한 공을 드리운 것이다. 대개 인민의 자유를 따르고 보호하지 않으면 반드시 이러한 조예(造詣)에 이를 수 없음은 분명하다.

진실로 인민들에게 평등과 자유를 주고 공장(工匠)에게 계약과 조업의 자유를 주고, 또 그 전매와 제작의 권리를 보호하여 그 기예를 다하게 하면, 내국의 재화가 저절로 중시되고 외국 제품을 감히 팔지 못해 인민의 먹을거리가 저절로 풍족할 것이다. 어찌 백성이 풍족한데 임금이 부족할 이치가 있겠는가? 그러므로 나는 공예의 학을 지금 비록 독려하지만, 자유의 권리를 인정하지 않으면 반드시 진보할 날이 없을 것이다. 서양 사람이 이른바 정치가 아래를 억제하는 것을 숭상하면 땅에서 보물이 나오지 않는다고 한 것이 이것이다. 오직 당국자는 유의할 것이다.

(10호, 27~30면)

생계[生涯] 구하는 방도

사람이 세상에 처하여 생활하기에 3조의 대강령이 있으니, 음식, 의복과 가옥이다. 옛날을 우러르며 오늘을 굽어보아 현명하고 어리석음, 고귀하고 미천함의 경영하는 바와 주선하는 자를 고찰해보면, 그 시비와 곡직이 실상은 이 3조에서 벗어나지 않는다. 그러나 이를 구하는 이치와 방법이 없으면 사람은 날짐승이나 길짐승과 다름이 없을 것이다. 이에 백성이 태어난 자연스럽고 올바른 이치에 근거하여 오륜(五倫)의 행실을 작정하여 사람의 대도를 밝힌 것이다. 그렇기 때문에 이 3조를 구하기에 오륜을 따라 방법으로 삼으면 괜찮다고 하겠다. 만약 오륜을 돌아보지 않고 사사로운 욕심을 함부로 하면 안 된다는 말이다.

손톱 끝의 물을 앉아서 튀기며 평생을 놀고 보내는 자는 대대로 전하는 창고에 쌓인 것이 산과 같아도 한낱 걸인과 같은 자이니, 가련한 인생이다. 이와 같은 자는 그 해가 한 몸에 그치지 않고 그 나라에까지 돌아가니, 한낱 놀면서 입고 먹는 사람은 온갖 물건의 도적이다. 이와 같은 자가 많으면 그 나라의 빈약함은 따질 것도 없이 뚜렷하고 분명하다. 어찌 한심하지 않겠는가. 그러므로 서구인이 그 생계를 구하는 방법은 분명한 규칙이 있어 천만 갈래의 각종 사업이 이 한 조목의 방책에 불과하여 여러 시내가 바다에 반드시 돌아감과 같다. 본래 배워 얻은 지식과 기술이 없으면 또한 그 방법을 따르기에 어려운 일이 많이 있는 것이다.

이에 학교를 세우고 가르치며 깨우쳐주니, 배우는 자는 머리를 쓰는 처지가 되고 배우지 않는 자는 몸을 쓰는 사람이 된다. 농공상은 내가 논하지 않아도 생계 구하는 방법을 이해할 것이다. 이 밖에도 논할 만한 것이 많으니, 어떠한 직업으로 생계를 구하든지 분수를 확정하고 말한 약속을 굳게 지키며, 재주를 정밀하게 닦아 남에게 뒤처지는 일을 꺼리기 때문에 그 목표로 하는 성벽은 시기하는 싹이 생겨날 듯하나, 실상은 서로 권하는 도이다. 그 경영하는 기상은 몹시 다투는 풍습이 있는 듯하나, 실상은 서로 배우는 일이다.

그럼으로써 국가의 부강한 기틀을 세우며, 인민의 풍요한 광경을 꾸며 무당의 주문이나 점치는 일처럼 허무한 풍속을 숭상한다거나, 사주(四柱)와 허무맹랑한 이치를 믿지 않을 것이다. 이 뿐 아니라 당초에 도를 말하는 자도 없어 다만 실속 있는 일을 따라 비기(秘記)나 참요 같은 황탄한 소동으로 세상을 미혹하고, 인민을 속이는 자는 용납하지 않고, 각기 그 직업을 편안히 하며 그 마음을 단정히 하여 공사의 화평과 복록을 받아 누리게 된다. 그러므로 상을 주면서 도적이 될 사람을 구해도 따르는 자가 드물 것이요. 잡기와 주색을 권하여도 응하는 자가 적을 것이다.

이로써 깊이 따져보면 그릇된 말이 분분히 떠돌아 민심이 소란하여 정부를 원망하는 자들과, 외도(外道)에 종사하여 가산을 탕진하고 친척까지 이산하게 된 자들이 나옴은 배우지 못한 인민에게 생업이 없기 때문이다. 오늘날 서양 사람이 생계를 구하는 방법을 간략히 기록할 것이다.

벼슬하는 자는 그 몸에 임금의 명령을 받아 받들고 그 수중에 정부의 권세를 장악하니, 그 권력을 함부로 휘두르고 위엄 있는 명령을 방자히 하여 자기의 사욕을 성취하면 그 위세의 권력이 무한할 것이다. 그러나 국가에 벼슬을 세운 것은 인민을 위함이다. 그러므로 그 녹봉은 인민의 부세를 따라 나온다. 대개 벼슬하는 자가 나라 위하는 충성으로 그 관장하는 직책을 시행하는 자이지만, 또 일변으로 헤아리면 그 생계를 구하는 방법에 관계가 없지 않다. 그 벼슬로 받는 녹봉이 실상은 여러 가지 생계를 구하는 방법에서 재물과 같은 것이다. 그렇지 않으면 무슨 재물로 그 부모를 봉양하며 그 처자를 양육하겠는가. 그러므로 녹봉을 후하게 하여 굶주리거나 춥지 않게 한 뒤에 그 직임의 성취를 따짐이 옳다. 벼슬하는 자가 나라를 사랑하는 정성으로 자기의 심력을 다한다면 생계를 구하는 방법도 그 가운데에 저절로 있는 것이다.

교사 되는 자 또한, 생계 구하는 방법의 한 조목으로 출중한 지위를 차지한다. 그 사람의 학문이 고명하고 지식이 크고 넓어 세상 사람들이 존경하여 숭배하며 공경하는 것이다. 그가 터득한 학술에 깊이 빠져서 자기 방안에 홀로 지낸다면 의식(衣食)을 얻을 수 없을 뿐더러 자기가 선각자가 되었다면 그 후학을 깨우침이 또한 인생의 즐겁고 상쾌한 사업이다. 어찌 혼자만 알고서 살다 죽어서 인간 세상에 그 이치를 전하지 않겠는가. 그런데 배우려는 이들을 성실히 가르치면서 자신은 배고픔과 추움을 면하지 못한다면 불가하기에 반드시 학비를 받는 것이다.

이와 같다면 가난한 자들은 향학의 마음이 있어도 학비가 없어서 그 뜻을 이루기 어려우니 어찌 하리오. 그래서 서구의 부유한 이들은 타인의 자제들이 재질이 총명하여 공부와 학술을 성취할 만한데, 빈곤해서 진학하지 못하면 이들에게 의기로 학비를 제공한다. 또 서구에서는 정부가 세운 학교도 있어서 가난한 자라도 재주만 있으면 공부할 학비에 걱정이 없다.

서구 풍속에는 가난한 자에게 학비를 받는 교사는 그 생계를 구함이기에 책망하지 않지만, 부자로 가난한 친척의 총명한 자제에게 학비를 제공하지 않는 자들은 시빗거리로 삼는 일이 많다. 이름이 선생[1]이지만 제자는 고사하고 평교(平交)의 붕우와 생소한 손님이라도 경례를 더하지 않는다. 이는 다름이 아니라 선생은 인간을 교훈하는 사무를 맡아 국가의 근본을 키워내는 직책이기 때문이며, 또 그 학비를 받는 일은 생계 구하는 관계를 명백히 하여 놀고먹는 인민을 만들지 않기 위함이다.

책을 저술하는 경우도 그 뜻이 또한 생계를 구하는 방법의 아주 좋은 한 조목이다. 대개 우리나라의 풍속은 도학군사와 문상 넝사의 고명한 이론과 넓고 깊은 저술이 상자에 가득 차고 책상에 가득 넘쳐도 그 저술한 주인의 생시에는 거론함이 없고, 후세 자손을 기다려 그 출판하는 책임을 맡기므로 만일 그 자손이 떨쳐 일으키지 못하면 비록 정미한 학문과 심오하고 지혜로운 저술이라도 인간 세상에 공포할 수 없다. 더러 그 자손의 우매한 자를 만나면 담장이나 벽의 도배와 시장의 휴지로 돌아가 일생을 고심해 쌓은 결실이 눈이 온 뒤의 진창길의 기러기 발자국같이 남은 흔적도 없게 된다.

서구에서는 그렇지 않아서 책을 쓰는 자가 그 저술한 바를 자기 생시에 출판하여 세간에 공포한다. 그 출판은 자기의 힘을 소비하는 것이 아니라 책을 저술하는 자가 그 공부만 정묘하고 썩 긴요하다면 출판하는 자가 그 서책을 다투어 구한다. 이는 다름이 아니라 그 저술한 의론이 세상 사람에게 유익한 문장이면 천하 각국의 구매하는 자가 그 발걸음을 이어 이르기 때문에 그러한 것이다. 또 책 쓰는 사람도 이를 인연하여 그 생계를 구하는 방법이 되는 것은 출판인이 그 서책을 판매하는 대로 정부의 일정한 규칙을 따라 그 정가의 100분의 20 혹은 10분의 1을 저술비로 주기 때문이다. 이 때문에 학자가 어떠한 사물을 봉착하든지 그 이치를 궁구하여 극진한 경지를 끝까지 연구하여 순수하고 아

1 앞뒤의 문맥을 감안하면 선생이 전통적인 의미의 존칭이 아니라 서구에서는 이미 공적인 고용 관계에 있는 직위임을 나타내는 대목으로 보인다.

름다운 이론을 세운다. 또 외국에 유람한 사람도 그 지방의 산천, 풍토와 인정물태와 정치 법률을 상세히 기록하여 저술하는 일로 그 생계를 구하는 방법을 삼는다. 대개 가난한 나라에는 인민 가운데 배우지 못한 자가 많으니, 이와 같은 등의 일로 그 생업을 경영하여 구할 수 없으나, 이로 말미암아 저술하는 일을 그만두면 그 인민의 우매함은 면하기가 또한 어려우니 깊이 헤아릴 자가 이에 있지 않겠는가.

또 책을 저술하는 외에도 학자가 생계를 구하는 방법은 하나가 아니니, 조목을 들어 설파하기는 지루하나 그 가운데 한 조목을 가리켜 보자면 연설하는 일이다. 저 연설이라 하는 것은 학사가 각기 그 뛰어난 방면을 깊이 연구하고 근거를 확실히 하여 인민의 도덕이든지 물품의 이치든지 각기 그러한 연유를 글로 논술하여 여러 사람 앞에 낭독하는 일이다. 더러 외국의 사정과 본국의 풍속에 이르러도 좋은 것을 칭찬하고 괴이한 것을 기롱하여 권면하는 의사와 징계하는 기미를 포함하기도 한다. 그러므로 또한 사람의 문견을 넓히며, 교화를 격려하는 도리에 보탬이 없지 않다. 서양의 벽촌이라도 연설 청사가 없는 지방은 없으며, 또 연설하는 자도 그 사례가 후하여 반시간에 우리 돈 4천 냥(兩)[2]에 이르는 경우도 있고, 적어도 4백 냥 이하는 드물다. 이는 학자의 등급으로 그 후하고 박함을 정하므로 만 냥 이상에 이르는 자도 있는 것이다.

의사가 되는 자는 또한 생계를 구하는 방법에 한 가지 좋은 수단으로 선심이 포함된 것이다. 대개 서구의 의술 명칭이 한결같지 않으니, 내과의며 외과의며 치과의며 부인의가 있다. 의사가 되기 바라는 자는 어려서부터 학교에 취학하여 그가 바라는 의술의 어떤 과목을 배우든지 영민한 자는 3년이 걸리고, 우둔한 자는 4, 5년 또는 6, 7년에 그 공부를 성취한다. 다시 그 의술에 고명한 의사의 제자가 되어 매우 오랜 세월에 걸쳐 그 수단을 연마하며 재주를 궁구하여 충분히 그 의술을 행하

2 당시 10냥이 1원에 해당했다는 기록이 있다. 참고로 1907년의 대한제국 세출총액이 2,800만 원 정도였다.

는 데 얽매임이 없어진 뒤에 의사라 스스로 기약한다.

그러나 의술의 교묘함과 서투름은 인민에게 가장 중요하고 큰 것이므로 정부가 반드시 재주를 먼저 시험하여 그 대체로 좋음을 본 뒤에 그 의술을 행하도록 비로소 허락한다. 그러므로 정부의 허락이 없이 의술을 시행하는 자는 국법으로 금하니, 이는 국가의 애민하는 심려다. 대개 의사가 의술을 시행함은 그 생계를 구하는 방법이므로 병든 사람을 볼 때 일정한 비용이 있어 병자가 병원에 오는 것과 의원이 병자의 집에 가는 것에도 또한 등분이 있다. 약 파는 자도 의술 공부에 아주 어두운 자는 행할 수 없다.

이와 같기 때문에 의사가 병자를 고의로 피하는 일이나 약재를 부정하게 하는 일이 없다. 또 가난한 자는 병이 있어도 비용이 없어서 치료하지 못할까 염려하여 정부가 이에 병원을 세우고 의사 두기를 우리나라 제중원의 규모같이 하여 가난한 자를 구제한다. 또 더러 부자라도 병원에 들어 그 잡비를 내고 치료하기도 한다. 이러므로 의술이 정미한 가운데 의학을 배우기에 사람을 손상한다는 책망을 면하고 인민은 하늘이 정한 수명으로 사망하는 외에 횡사의 재앙과 신고의 질병이 극히 드물다.

법률가가 되는 자의 생계 구하는 방법은 우리나라의 풍속으로 비교하면 번거롭다 말할 것이다. 그러나 인민의 생업을 경영하여 구하는 길이 많을수록 소송하는 조목도 많아진다. 또 소송하는 당자도 그 시비와 곡직을 쉽게 이해하기 어려운 것이 있으므로, 반드시 법률에 숙달한 자에게 부탁해야 그 경위를 유별하여 법관의 공정한 판결을 청할 수 있다. 이와 같으므로 법률가가 되는 자는 법률에 익숙할 뿐 아니라 세간 물정에 밝아야 좋은 것이다. 날로 늘 쓰고 행하는 물품으로부터 전기, 기계 및 배와 수레의 종류에 이르러 그 이치와 처음 만든 자의 성명까지 대강은 통한 뒤에야 법률가의 지위를 차지한다.

그리고 또 외국의 법률에도 어두우면 법률가라 칭해도 남들이 취하지 않는다. 대개 여러 법률가가 각기 도회처에 모이면, 소송하는 사람이 그 소송을 대신하기를 청하여 사건의 크고 작음으로 그 비용의 다소를 정한다. 또 비용에 이르러서는 그 수의 백 분의 일, 혹은 일천 분의 일로 정하기로 하되, 승소한 자의 법률가가 되든지, 패소한 자의 법률가가 되든지 그 비용의 가감은 없다. 서양 여러 나라에서는 비록 큰 죄를 범한 자라도 법률가가 대신 소송하는 것을 허락한다. 어떤 사고든지 법률가가 그 죄인 대신 그 범법한 연유와 억울한 사정을 호소하다가 법관에게 굴복한 뒤에야 그 죄의 명목을 비로소 정하여 상당한 형벌을 행한다. 그러므로 청탁이 행해지지 않아 본사건의 옳고 그름으로 판결하고 형세의 강함에 따르지는 않는다. 만약 법관이 공정한 판결을 행하지 않으면 여러 법률가의 공론으로 법관을 시비하므로 법관도 또한 삼가고 조심한다. 대개 법률가는 남의 소송을 대신하는 것을 그 생계를 구하는 방법으로 삼는 데 머물지 않고, 인정물태를 소상히 단련하여 경위가 분명하므로 각국에 관리직 임명을 법률가에서 많이 취하는 것이다.

항해하는 자도 생계를 구하는 방도의 한 가지 큰일이다. 항해는 아주 어려운 것이다. 그러므로 이 길을 따라 그 생계를 경영하고자 하는 자는 반드시 먼저 항해하는 법을 공부한다. 그 공부하는 절차는 학교에 취학하여 3년 혹 4년을 배운 뒤에 배를 타고 배를 모는 법을 배우는데, 바람을 따라 돛을 거는 일과, 물을 측정하여 닻을 내리는 방법과 해 그림자를 헤아려 방위를 정하는 법과, 경도를 따라 키를 돌리는 이치와, 선세를 받고 물품 신는 약속과 배표를 살펴 여객을 태우는 규정이며, 이 외에도 허다한 조건이 있다.

공부를 독실히 하여 제반 규모에 익숙한 뒤에 처음 3년은 항해사의 4등 지위에 있고, 그 다음 3년은 3등이요, 또 그 다음 3년은 2등이요, 그 뒤에 항해 선장의 명칭과 지위를 얻는다. 이는 선장이 되기를 원하는 자의 일이니, 선원의 공부는 이같이 길거나 어렵지 않다. 또 화륜선에는 기관사가 있으니, 그 등급이 또 항해사와 같아서 4등, 3등, 2등, 1등의 분별이 있으나, 기계만 상관하고 배 안의 기타 사무에는 책임이 없다. 그 때문에 실지의 공부가 없이 항해사와 기관사의 명칭과 지위를 모칭하여 남을 속이는 자가 있을까 염려가 될 뿐 아니라, 승객에게는 몹시 위험한 일이다.

배 위와 물 아래 살고 죽는 관문을 배포하여 배에 탄 여러 사람의 생명이 항해사와 기관사의 손안에 달려 있으므로, 또 더러 미숙한 자가 간혹 있어 결딴날 경우도 염려가 된다. 그러므로 정부가 관원을 정하여 항해사와 기관사를 시험하여 각기 실지 공부의 단계로 그 등급을 징하고 그 상당한 증명서를 발급하여 선주가 자세히 살피도록 제공한다. 그리고 또 배마다 일정한 항해사와 기관사를 두지 않고, 이때에는 이런 등급의 사람을 쓰고 또 다른 때에 다른 등급의 사람을 취하는 것이다. 그러므로 항해사와 기계사가 각기 도회처에 있으며 선원도 또 그래서 선주가 청하기를 기다리다 간다. 이와 같기 때문에 선주도 궁색함을 모면하고 항해하는 자의 생계도 번거로움이 없는 것이다.

경륜(經綸)[3]하는 자의 생애 구하는 방도는 지극히 어려운 일이나 이 도를 따라서 생계 구하는 일이 생김은 국가의 큰 복이고 인민을 키우는 큰 이익이니 그 이유를 입증해본다. 서구의 화륜선차, 전기, 석탄, 등불, 인쇄, 재봉, 직조, 탄광의 각종 기계와 음식, 궁실로부터 일용하는 세밀한 물품에 이르기까지 경륜하는 이가 없으면 창조하는 이가 있을 수 없고, 설령 창조하는 이가 있어도 금일의 제도와 극히 편리한 지경에 다다를 수 없었다.

대개 경륜의 일을 가난한 자가 많이 하는 것은 사람이 곤궁해야 주야에 만들고 구하는 일을 그 생계의 방책으로 삼기 때문이다. 또 이들은 항상 그 자본이 부족하기에 뜻대로 성취하기 어려우며 새 발명을 경륜하기에 마음을 쓰는 까닭이다. 정부가 발명품의 전매권을 세워서 그

3 여기서 경륜은 지금의 사전적 의미와는 다르게 사업 정도를 이르는 것으로 보인다.

경륜하는 이에게 기간을 설정하여 그 권리를 빌려주고 그 사이에 생산되는 이익을 독점하게 하며 만약 그 기간 중에 그 물품을 위조하는 자가 있으면 국법으로 엄금한다. 그러므로 경륜하는 자가 어떤 물품을 새로 만들든지 반드시 그 견본을 정부에 제출하고 정부는 그 견본을 시험하여 그 물품이 과연 세상에 이익이 있는 것이면 경륜한 주인에게 전매권을 허가하기 시작한다. 만약 경륜자가 빈곤하여 그 물품을 제조할 자본이 없으면 부자와 동업하여 그 이익을 나누기도 하며 또는 그 물품의 전매권을 부상(富商)에게 계약하여 팔기도 한다.

금일 경륜자가 작은 물품을 개조하여 치부한 몇 가지를 기록해본다. 모자 테두리를 개조한 사람은 1년 내에 우리 돈으로 1억 원의 큰 재산을 이루었고, 사과 껍질 벗기는 기계를 만든 사람은 4백만 원을 거두었다 한다. 이와 같으므로 경륜하는 자의 사려가 날로 새로워져 화륜 기계로 논하든지, 전기 기계로 말하든지 경륜자가 원래 기관의 결함을 완전하게 개선하여 그 편리한 이치와 정밀한 제도를 통하여 이르게 한다. 이로 말미암아 국가에게는 부강한 기본 산업을 이루고, 인민에게는 개명한 지식을 더하여, 한 사람의 경륜으로 천하가 그 이익을 받고, 만백성이 그 복을 누리게 된다. 그러므로 서양인의 말에 "오늘날의 세계에는 가난하고 미천한 자의 음식과 거처의 편리함과 화려함이 100년 전 왕공 귀족보다 낫다"고 한다.

대개 생계를 구하는 방도라는 점에서 논하면 어떤 사물이던지 그 본의를 추구하여 생계가 안 되는 것은 없다. 신문지 및 서책 출판하는 자며, 상점의 점원과 농가의 일꾼이며, 가게 배포하는 자와 백물 제조하는 자가 모두 그러함은 장황하게 말할 필요가 없다. 어떤 사물도 취하지 않고 가만히 앉아서 생계 할 일이 없다고 핑계하는 자는 어리석다는 비웃음을 면할 수 없다.

사람이 생계를 구함이요, 생계가 사람을 택하는 것이 아니다. 각기 생계를 구하여 산업이 있다면, 이 일을 하는 자는 저 일을 하지 않고 저

것을 만드는 자는 이것을 만들지 않는다. 한 사람이 두 가지 일을 겸하기 어려우므로 있는 것을 가지고 없는 것을 보충하며, 남이 가진 것을 취하여 내가 없는 바를 도와야 한다. 이와 같으면 저 물품이 값이 오르는 때는, 이 물건도 물가가 올라갈 것이요, 이 물가가 내려가는 때는 저 물가도 하락하여 물품과 재화의 고저가 인생의 도모는 관계가 밀접하다. 그런데 돈을 나눈 출처가 없고, 생업을 경영하지 않으며 남에게 의지하여 한 사람 밭가는 것을 백 사람이 먹고, 한 부인이 짠 옷감을 열 사람이 입기에 이르면, 나라의 형세도 빈약할 뿐 아니라 인민의 생신 경영도 어려울 것이다. 생계를 구하는 자는 농공상을 따지지 말고 자기의 직업을 따라 부지런히 힘써서 심력을 다할 것이다.

(10호, 32~41면)

생존의 경쟁

윤효정

천지가 둘로 갈라 나누어지고부터 문자가 처음 만들어진 이래 삼분오전구구팔색(三墳五典九丘八索)[1] 중에도 일찍이 들은 바도 없고 본 바도 없던 한 구절의 놀라고 두려워할만한 문자가 출현하였다. 20세기에 이르러서는 개인과 국가를 묻지 아니하고 이 한 구절의 참된 깨달음을 아는 자는 생존의 안락을 얻고 모르는 자는 뒤집히어 멸망한 참상이 드러났다. 이 세상에 생존을 꾀하고자 하는 자가 이 한 구절의 문자를 알지 못하는 것은 결코 불가하니 이른바 한 구절 문자는 '생존의 경쟁'이다.

생존 경쟁의 열기가 현세에 이르러 이와 같이 몹시 맹렬한데 고대에는 무슨 이유로 이 열기가 숨어 엎드려 발생하지 않았으며, 중고시대에는 무슨 이유로 이 열기가 비로소 발생하였으며, 근세에는 무슨 이유로

1 모두 고서(古書)이다. 여러 가지 설이 있으나 공안국(孔安國)의 설을 따르면, 삼분은 복희(伏羲)・신농(神農)・황제(黃帝)의 글이고, 오전은 소호(少昊)・전욱(顓頊)・고신(高辛)・요(堯)・순(舜)의 글이고, 팔색은 팔괘(八卦)의 설이고, 구구는 구주(九州)의 지(志)를 가리킨다.

이 열기가 점차 넓고 커졌으며, 현세에는 무슨 이유로 이와 같이 몹시 맹렬한지 그 뜻을 우리가 일차 소급하여 연구하지 않을 수 없다.

한나라 광무제(光武帝)가 말하되, "사람이 만족함을 알지 못하여 이미 농서(隴西)를 얻고도 다시 촉(蜀)을 바라본다"[2]고 하니, 이는 절세의 영웅이 만고의 인정(人情)을 엿보아 폭로한 격언이다. 대개 사람이 만족함을 모르는 한결같은 마음은 어질고 어리석거나를 막론하고 각기 머릿속에 존재하는 것이니, 진실로 그 하늘로부터 받은 데서 나온 것이다. 쉽게 없애버릴 수가 없고 이 마음은 곧 천히만시의 진보 발달하는 원소가 되는 것이다. 다만 그 도덕과 법률의 범위를 벗어나면 그 폐해가 더러 백승(百乘)의 대부가 천승의 제후를 시해하며, 또는 천승의 제후가 만승의 천자를 시해하기에 이른다. 이를 두려워하여 성인이 물리지 않는 욕망을 경계하셨으니, 만일 도덕과 법률 안에서 이 마음을 이롭게 인도하면 현재 구미 각국의 유리 세계와 황금 생활이 또한 모두 농서를 얻고도 촉 땅을 바라는 성정에서 흘러나온 결과다. 개인이든 국가이든 이른바 생존경쟁의 기인은 실로 이 한결같은 마음에 말미암아 발생한 것이다.

일찍이 듣건대, 요(堯) 임금이 천하를 허유(許由)에게 양보하셨으나, 허유가 받지 않고 부끄럽게 여겨 도망쳐 숨었다 한다. 천자의 고귀함과 사해의 부유함은 사람들의 욕망이다. 삼대 이래로부터 세상에 드문 호걸이 때를 타 이어 일어나 몇 만 생령이 전장에서 죽어가며 혈육의 친족이 집안끼리 서로 싸우고 해침은 그 이유를 추구컨대 부귀를 빼앗음이 아닌 것이 없다. 양보하되 오히려 또 받지 않고 부끄러워하고 심지어 도망쳐 숨으니 그렇다면 곧 옛사람의 성정은 다 착하고 요즘 사람의 성정은 다 악한 것인가. 그렇다면 농서를 얻고도 촉 땅을 바란다는 마음

2 사람이 …… 바라본다 : 후한(後漢)의 광무제(光武帝)가 일찍이 잠팽(岑彭)에게 내린 글에 "사람은 참으로 만족할 줄을 몰라서 이미 농을 평정하고 다시 촉을 바라본다[人苦不知足 旣平隴 復望蜀]" 한 데서 온 말로, 전하여 사람의 탐욕이 끝없음을 비유한 말이다. 출전은 『십팔사략(十八史略)』 권3, 「동한(東漢)」 조이다.

이 고대에는 절대로 없었고 중고로부터 싹트기 시작한 것인가. 아니다. 고대 사람도 하늘로부터 받은 이 마음이 절대로 없는 것은 아니나 다만 시대의 경우를 말미암아 이 마음이 숨어 있고 발생하지 않았을 뿐이다.

대개 상고 시대는 넓고 아득한 들판에 적은 인류가 밭을 갈아 먹고 우물을 파서 마시며 그 바라는 바는 배고프면 먹고 목마르면 마시는 데 불과하다. 그 임금이 흙계단 띠 집에 살기를 스스로 편하게 여겼으니, 그 의식(衣食) 정도를 또한 미루어 알겠다. 그러므로 그 백성의 생활은 순박하여 다투지 않으며, 그 임금의 다스림은 하는 것이 없는 것처럼 하며 어진 사람에게 임금의 자리를 예로써 물려주니, 이는 경쟁의 열기가 자연히 싹트지 않은 시대라 말할 수 있다.

중고 이래로 한정이 있는 토지에 한정이 없는 인구가 점차 번식하여 얻을 수 있는 이익이 적어지고 빈부와 귀천이 하늘과 땅처럼 벌어졌다. 사람마다 부귀를 선망하고 빈천을 혐오하는 상정(常情)을 의식(衣食)과 금전을 저축하려는 마음과 합치려 하였다. 그래서 욕망이 점점 생활의 곤란을 감각하니 이는 경쟁의 열기가 비로소 발생된 시대라 말할 수 있다.

근고에는 국가간 교통의 진보로 말미암아 동서 지구의 교의(交誼)를 서로 강구하고 황백 인종이 무역을 서로 통하는 대세가 저절로 움직인다. 대개 지구는 인류의 공동 생활하는 기초가 된다. 그러므로 국제 법규에서 허용하는 한계와 각국 법률이 정한 범위 내에서는 이주(移住)와 생활과 경제의 발전을 어떤 사람이라도 시험할 수 있는 것은, 하늘의 지명(指命)에서 나왔다고 인정하여 각국이 서로 실행한다. 이는 국가와 국가 간에 경쟁의 열기가 점차 넓어지고 커진 시대라 말할 수 있다.

앞에서는 인정의 자연과 시세의 필요로써 생존경쟁이 그치지 못하는 두 가지 원칙을 들어 논하여 정한 것이다. 그러므로 금일의 생존경쟁은 벗어나고자 하여도 벗어나지 못할 것이다. 개인이든 국가든 내가 저를 이기지 못하면 동시에 반드시 저의 영향력에 굴복된다면 결국에 멸망에 이를 것까지 각오할 수밖에 없다. 타인의 영향에 굴복하다가 멸망의 지경에 이름은 누구라도 꺼리고 피하고자 아니할 이가 없을 것이다. 이것이 현시대에 경쟁의 열기가 맹렬하여 극점에 다다른 까닭이다.

우리나라도 근년에 세계의 풍조가 유입하여 4천 년 이래로 폐쇄하였던 항만이 한번 열리자 외국인의 침입이 날로 늘어나고 달로 더하므로 생존경쟁의 극렬함을 여기에서 느끼게 될 것이다. 농업가는 밭을 갈고 김을 매어 농사를 짓되 씨를 가려 뽑음과 기계의 개량을 꾀하여 수확의 증가를 이룬다. 상업가는 기민함과 슬기롭고 교묘함을 운용하여 무역에 다대한 이익을 구한다. 공업가는 세상 사람의 기호를 똑똑히 살펴서 물품의 제작을 정교하고 치밀하게 한다. 사인(士人)은 학술을 연구하여 실제에 응용하되, 스스로 정치 개량과 국민 지도를 책임져 개인의 생존경쟁뿐 아니라 국가의 생존경쟁을 꾀하지 않을 수 없다.

대개 우승열패(優勝劣敗)와 약육강식은 현세 인간사의 상례이다. 우리나라의 형편을 살펴보면 지극한 감정을 이기지 못하겠다. 농업・상업・공업・학문의 사업이 능히 영역 밖에 나가 다른 나라의 이권을 경쟁하는 것은 고사하고 자국의 이권도 거의 모두 남에게 양도하고 있으니 이러고서 이런 극렬한 경쟁시대를 어찌 안전히 지나갈 수 있으리오.

국가는 강을 거슬러 배를 운항함과 같으니 만약 노와 키를 움직이지 않고 돛대를 놓아둔다면, 다른 배는 시간을 헤아려 올라가 진보하는데 우리는 홀로 하류에 흘러감을 면하지 못할 것이다. 남이 100보를 나가거든 나는 110보를 나아가고자 하는 결심으로 실행한 뒤에야 비로소 곧 남에게 뒤떨어지는 치욕을 벗어날 수 있을 터이다. 우리나라 국토 주위를 관찰하고 동포의 생활 정도를 깊이 생각한다면 누가 감히 맹성(猛省)하고 분발하는 감격의 눈물을 아끼겠는가? 이는 과연 어떠한 세계인가. 생존경쟁을 알지 못하면 개인은 노예의 치욕을 요행히 면할 자가 없으며, 국가는 판도의 상황을 분간할 수 없다. 금일 20세기에 살아가는 우리 동포는 생존경쟁의 중요한 뜻을 힘써 정밀하고 깊이 탐구해야 할 것이다.

(11호, 4~7면)

3부 ▌사회과학관계 논설

국가의 본의 | 국가 및 황실의 분별 | 전제국의 국민은 애국사상이 없음 | 국민의 정치사상 | 관권과 민권 | 정부의 직분 | 국가 의의 | 위생 행정 | 형법과 민법의 구별

국가의 본의

해외 유객

국가는 국민 만성(萬姓)의 공동체니 군주 한 사람의 사유물이 아니다. 그러므로 그 본뜻을 풀이하건대 토지는 나라요 인민은 집안이니, 이 두 개를 합하여 칭함이다. 그러나 토지와 인민이 있어도 국가라 칭할 수 없으며 반드시 정치조직이 하나로 정해진 후에야 가능하니, 정치조직은 무엇을 말함인가. 정부를 설립하여 다스림의 체제를 세움을 말함이다. 군주국에 제왕이 있고 공화국에 통령(統領)이 있어서 그 밑에 갖가지 법령이 정해놓은 크고 작은 관리를 두고, 국가의 사무를 판단하여 처리함이 그것이다. 만약 그렇지 않다면 이는 물풀이 여기저기 떠다니는 부락의 오합지졸과 같을 것이니 국가의 질서정연한 체제를 어찌 이루겠는가.

옛날 중국의 맹자가 말하기를, "인민이 가장 귀중하며 사직(社稷)이 그 다음이며 임금이 또 그 다음이다"[1]라고 했으니, 그 말한바 인민과 사직은 곧 국가를 말한 것인즉 이로 말미암아 보건대 국가와 군주의 선후경중을 가히 알 만하다.

(3호, 54~55면)

1 인민이 …… 다음이다 : 원문은 "孟子曰 民爲貴 社稷次之 君爲輕"으로 『맹자』 「진심(盡心)」 하에 나오는 말이다.

국가 및 황실의 분별

해외 유객

세상 사람들이 국가와 황실의 분별을 알지 못하여 국가를 군주의 한 몸과 같게 보니, 이는 전제의 악풍에 물들어 그 미혹된 생각과 오해를 깨지 못함이다. 무릇 군주가 국가의 통치자라는 말은 가능하지만 국가의 사유자라는 말은 불가하니, 비유컨대 지방에 관장을 두었을 때 그가 그 지방을 다스림이요 그 지방을 사유함은 아닌 것처럼, 국가에 군주를 세움은 국가를 다스림이요 그 국가를 사유함은 아닌 것이다. 군주가 곧 국가라고 한다면 인생의 자연스러운 도리에 어그러지니 천하에 이런 이치가 어찌 있겠는가. 사람은 생명이 길어도 8, 90년에 불과하고 국가는 그 생명의 장구함이 천만 년에 이르니, 무릇 황실의 흥망으로써 국가의 흥망이라고 말함은 국가의 본뜻에 밝지 못하기 때문이다.

저 지나【지나는 중국 땅의 고금을 통칭함이다】의 역대를 볼지어다. 삼대 이후로 황실의 기복이 매우 많았으나 지나의 국가는 의연히 그대로 있지 않은가. 하은주(夏殷周), 진한(秦漢), 수당(隋唐) 운운하는 소위 나라 이름은 그 때의 황실이 일시적으로 사사로이 칭한 것이요, 지나라는 국가가 만세에 불변하는 공공의 칭호가 아니다. 그러므로 국가가 망하는 것은 근세의 폴란드같이 그 국토가 분열되어 타국의 군현이 되고, 그 국민이 복속되어 타국의 신첩(臣妾)이 되는 것을 이르는 것이다. 영국의 현재 하노버 왕실이 전 왕조 스튜어트 왕실을 이음은 그 왕가가 바뀜이요, 영국이라는 국가가 없어지는 것은 아니며, 프랑스의 부르봉 왕실 및 나폴레옹 황실이 망하고 민주정이 흥함은 그 정체(政體)가 바뀜이요, 프랑스 국가의 망함은 아니니, 이로써 토지와 백성이 다른 나라의 관할에 돌아가지 않으면 그 국내에서 황실이 바뀌거나 정체가 바뀜으로는 국가가 망한다고 말할 수 없는 것이다.

옛날 프랑스 국왕 루이 14세가 교만하고 자부심이 많고 스스로 방종하여 말하기를, "짐의 몸이 곧 국가다"라고 하여 생사여탈을 임의로 하고 압제하는 악정이 심했는데, 그 손자가 왕이 된 대에 이르러 국민들이 이반하여 부르봉 왕조가 절멸됨을 초래했으니, 유럽의 정치가들이 지금까지 루이왕의 한마디를 단죄하여 말하기를, '대역무도'라고 하였다. 프러시아 대왕 프레드릭은 조심하며 인외(寅畏)하여 말하기를, "짐은 국가의 상등 공용인이며 국고의 관리자이니, 추호의 남용이라도 있다면 그 죄가 어찌 작겠는가"라고 하며 법규를 세우고 덕정을 베풀어 국민의 사랑을 얻어 역대에 번창한 복록으로 오늘날의 훌륭한 모범으로 이르고 있다. 프레드릭 대왕의 말은 국가 및 황실의 분별을 분명히 정하여 만대의 귀감이 되니, 그러므로 유럽인들이 칭하기를 '헌법의 원조'라고 한다.

(3호, 55~56면)

전제국의 국민은 애국사상이 없음

윤효정

전제정의 정체(政體)의 의의는 입헌정에 대해 구별을 표하는 것이다. 입헌정치의 정신은 군민동체(君民同體), 상하일치(上下一致)로 모든 결정을 공의에 의하여 행하는 것에 있으니, 그 운용하는 기초는 국민 다수가 좋은 이를 뽑은 공당(公黨)과 공회(公會)에 있다. 전제정치의 특색은 군권(君權)은 무한하고 민권(民權)은 드러나지 않으며, 상하가 서로 노려보고 권한을 전횡하여 억압함으로, 그 운용하는 기관은 귀족 관료가 군주를 에워싼 사당(私黨)에 있다. 지금 이 두 정체의 이해득실을 비교하고 추론하건대 국민의 애국심이라는 것이 양 정체에 대하여 어떤 관계가 있음을 관찰할 수 있으니, 동서양 역사에서 드물었으며 요동 만주의 풍설이 참담했던 러일전쟁의 시작 상황으로써 그 한 예를 들어볼 수 있다.

대개 일본은 온 나라가 일치단결하고 러시아는 내란이 분분히 일어나니 하늘과 땅의 운세는 물론이요, 인화(人和) 한 가지에도 양국의 현격함이 천지 차이가 났음은 사람들이 모두 잘 아는 바이다. 일본군이 가령 십만 명의 쌓인 시체를 압록강변에 쌓아두고 황해 바다에 흐르는 피가 붉게 변하는데도 단호히 강을 버리고 남으로 퇴각하지 않았음은 당시 일본 국민의 전반적인 사기였다. 이러한 사기가 있었기에 사하(沙河; 하북성)의 대승과 여순(旅順)의 함락과 발틱함대의 전멸을 보았음은 인화(人和) 한 가지로 귀착되지 않음이 없으니, 이를 미루어 연구하면 일본은 입헌정치를 시행하여 임금과 인민이 일체가 되고 상하일치에서 나온 애국심, 즉 소위 국민적 사상이 발휘된 일대 정신이 효력을 나타낸 것이다.

러시아는 이와 반대로 소수의 우월한 계급의 귀족 장교는 설령 국가와 희노애락을 함께 하겠다는 맹렬한 뜻이 있다고 생각하더라도, 전투진영의 대부분을 차지하는 고용된 병졸들은 일반 국민 출신인 자들이니, 결사적인 투지가 없음은 여타 국민과 다른 것이 없다. 다만 다른 이유를 따진다면 대개 평소 위엄과 무력을 빙자하여 일반 국민을 억압하고 핍박하던 귀족 사회는 그 승패의 결과가 직접적이지만 일반 국민들은 하등의 아픔을 느끼지 못하고 있기 때문이다. 뿐만 아니라 도리어 혹 패전을 이용하여 귀족사회에 복수하는 좋은 기회로 생각하였을지도 모르는 일이다.

입헌주의와 전제주의가 큰 차이가 있다는 실례를 일본과 러시아의 개전에서 드러나게 볼 수 있다. 이 이후 세계열강의 방침은 일반 사조의 경향처럼 그 바른 길로 돌아가고 있다. 원래 국제간에는 덕의가 없음을 원칙이라고 하면서, 편협한 제국주의에 준거하여 국제 문제에 응용하여 해결하던 열강의 태도가 갑자기 정의, 인도, 평화, 자유의 문명적 정신의 색채를 펴서 드러내는 데에 이르게 되었다. 이러한 경향이 표면적인 사실에 드러난 가장 큰 실제 사례는 영국에서 자유당 내각을 조직함과 그 발표된 온건한 정책, 독일 황제의 중국 보전과 문호 개방의 선언 및 북청철병(北清撤兵),[1] 유럽 각국 사회당의 우세이며, 미국 대통령의 인도적 대정신의 발휘와 미국 민주당의 영수인 브라이언의 세력 회복이며, 쿠바에서의 난이 진정된 후 미국이 합병을 피하고 독립을 허락한 사실이며, 청나라의 권리회복운동이다. 특히 문명적 정신과 관계가 가장 깊고 큰 것은 러시아의 의회 개설과 페르시아의 입헌제도 채용과 중국에서 파천황의 조칙으로 입헌제도 채용령이 내려진 것이다.

대개 헌정은 그 근원을 자치 정신에서 취하니, 헌정의 채용은 세계의 대세이며 문명의 정신이며 자연의 귀착이며 진리의 추세이다. 진리와 자연과 문명과 대세의 흐름에 따르는 자는 번영하고 융성하고, 역행하는 자는 쇠퇴하고 멸망할 것이다. 무릇 국가라고 하는 것을 법리적으로 해석하면, 일정한 토지와 인민이 독립된 주권 하에 통치되고 있는 단체라고 정의함을 알 수 있을 것이요, 경제적으로 해석하면 스스로 운영하고 스스로 존재하는 욕망과 의사를 가진 경제 단위라고 칭할 수 있을 것이다. 더 나아가 이를 정신적, 정치적으로 해석하면 애국심과 정치력과 무력(武力)이라는 세 가지 요소가 될 것이니, 이 세 가지는 나라를 세우는 삼대 요소이다. 법리적, 경제적 연구는 고사하고 오직 그 정신적, 정치적 연구를 해도 이상의 나라 세우는 삼 요소 중에서 결코 하나도 뺄 수가 없다.

그러나 국가를 형성하는 정신이 되는 애국심이 하루아침에 상실된다고 가정하면 그런 국가는 형해일 뿐이요 텅 빈 선반일 뿐이며, 지리멸렬하여 통치하려는 의사도 없게 되고 생존 욕망도 없게 될 것이니, 대개 애국심의 긴요하고 절실하고 중요함은 개인이 생존을 요구하는 의사와 멀지 않은 것이다. 그러니 이로써 애국심의 강약 및 건강성은 곧 국가의 강약 및 건강성에 영향을 줌을 발견하기에 충분하다.

그런즉 세상을 경영하는 자의 당면한 일은 진정 강건한 애국심을 양

1 빌헬름 2세는 청일전쟁 뒤에 3국간섭을 통해 일본이 청나라에게 요동반도를 반환하도록 하였고, 1905년에는 모로코의 문호 개방을 요구하는 연설을 한 일이 있다. 청나라 북부에서 철병했다는 것은 북청사변이라 칭해진 의화단의 난과 관련된 사항으로 보이나 미상이다.

성, 발달하게 하여 국가 전부에 이 정신이 충만하게 함으로써 급무를 삼아야 한다. 국민 일반에게 진정한 국가적 사상을 환기하여 강건하고 꺾이지 않는 애국심을 양성하고 발달하게 하여 이로써 기초적인 정신을 삼아 바탕이 실한 국가의 체제를 완전히 하고자 하면, 전제정치 하에서 이를 바란다는 것은 도저히 불가능하니 왜인가. 전제정치 하에서는 군민동체, 상하일치의 큰 정신을 불러일으키지 못하며 강건하고 꺾이지 않는 애국심을 발생시키지 못하는 것이 국가 조직의 자연스러운 원리이기 때문이니 이상할 것이 없는 것이다.

(5호, 18~22면)

국민의 정치사상

윤효정

무릇 국가는 각기 위치와 풍속 및 인종의 다름에 따라 혹 종교나 문무(文武)로써 다스린다. 소위 통치하는 정치의 방식은 천 가지, 만 가지이나 어떠한 나라든 고금을 불문하고 진실로 나라의 안정을 지키고 나라의 위엄을 높이 올려 확고하여 흔들리지 않을 나라를 건립하기 위해서는, 그 나라를 다스리는 제도가 아무리 완전하고 좋더라도 국민의 정치적 사상 즉 애국 관념이 없다면 안 된다. 또 용감하고 과감하며 멀리 계획하고 깊이 생각하는 정신이 없다면 결코 건전한 국가가 될 수 없다. 이것이 없으면 국민의 공통된 일치의 정신이 없기 때문이다.

오늘날 우리나라는 옛날 우리나라가 아니다. 안팎의 교통이 빈번해짐에 따라 민국(民國) 사상의 변화하는 상태를 면할 수 없으니 국민의 사상이 일단 변하게 되면 나라의 위엄을 드러내 날릴 수 없음은 물론이요, 간혹 내분과 난리가 일어나 국민 공통의 일치된 정신을 완전히 잃어버리고 국가의 기초가 위태롭게 될 지도 모른다. 그러므로 지금 이렇게 많은 일이 일어나는 때에 기회를 만난 우리 국민 된 자들은 마땅히 분골쇄신하여 충군애국의 사상을 함양하지 않으면 안 되니, 이것이 진실로 국민 된 의무와 직분인 것이다. 우리가 가령 가장 완전한 정치적 사상을 가진 국민이 되려면 어떠한 요소를 필요로 할까 하는 문제를 제기하고, 그 요소를 열거하고 간단히 논하여 감히 우리 동포들에게 참고할 수 있도록 제공하려 한다.

첫째. 국적이 같을 것.
둘째. 같은 주권 하에 있을 것.
셋째. 영토가 같을 것.
넷째. 언어가 같을 것.
다섯째. 인종이 같을 것.
여섯째. 종교가 같을 것.
일곱째. 습관이 같을 것.

대개 첫째와 둘째의 조항은 원래 국민 된 자격에 필수 요건이고 또 명확한 것이므로 특별히 설명을 요하지 않으나, 셋째 이하는 논의를 할 필요가 약간 있다. 순서를 따라 우견(愚見)을 진술하고자 청하는 바이다.

셋째, 영토가 같을 것.

국민 된 자가 영토를 같게 하지 않을 수 없는 이유는 인류의 성격 중에 개인이 자기 집을 좋아하는 것과 같은 이치에서 생겨난 것이다. 대개 일신에 가벼운 가죽옷을 걸치고 네 말이 끄는 수레를 타고서 물리도록 주지육림을 누리며 도성누각의 호사에 싫증난 당대의 교만한 자나 항상 사리사욕에 급급하여 애국의 관념이 전혀 없는 우둔한 치한이라도 항상 고향산천의 초가집을 회상하지 않을 수 없다. 애국심이 없는 자도 고향 산천을 대하는 생각이 이러한데 그 밖의 국민들의 경우는 미루어 알 수 있는 것이 아니겠는가. 개인이 자기의 집을 아끼는 생각은 일가친족이 같이 살고 같이 먹으며 동고동락함에서 나오는 것이니, 이러한 생각이 실로 고향 산천을 사랑하고 나라를 사랑하는 생각의 원천이다. 그러니 국민들에게 공고하게 일치된 사상을 환기하려면 반드시 영토가 같아야 함을 요한다는 것은 많은 말을 필요로 하지 않을 것이다.

그러나 이를 어렵게 여긴 자가 말하기를, "그러면 민족을 번성하게 하고 나라가 확장될 것을 원하면서, 이식과 정벌의 수단으로 영토를 다른 지역에 확장하여 개척하지도 못하는가. 부질없이 작은 영도에 숨만 쉬며 가만히 엎드려 있을 생각은 없다"고도 한다. 그러나 우리가 비록 불민하지만 어찌 문을 걸어 잠근 폐쇄된 나라에 스스로 만족할 리가 있겠는가.

다만 마침내 갑자기 개척하고 침략하는 수단으로 나라의 위엄과 영광을 계획하는 것은 아니며, 만약 그 실질을 얻고자 한다면 먼저 국민이 어떤 영토에 이주하더라도 그 국민적 관념은 마침내 우리나라에서 분리되지 말아야 하고 멀거나 가깝거나 안팎의 구별을 감히 품지 않게 되기를 희망하는 것이다. 대개 지역이 상당히 멀고 풍속과 습관이 매우 다른 때에는 성정의 변화를 면할 수 없기 때문이다. 우리는 반드시 말하기를, 국민적 정신을 갖고 있는 진정한 국민은 영토를 같게 해야 한다고 하는 것이다.

넷째, 언어가 같을 것.

우리 인류의 의향과 의사를 겉으로 드러내어 서로 의지하고 기댈 수 있게 하는 기관의 종류는 하나가 아니다. 그러나 가장 명확하고 보편적이며 요긴하고 중요한 것을 구한다면 곧 언어와 같은 것이 없을 것이다. 사람으로 하여금 반목하여 적대시하게 하거나, 문경지교(刎頸之交)의 결탁을 맺게 해주는 것이 언어의 작용이 아닌 것이 없다. 그러니 국민적 정신을 양성하는 데 미치는 언어의 동력은 실로 예상하여 알기 어려울 정도이다. 특히 언어가 같으면 국민으로 하여금 공동의 정신을 지켜 갖게 하며, 지식의 힘을 교류하여 크고 깊게 할 수 있으므로 가장 힘이 있는 자가 되는 것을 깊이 알 수 있다. 그런즉 국민 된 자는 반드시 이를 같게 하지 않을 수 없으니, 언어가 서로 같으면 사상과 관념이 또한 서로 같아서 일치하고 협동하며 화합하는 정신이 발흥하고, 애국적인 적개심의 기상이 저절로 발동된다. 이 뿐만이 아니라 외국인으로 하여금 명암유무(明暗有無) 중에나 부지불식간에 그 사상을 감화하게 하여 저들로 하여금 경외하고 흠모하게 하는 신기한 일도 있을 것이다.

만약 이와 반대로 언어가 같지 않게 되면, 사상이 착란되고 관념이 충돌하여 일치하고 협동 화합하는 정신을 잃어버림과 동시에 외부의 모욕을 스스로 부르게 될 것이다. 이러면 국민적 정신의 보급을 어찌 얻을 수 있겠는가. 그러므로 완전한 정치사상을 가진 국민이 되려면 일치하는 공동의 정신이 필요하며, 일치하는 공동의 정신을 얻으려면 같은 언어가 필요함을 알 수 있다.

다섯째, 인종이 같을 것.

우리 사상의 발달이 교육에서 기인한다는 사실은 재론을 기다릴 필요가 없다. 교육에는 세 가지 종류가 있으니, 첫째는 가정교육, 둘째는 학교교육, 셋째는 사회교육이다. 이상 여러 가지의 교육을 받은 후에야 우리는 비로소 인격을 갖춘 사상을 얻을 수 있으니, 우리의 사상은 교육자가 된 그 사람의 사상이 어떠한지에 따라서 삿됨과 바름, 강함과 약함이 서로 전화(轉化)되는 것은 매우 분명하다. 우연히 천품의 사상을 가진 자가 없지 않으나 이러한 특별한 일은 일반적인 것으로 논할 수 없다. 우리는 교육을 받는 자가 된 현재의 자격과 교육자가 될 미래의 자격으로, 사회 교육을 맡은 이들의 사상 일치를 간절히 바라게 된다. 어떻게 하면 사상을 일치하게 할 수 있는가. 우리는 단언하기를, 인종의 섞임을 교정하기에 있다고 할 것이다.

대개 개인이 한 가정을 걱정하는 이유는 그 계통을 통일하고자 하는 생각에서 말미암는다. 이와 같은 이치로 국민이 국가에 대한 염려가 또한 그러한 것도, 그 원류가 같은 인종은 같은 생각을 가지고 있기 때문이다. 사람의 마음은 얼굴과 같아서 천태만상이 있지만, 그 국가를 애호하는 생각, 즉 소위 정치사상은 모두 동일하다. 만약 이와 반대로 다른 인종, 다른 족속이 섞여있기에 이르면 사상의 섞임이 일어날 뿐 아니라, 그 섞인 사상이 보급되고 발달된 결과는 국민정신의 매몰에 이를 것이니, 어찌 걱정할 것이 아니겠는가.

가만히 생각하건대 신기함을 좋아하고 좋아하는 것에 치우침은 사람의 보통 성정이다. 하물며 법률에 묻지 않는 바에 내지(內地)를 개방하는 시대를 당하여 잡혼(雜婚) 또한 면할 수 없는 바라고 하니, 잡혼을 입에서 나오는 대로 칭송하기는 하지만, 만약 그 국민 된 사상을 섞이게 하는 점에서 바라본다면 어찌 이를 기피하지 않겠는가. 하물며 또 우리나라의 우리나라 된 이유는 같은 인종으로 발달된 같은 사상이 자자손손 남겨 유전(遺傳)하고 관통하여 국민의 정신을 낳는 데 기원하는 것 아닌가. 이것이 우리가 사상을 만드는 자, 곧 소위 사회교육을 하는 자들에게 인종을 섞는 것이 어렵다는 문제를 제기함을 멈출 수 없는 이유이다.

여섯째, 종교가 같을 것.

국가의 질서와 규율을 유지하려면 국법이 완비되었더라도 그 능력이 오히려 개인의 마음속에 있는 도의에 대한 마음을 통괄하여 관할하기에 부족하다. 그런즉 특별히 이를 지배하는 기관이 필요하니, 이 기관은 곧 종교이다. 종교는 능히 개인의 도의에 대한 마음을 이끌어 부축하여 감화하게 하며, 겸하여 국법을 보조하여 그것과 함께 서로 대비하여 사람의 행동과 뜻 전반을 통괄하여 관할하니, 종교가 국가에 지극히 요긴함을 알 수 있다. 대개 인민이 하늘이 내린 자연스러운 신앙심을 가지고 있기 때문에 종교의 발흥함도 또한 자연의 이치에 말미암는다. 이렇게 종교의 발달함이 자연에 기초함은 비록 세계에 통하여 동일하지만, 그 다름이 있는 까닭은 그 국토, 풍속, 인종, 습관 등의 차이가 있는 데에서 나온 것이다. 서구에는 서구의 종교가 있고 동아시아에는 동아시아의 종교가 있으니, 종교의 힘이 능히 국체(國體)를 유지하기에 족한 것은 인민이 모두 그 나라에 고유한 종교를 숭배하고 신앙하여 사상을 이끌어 부축하여 감화하기 때문이다. 혹 이와 반대로 인민이 다른 종교를 받든다면 그 사상이 문란하게 되어 국민적 정신의 순수함과 아름다움을 바랄 수 없게 될 것이다.

혹자가 말하기를, "그 나라의 고유한 종교는 풍기가 쇠퇴하여 무너져 가려낼 것이 없는데 남에게 우미하고 고상한 종교가 있다면 이를 숭배함이 어찌 불가하겠는가. 다른 종교의 차이를 어찌 묻지 않는가. 우리는 신앙의 자유를 가지고 있지 않은가" 한다. 좋구나, 이 물음이여. 그러나 우리는 감히 그 혹자에게 반문하여 말하기를, "그러면 무슨 이유로 그 풍기가 쇠퇴하여 무너진 자기 나라의 고유한 종교를 만회하려 하지 않는가. 국법에 금하지 않는 것은 무슨 일을 해도 부끄럽지 않은 것인가. 세상에 있는 다른 종교를 받들어 발달한 국민이 혹 있는가" 할 것이다. 요컨대 이러한 논자는 어둡고 밝음, 옳음과 삿됨을 분별하지 못한 것이며, 본말(本末)과 경중(輕重)을 알지 못한 것이며, 애국이라는 관념이 박약한 것이니, 어찌 우리와 함께 논의할 자이겠는가.

우리는 마침내 단언하여 말하기를, 국민의 정치적 사상, 즉 소위 애국정신을 양성하고자 하면 종교의 감화력을 필요로 하고, 종교의 힘이 능히 이를 가능하게 하려면 그 나라의 고유한 종교를 받들지 않으면 안 된다. 혹 그 나라에 고유한 종교가 그 국민의 사상을 감화하여 통일시키기에 부족할 때에는 이를 대신할 만한 우미하고 고상한 종교를 택하여 국민의 사상을 통일하게 하지 않을 수 없으니, 우리의 바람은 애국심의 양성이 위주이기 때문이다.

일곱째, 습관이 같을 것.

습관은 제2의 천성이다. 저 한 조각의 발자취도 사람들이 뒤따라 쫓아가 여럿이 쓰는 길이 되고, 텅 비어 형체가 없는 예의와 사양도 실행하는 세월이 더해져야만 마침내 국법이 된다. 대개 인습이 오래되면 사람들의 뇌수가 명암이 오가는 가운데 감화되고 용해되어 행위는 좌지우지하게 됨이 자연스런 이치요, 이상하지 않다. 하물며 옛것을 귀하게 여기고 새 것을 낮추어 보는 경향은 사람의 성격으로 볼 때 보통의 상태이니, 사람일이 복잡다기한 사회에서 이를 통치할 만한 것이 없으면 무엇에 말미암아 다스리겠는가. 만약 도리에만 전적으로 의지하고자 해도 도리만으로는 사람 일의 제반 사항을 통제할 수 없으니 그러면 어떻게 하겠는가.

습관에서 법칙을 취하는 것만 같지 못할 것이니, 습관은 하나의 법칙이라고 칭할 만하여 인류의 행위에 표준이 됨이 분명하다. 또 습관의 힘이 능히 국민의 정신을 일치하게 하는 까닭은 그 국민이 실천궁행하는 데에서 나온 것이기 때문이니, 이를 계속하게 하여 국민적 성정으로 만들 수 있다. 그러므로 국민의 정신이 발달하는 것은 습관 때문이고, 습관에 이런 효과가 있음은 그것이 같기 때문이라고 할 수 있다.

이상 간단히 논한 요소를 구비한 것이 우리가 소위 말하는 진정한 국민이다. 진정한 국민은 능히 정치적 사상, 즉 소위 애국정신이 풍부하여 나라의 위엄을 선양하는 것을 계획하기에 실수가 없을 것이다. 대개 땅 위에 세워진 나라들은 모두 그 정황에 각기 따라서 제도가 상이하지만 그 흥망이 국민의 정신에 기인함은 만국이 동일한 것이다.

(6호, 24~31면)

관권과 민권

오가키 다케오

이 자리를 가득 메우신 신사 여러분, 오늘은 양력 11월 17일이다. 작년의 이 달, 이 날을 회고하건대 지사(志士)의 심장이 끓고 뛰어오를 것이요, 한국의 앞날이 위태로웠다. 당일은 물론하고 국가가 타국의 보호를 받으면 국민의 명예가 아니요 치욕인 까닭에, 오늘은 명예기념일이 아니요 실로 치욕기념일이다.

그러나 이러한 치욕이 자연히 그렇게 된 것임은 수백 년래로 악정을 시행하여 인심이 날로 위축되고 자립 능력을 잃은 결과이니, 이 시대의 관리와 인민 여러분이 한국의 지위와 경우를 스스로 깨닫고 스스로 힘써서, 자력으로 자립하는 능력을 양성하여 후대 자손의 행복과 국가의 번영을 기도해야 한다. 이 대한자강회의 취지와 목적은 곧 한국을 구제하고자 하여 국민의 스스로 떨침과 스스로 힘씀을 요구하는 것이니, 이 기념일을 당하여 특히 관권과 민권의 구별을 연설하는 나의 작은 뜻이 있는 바를 미루어 살펴, 경청하는 영광을 베풀어주시기를 간절히 바랄 뿐이다.

소위 관권이라 함은 관직이라고 칭하는 기관에 기인하여 집행하는 것이니, 국무를 집행할 때의 권리가 곧 관권이다. 그러므로 관권에 있어서 국가의 당연한 위엄은 가히 없지 않은 것이다. 소위 민권이라 함은 인민에게 하늘이 준 권리이니, 타인의 이익을 해치지 않고 공익에 방해함이 없는 범위에서 사람은 모두 자유로움에 기인하여 주거권, 행위권, 영업권, 신앙권이 있다.

대개 전제국에 있어서는 오직 관권만 절대적인 권력을 갖고 민권은 어떤 것인지 공인하지 않기 때문에 인민은 노예와 비슷하게 생사여탈권이 통치자의 임의에 맡겨져 있어서, 관리가 관권을 남용하여 멋대로 함이 극에 달한다. 이러한 나라는 국가의 부강을 기대할 수 없을 뿐 아니라 인민이 날로 약해져서 국민의 원기를 상실하고 다른 나라의 경멸과 모욕을 불러들여 자립할 수 없게 된다. 그러나 민권을 존중하고 인민의 생명과 재산을 안정되고 공고하게 하는 나라는, 국가의 이익과 손해가 곧 인민의 이익과 손해라는 것을 깨닫고 관민이 화합하여 상하가 한 마음으로 국가의 원기를 진흥하여 부강의 실제를 일으킴에 이를 것이다.

무릇 사람이 세상에 나서 이 땅에 거주하여 생활하는 권리가 있으니, 정당하게 거주하여 국법에 위반됨이 없으면 어떤 사람이던지 금지하거나 내쫓을 수 없다. 그러나 국가 조직의 필요에 개인의 자유를 희생하여 공익에 이바지하게 되는 경우가 있으니, 가령 철도 부설의 핵심적인 길에 있거나 공용 토지의 필요로 인해 그 주거를 허락하기 어려울 때는 손해를 보상하여 주거의 자유를 빼앗을 수도 있다.

행위권이라 함은 사람이 강에서 고기를 잡거나, 산에서 수렵하거나, 크고 높은 집을 건축하거나, 좋은 옷 좋은 음식으로 호사하며 놀거나, 타인의 이익을 해치지 않고 공익에 방해됨이 없는 행위는 모두 개인의 자유라는 것이다.

영업권이라 함은 사람이 노동하여 입고 먹는 것이 하늘이 내린 본능이니, 상업에 종사하거나 농업에 종사하거나 또 몇만 원을 벌든지 제재를 받거나 침해 받음이 없다는 것이다.

신앙권이라 함은 마음을 편안히 하고 모든 것을 천명에 맡기는 안심입명(安心立命)이란 것이 각기 사람의 신념에 있는 것이니, 남이 강제할 수 없어 어떠한 종교든 신앙은 그 사람의 자유라는 것이다.

이러한 것들을 인민의 자유라고 총칭하니, 이른바 민권이다. 이러한 민권을 확장하여 정치상에 응용하면, 인민은 국가의 경영비용을 지출하므로 그 경영비용의 많고 적음과 징수 방법을 의정(議定)하는 권리가 있다. 그러나 정치 운용은 통치자의 대리기관이 된 관직에 일임하되 그 운용의 선악은 인민의 이익과 손해에 관계가 있으니, 인민의 대표자로 하여금 정치에 참여하게 하여 감시하는 권리가 있다. 소위 입헌 대의정치는 이러한 이유에서 기인한 것이요, 또 입헌 대의정치를 시행하지 않는 나라에서도 민권을 존중하여 하늘의 이치에서 기인한 정치를 시행하도록 주의함이 원래 당연한 의무이다.

국가의 통치자는 소위 천자(天子)이니, 천자는 하늘의 명을 받고 인민을 보호하여 인민으로 하여금 살 수 있게 함이 하늘이 내린 직책이다. 소위 관직은 천자의 대리기관이니, 국가의 사무를 처리하고 인민을 보호하는 임무를 행하는 것이다. 그러나 관리가 대리기관이 된 관제를 남용하고 개인적으로 행하여 인민을 학대함이 있다면, 천자에게 죄인이요 인민에게 도적이 됨을 면하기 어렵다.

밤에 인가에 들어가 물건을 도적질하면 사람들이 모두 그가 도둑임을 알고 노하여 때려죽이고자 하지만, 관직을 남용하여 인민에게 해를 끼치는 자에게는 사람들이 참고 분노를 마음대로 하지 못함은 왜인가. 세력이 같지 않기 때문이니, 세력은 같지 않아도 이치는 하나이다. 무릇 법률은 국가와 인민의 약속을 규정하고 인민과 인민의 관계를 규정한 것이니, 인민은 법률에 의지하여 그 권리가 보호되고 국가는 법률에 의지하여 그 인민을 통치하여, 국권과 민권이 명확히 실행되어 인민의 의심이 없고 관리의 멋대로 함이 없어져야 한다. 관민이 서로 침범하지 않고 국가의 문명 부강을 도모하지 않는다면 현재의 생존경쟁과 약육강식의 시대에 그 나라라는 것이 어찌 영원함을 얻으리오. 대개 인민은 국가 조직의 일분자요, 경영비용 부담의 한 임원이니, 국가의 이익과 손해는 곧 배성의 기쁨과 슬픔에 서로 관계가 있다. 그러므로 민권을 신장하고 강화하여 국가적 사상을 함양하고 나쁜 정치를 배제하여 관권과 민권을 명확하게 함이, 오늘날 한국의 급무라고 할 것이다.

(6호, 78~82면)

정부의 직분

김성희

정부의 직분은 첫째, 자국의 정치를 안온하게 만들고 인민에게 태평한 즐거움이 있게 함과 둘째, 법률을 굳게 지켜 인민에게 억울한 일이 없게 함과 셋째, 외국과 교제를 신실하게 하여 인민과 국가에 분란의 우려가 없게 함이란 세 가지 조목이 그 대강령이 된다. 이 강령 밖에도 정부가 당연히 행할 일과 마땅히 행하지 않을 일을 가지고 세간 여러 학자들의 의론이 같지 않다.

혹자는 말하되, 정부가 민간의 미세한 일이라도 시찰하여 역부의 임금과 장인의 공임을 헤아려 정하며, 유민(遊民)의 업을 구해주고 물가를 제한하며 빈민을 구조하는 등 기타 일반 인민의 일체 개인사에 관계하여 털끝처럼 가늘고 먼지처럼 가벼워도 그 통의와 책임을 이치에 맞추어야 한다고 한다. 그러나 인민의 개인사에 여하히 간섭하는 때라면 정부가 본래 위엄과 권력을 집행하는 것이라 그 사이에 필연코 자행하는 세력과 가혹한 법이 있어서 인민의 자주하는 정리(正理)를 방해하는 실마리가 분명 있을 것은 논변할 여지도 없다.

임금과 공임은 물가의 고하나 공사의 대소에서 비롯된 층위가 있는 것이며 물가는 시세의 귀천, 조만(早晩)을 따르는 것이다. 가령 유민(遊民)의 업을 정해주어도 사람이 각기 즐거워하는 바와 능한 바가 있으니 이러한 일들은 사람의 권력에서 비롯하는 것이 아니거늘, 정부가 만약 위와 같은 법을 취한다면 그 번쇄함도 감당할 수 없거니와 잡비의 출납이 적지 않다. 정부가 원래 재물을 가진 것이 아니므로 원천 없는 물이나 근본 없는 나무가 있겠는가. 나라 안에 세액을 가함에 그친다면 정부의 처지가 그 정당함을 얻었다 말할 수 없다. 그러므로 그 규칙을 분명히 정하여 인민으로 하여금 이를 범하지 못하게 하며 범하는 자가 있거든 추호라도 용서하지 말고 그 밖에는 어떤 일을 행하던지 그 능한 재주를 따라서 생애를 구하게 함이 인간의 자연스런 성품을 좇는 것이다. 여기서 지나치면 사람의 자주하는 권리를 속박하여 그 폐해가 필시 구할 수 없는 지경에 이른다.

그래서 정부를 운영하는 자가 인민의 동정을 깊이 살펴서 천만 사물에 간섭하는 법을 시행하면 인민에게 번거로울 뿐 아니라, 정부도 역시 그 합당한 직분이 아니다.[1] 정부의 큰 직분은 인민을 위하여 그 업을 구하는 데 있지 않고 그 소유한 업을 보호함에 있다. 이는 교화에 힘쓰고 법률을 지킴에서 벗어나지 않음인데 재언할 필요는 없다.

가장 긴요한 큰 조목은 인민으로 하여금 각기 힘을 써서 재주를 다하여 그 의복, 음식, 거처의 일체 생계를 주관하게 하고 사소한 혼동도 주지 말아 자연스런 즐거움이 있게 할 따름이다. 또 인간이 세상에 나옴은 일신의 공양 뿐 아니라 가족의 관계가 있으니 이는 천연의 지극한 정이 흘러나오는 바이다. 그러므로 사람이 즐거이 영위하여도 은연중에 정부에 상관되는 길이 원래 있을 뿐더러 사람의 품성이 고르지 않아 혹은 그 사지를 나태하게 가져서 아사하기에 이르는 자도 있으며 한 몸

---

1 합당한 직분이 아니다: 원문은 "合當혼 혼 職分이니"인데, 문맥상 오탈자가 있다고 추정하여 위와 같이 옮겼다.

은 아사에 이르지 않았어도 그 가족의 굶주림과 추위를 돌아보지 않는 자도 있으며, 혹은 불행한 운명으로 나서부터나 살면서 병신이 되어 친척의 고혈과 붕우의 구제가 없으면 골짜기에 버려짐을 면하지 못할 자도 있다. 모두 비상한 사정이라 견문을 따라서 아래와 같이 약술한다.

인간세의 풍기가 점차 열릴수록 민생의 수요도 역시 증가하여 거처는 편리하기를 구하기에 그치지 않고 화려한 제도를 숭상하며, 의복과 음식에서 가볍고 따듯함과 단 맛을 바란다. 이는 인생의 자연스런 성정이라 이렇게 의식주의 완미함을 구하는 자가 그 소원을 얻고 이루기 위하여 그 지혜를 쓰고 완력을 수고로이 하며, 또 이에 따라 물품을 제조하는 자와 판매하는 자들은 타인의 요구를 맞추어서 자신의 이익을 도모해 각기 재력(才力)을 다한다. 그러므로 세간의 사무가 점차로 번다해져서 사람들이 혹 사치와 검소를 논해서 가함과 불가함의 구별이 분분하나 사치와 검소도 역시 그 분수가 있다.

대개 사치의 본뜻은 아름다운 물건을 숭상하는 도를 가리킴이 아니고 지각없이 용도가 과한 자와 간난하면서 겉치레가 많은 자의 행실을 평론함이다. 나라 안에 물품을 제조하는 자가 재예를 궁구해 맞추며 수단을 정련해서 각종이 각기 분수대로 화려함과 견고함을 구비하면 이로서 그 나라의 물품은 완미한 경지에 이를 것이다. 또 구매하는 자도 아름다운 물건을 가지면 자기 일신의 편리를 위하는 가운데 세간의 공장(工匠)을 권면하는 한 방도가 된다. 만약 그 값을 논하면 거칠고 모자란 물품에 비해서 열배나 백배에 이르는 것도 있을 듯하다. 국인(國人)이 제조하는 바와 구매하는 자가 완미한 종류를 모두 따르기 때문에 거칠고 모자란 것들은 애초에 영향이 끊어질 뿐더러 물품이 완미한 지경에 이르면 나라 안의 재산이 흥성하여 놀고먹는 인민이 거의 없어진다. (미완)[2]

(11호, 38~41면)

2 다음 호에 이어서 연재되지 않았다.

국가 의의(意義)

김성희

국가의 이름이 어디서 비롯되는가? 고대 인류의 처음 단계에 가족이 있을 뿐이며 다음 단계에는 종족이 있을 뿐이며 더 나아가면 민족이 있을 따름이니라. 대개 가족에서 비롯하여 단체를 이루어 종족이 되고, 종족에서 비롯하여 단체를 이루어 민족이 되기에 공동사회가 이로서 만들어져서 국가전체가 무형의 경계에 자재함이라. 그런즉 한 국가가 한 가족으로부터 일어나고 일가(一家)가 일신으로부터 일어나서 일신 가운데 형체, 지식, 언론, 습관이 또한 각각 국가를 조직하는 재료가 되니 어떠함인가? 형체로서 사회의 질소(質素; 바탕)를 삼고 지식으로서 교육의 표준을 삼으며 언론으로서 의정(議政)의 기관을 삼고 관습으로서 입법의 지침을 삼는다. 각각의 권리를 보호한다면 일가도 또한 국가이고 일신도 또한 국가이다. 그러므로 국가의 유무와 존망은 부득불 사람마다 일가와 일신 위에서 정함이니 인민 된 이의 책임이 어찌 무겁고 크지 아니한가!

만일 국가가 존재할 수 없다면 나의 일가와 일신도 더불어 없어지니, 되돌아보면 우리 한국에 국가가 있는가, 없는가? 없다면 우리 2천만 인은 한 가지 의지도 없으니 어느 곳에서 서식할 것이며, 한 덩어리 혈족도 없이 어느 땅에서 생식하리요, 국가 없는 인민은 지극히 슬프도다. 이미 갖춘 인류의 본성에 형체, 시식, 언론, 관습이 있으니 죽어서 문명의 귀신이 될지언정, 어찌 노예 국가에서 살아가리오.

국가라는 명의의 비롯된 바와 정치의 우열의 관계는 비록 천언만어를 열 번, 백 번 왕복하더라도 오히려 그 수고를 다함이 마땅하다. 앞사람의 주장을 모아 견해를 맞추어 동포의 깨달음을 도우려 함이나, 시세가 다급한 바에 마음은 급하고 말을 펴지 못해 숨기고 가리지 못함에 이르러 오히려 구설이 쏠리더라도 당국의 여러분이 양해해 주시지 않겠는가? 내가 이른 바 국민의 책임이란 것은 서구 선비들을 보자면, 루소는 민약론으로서 전 유럽의 민정을 졸지에 창도하고, 마치니는 이탈리아에 상서를 한 번 올려서 오스트리아의 압제에서 벗어나게 하고[1] 프랭클린(Benjamin Frankiln)은 한 동맹서로 독립을 이루었다. 이들은 모두 그 한 몸으로 국가를 삼은 이들이니 성취의 대소는 각각 배운 바에 따라 달라졌으니 동포는 뜻을 세울지어다.

동양 여러 나라 중, 지나 제위(帝位)는 계승됨이 매우 오래고 명철한 군주와 석학, 명신이 배출되지 않은 적 없으나 국가의 뜻을 학리로 해석한 이가 없음은 왜인가? 요순의 다스림은 인민을 위무하기 때문에 국가 존재의 실질이 즐겁고 편안한 가운데 자립하니 의의를 해석할 여지가 없다. 공맹(孔孟)의 학문은 인민을 중시하기 때문에 동서로 순행하며 그 군주를 섬기고 재상을 깨우치니 정치의 학리가 아님이 없으므로

1 이탈리아에 …… 벗어나게 하고: 1847년 마치니는 교황 피우스 9세에게 보내는 '공개서한'을 썼던 일을 가리키는 듯하다. 그는 교황에게 이탈리아의 통일을 촉구했으나 교황은 아무런 응답도 하지 않았다. 이에 1848년 마침내 밀라노 사람들은 오스트리아 지배자들을 축출하기 위해 전쟁을 시작하였다.

국가의 현상이 우열의 사이에 절로 드러나니 어찌 또 분변하리오. 그러나 왕도를 높이고 패도를 물리치는 법과 계왕개래(繼往開來)의 사업으로 국가의 의의를 일정하게 하여서 후세에 드리운즉 진나라 정(政; 진시황의 이름)과 칭기즈칸 같은 무리들이 인민을 사사로운 물건으로 삼고 국가를 사사로이 점유한 참혹한 해독과는 매우 다르니, 애석하도다. 그 나머지는 종교에 구속되어 유태인은 천신을 받들어 군주로 삼으며 인도는 정권을 승도(僧徒)에게 맡겨버리고, 이집트와 페르시아는 국왕을 받들어 신으로 제사지내니 모두 이미 쇠퇴하여 어지가 없다. 종교에 미혹되어 국가의 의의를 알지 못하면 그 폐해가 이 지경에 이르니라.

이런 시대에 그리스인이 오직 대오(大悟)하여 국가가 오직 일신(一身)에 있다 하여 패도를 하지 않고 독립하여 스스로 그 뜻을 행하기 시작하니라. 나라의 석학인 플라톤, 아리스토텔레스 두 사람의 학리와 이론에서 나왔다. 플라톤은 국가의 쌓인 폐해를 유신(維新)하지 않으면 어찌 자립하리요, 하며 국가란 것은 도의로서 서로 모여 이루어지니 정무는 법률가에게 맡기고 군무는 충성스런 군사에게 맡기며, 농공업은 유약(柔弱)한 부녀에게 맡겨야 국가의 근본이 자립한다고 주창하였다. 아리스토텔레스는 가로되, 인간의 고유한 사상에서 구하여 입국한다 하였다. 다시 말하여 촌락이 모여 한 단체가 됨이 곧 생민(生民)의 천연한 성질이니 건국 시기에는 이 뜻이 생명의 완전을 저해하나 그 뒤에는 점진하여서 반드시 인생의 화락한 이치를 도모하게 된다고 하니라.

그러나 이들 학리의 설법이 아직 확립되지 않아 후대에 집정한 군주들이 전권을 잡고 위무와 복리를 농단하였다. 종교, 풍속, 법률, 교육을 아울러 민간의 일체 산업을 모두 관리하고 간섭하여 인민은 부부 사이의 일이라도 또한 그 자유를 보존할 수 없고 정부는 오직 국가가 있는 줄 만 알고 인민이 있음을 모르니 그리스의 오늘 쇠약이 어찌 이유가 없으리오!

(11호, 41~43면)

이때에 로마에 정치의 진의(眞義)를 깨달은 이가 있어 그리스의 제도를 점차 고쳐가며 말하기를 국가란 인민의 형체라고 하며 또 말하되, 국가는 일정한 공통의 민의가 있으니 실제로 법률에서 본원 한다고 하니라. 대개 그리스인은 국가를 칭하여 "파니디"[2]라 하니 곧 중앙의 유일한 정부를 뜻한다. 로마인은 국가를 칭하여 "리퍼블릭(republic)"이라 하니 곧 전 국민을 합친다는 뜻이다.

이로부터 로마 황제가 일국의 주인이 되어 침략을 일삼아 유럽 여러 나라를 병탄하니 천하가 로마를 주인으로 받들고 로마의 신하가 되었다. 위세가 혁혁하여 오직 항거하는 자는 서쪽에 게르만이 있고 동쪽에는 페르시아가 있을 뿐이니, 로마의 흥성이 어찌 국민이 합쳐진 결과에서 비롯됨이 아니랴! 국가가 진화하는 근원을 여기서 볼 수 있도다.

이후로는 기독교가 크게 일어나 여러 지역에 만연하여 국권과 길항하니 대개 이 종교의 발흥이 왕공(王公)의 세력과 국가의 주권을 범함은 아니고, 막막하여 알 수 없는 천신(天神)이란 것에 의탁하여 종지를 세운 것에 불과하다. 정사와 종교가 비록 나누어져 두 가지 길이니 형이하의 정사는 로마 법왕이 맡고 형이상의 정사는 교도(敎徒)가 맡아 권리가 균등하나 상위를 독점한 자들은 교도이라.

게르만국의 세력이 왕성해지니 로마를 능가하지는 못해서 정무와 종교에서 부득불 로마인의 지휘를 받았다. 로마가 쇠퇴해지자 국민을 안무하고 그 자유를 허용하여 법률이란 것은 사물의 본성에 따라 일용사물에 응하는 것이라 하였다. 그 천리의 소재를 궁구하여 사사로움을 펴는 것을 막으니 사람들이 모두 자유의 권리를 누려서 기뻐하더라. 그 인민이 이에 재판소를 세워서 귀족과 평민의 권리를 늘리고 군주의 전제권을 제한하여 국사가 단체와 사회의 자유에 모두 돌아갔다. 그러나 정치학이 미개하여 공법과 사법이 혼돈하고 국세가 쇠약하니 역시

---

2 국가 또는 정체(政體)를 이르는 그리스어 "폴리테이아"를 음차한 것으로 보인다.

기독교의 견제를 받아서 민권과 민법을 운용하지 못한 소치라.

16세기가 되자 독일인들이 역량을 크게 펼쳐 종교 개혁안을 주창하여 로마 압제의 고통에서 벗어나고 교황의 권한을 빼앗아 국민으로 하여금 압제를 받지 못하게 하니 이것이 이른바 제1회 종교개혁의 성대한 거사니라. 문명의 새로운 면목이 가히 유럽에 광휘를 드리웠으나 당시에도 국가의 의의를 역시 발명하지 못했으니 왜인가? 대개 종교개혁으로 종교의 대지(大旨)를 깨달았으나 형이상의 옛 교설[3]이 여전히 인심의 가운데에 남아 국가를 형이하로 삼아 해설하지 못했으니 어찌하리오!

이후에 정치학이 점차 일어나 프랑스의 몽테뉴와 네덜란드의 그로티우스, 영국의 밀턴, 홉스 등이 연이어 나와 국가를 개량할 기본이 세워졌다. 공화, 전제, 입헌의 세 가지 설이 각각 주창되어 기독교의 견제와 신학(神學)의 구습에서 점점 벗어나게 되고 사회적 맹약의 일과 학리상의 자유를 논함이 종족을 가리지 않고 발현되어 몰아쳤다. 서구 여러 나라의 군주가 위무와 복리를 농단하니 프랑스 왕 루이 14세와 같은 이는 더욱 심하였다. 프랑스 왕이 귀족을 누르고 민법을 편다고 칭하니 정부가 오직 위세를 드러내어 인민의 자유를 억압하였다. 그러므로 상하가 다른 설을 펴서 학자들은 국가는 사회라 말하고, 정부는 국가는 곧 임금을 이름이라 하면서 서로 싸워 용인하지 않으니 그 인민의 곤란과 속박이 어떠했겠는가?

오직 영국 인민이 먼저 자유를 반드시 지켜야 한다고 주장하여 신명(身命)의 살상이 많은 지경에 이르기까지 하여 그 군주를 움직였다. 결국 그 허락을 얻어내니 이는 의회의 힘을 빌려서 정부를 구하여 바르게 하고 군주의 권리를 제한하여 전제하지 못하게 한 제일의 효시니라. 1640년 공화당[4]의 혁신과 1688년 권리장전의 혁신으로 민권을 옹호하고 헌법을 개정하니 지금 대의제의 기반은 모두 여기서 비롯함이다.

3 이는 문맥상 신학(神學)과 같은 형이상학을 이르는 것으로 추정된다.

4 찰스 1세의 왕당파와 맞선 크롬웰 등의 의회파를 공화당이라 지칭한 것으로 보인다.

영국의 입헌제 이래로 유럽 문명의 기운이 큰 장관이 되니 1740년이래로 프러시아 왕 프리드리히 1세가 군주는 국가의 제일 공복(公僕)이라 주창하여 국민이 왕권을 누르고 마침내 융성을 이룬 첫 번째이다. 1775년에 북미 13주의 인민이 영국의 굴레를 벗어나 의회를 세움이 둘이요, 1789년에 프랑스 인민이 자유와 인권, 인류의 평등을 주창하여 여러 번 혁명하여 완전한 국가를 만듦이 셋째라. 이렇게 보면 헌정(憲政)의 모국은 영국이 어찌 아니겠는가!

풍기의 쇄신과 인류의 자유, 국가라는 현상이 하나의 헌법으로 기관을 삼았는데 여기에는 정치학자의 이론이 힘이 컸다. 이탈리아의 비코, 희랑열리(喜郎熱利; 미상인명)와 프랑스의 몽테스키외, 루소와 미국의 합이돈(哈爾敦; 미상인명)이 가장 저명한 이들이다. 학리가 점진하여 국가의 의의를 명확하게 내리기 시작하니 대개 헌법 작용의 순수하고 명철함으로 종지를 삼는 것이라. 헌법의 이익을 논하자면, 첫째 전제의 범위를 벗어나 그 민권을 보존하고, 둘째 정치가 자립에 있어 종교의 견제를 받지 않음이오, 셋째 국가의 의지를 정하여 체제를 완비함이오, 넷째 인민의 참정권을 허용하여 온전한 사회를 유지함이오, 다섯째 민선(民選)의 의원을 두어 정무를 감독함이오, 여섯째 자치의 제도를 행하여 단체를 조직함이오, 일곱째 군주의 신성한 지위를 높여서 책임지는 바를 없게 함이다.

이런 여러 가지는 모두 현 세계 국가의 본체가 되니 옛날과는 다른 것이다. 지금의 세상에서 이런 제도가 없다면 국가도 없음이 분명하다. 인도와 이집트가 능히 자치의 실질이 있었다면 어찌 영국이 그 땅을 속국으로 삼고 그 인민을 노예로 삼았으랴! 이 제도를 세운즉 그 국가에 미혹이 없으니 달와랍(達窩拉; 미상)과 산마리노 두 국가는 약소하나 이탈리아가 독립을 승인하지 않았는가? 국가를 세우는 방도를 토지의 크기로 논할 바 아니고 인민의 많음으로도 유지할 수 없으며, 군대가 약해도 걱정할 바 없고, 재정이 곤란해도 근심할 바 없다. 오직 헌정

기관이 내부에서 완비되면 국가의 주권이 스스로 외부에서도 흠결이 없어 열국과 수레를 나란히 함이 곧 천연(天演; 진화)의 공리이다.

열강(列强)에 통행하는 훌륭한 헌법을 버리고 억압의 술법을 억지로 본떠서 그 국가를 보전하려 한다면 비록 진시황과 나폴레옹 수십 명이 있다 해도 함양(咸陽; 진나라의 수도)의 화재를 막을 수 없을 것이고 궁벽한 섬[5]의 운명을 구할 수 없으리니 왜인가? 우리 대한 국가에서 정치의 실질이 어디 있다 하리오? 을미경장(乙未更張; 1895년 을미개혁)이 개혁하려 했으나 개혁의 실질을 행하지 못하고 광무 5년(1901)에 전제를 발포(發布)하였으나 또한 전제의 체제를 제시하지 못했으니, 이와 같다면 그 주권을 능히 보존할 수 있으리오!

만약 전제 체제가 군주와 재상을 위해 복리가 된다고 해도 이 체제를 따라 개혁하지 못한다면, 반드시 그리스와 로마의 고대나 메테르니히 당시와 같을 것이다.[6] 이런 뒤에 의의(擬議; 정부의 공적 논의)를 가지고 하루라도 국가가 있으려면 전제의 가장 중요한 기관은 법전을 수정할 권한이니, 묻건대 우리 한국이 주권을 통제하여 내외의 법전을 편찬하고 규정할 수 있는가? 헌정과 자치의 제도에 이르러서는 행해야만 시행할 수 있거늘 그저 개탄만 하고 하지 않음인가. 오호라! 당국의 제공은 심사숙고해주시오.[7]

(13호, 38～42면)

5 나폴레옹은 세인트 헬레나 섬에 유배 가서 죽었다

6 그리스나 로마의 쇠퇴처럼 국가의 주권이 흔들리던 때와 메테르니히가 빈회의에서 유럽 각국의 주권을 교란하던 시기를 의미하는 것으로 보인다.

7 이 원고는 1902년에 중국에서 간행된 브룬칠리의 『국가론』(橫濱 : 新民社)을 축약하여 역술한 것으로 보인다. 이 책은 원래 『淸議報』에 연재되었다.

위생 행정[行政衛生]

유병필

위생 행정은 나라를 위해 원기를 배양함이다. 대개 병든 나라와 인민의 재앙은 그 일이 하나에 그치지 않고 세상을 구하고 인민을 사랑하는 마음은 원래 두 가지 이치가 아니다. 상제(上帝)가 인자함으로 만상을 창조하시고 양생보존하심이 일일이 이름 붙일 수 없는데 받는 이들은 서로 무엇을 받았는지 잊어버리나 찬미하는 이들은 그 높고 깊음을 헤아릴 수 없다. 대대로 성현이 나와서 깊이 의도를 밝히니 의도(醫道)를 베풂은 병든 인민을 치료하는 뿐 아니라 실은 병이 생기기 전에 다스리려는 것이다. 그러므로 남녀노소 각각이 널리 위생의 이익을 알게 되면 진실로 군주와 재상이 잘 다스리게 되므로 의사는 곧 군주와 재상을 보좌하는 조원(調元; 세상을 주관하는 경륜)이다. 국가는 애민을 중시하기에 의사는 곧 국가를 위생으로 보좌한다. 부상자들이 눈에 가득히 들어오는데 먼 곳의 일로 치부하여 천명(天命)이라고 핑계 삼는다면 서민을 자식처럼 여긴다고 할 수 있겠는가?

지금 한성 내외의 각급 대도회와 이름난 시장, 개항(開港) 등지에 음풍(陰風)이 번성함이 극심하다. 부자와 탕아들이 가무(歌舞)의 장소를 일로 삼고 주색(酒色)의 경계를 섭렵하여 아침 꽃과 저녁달을 이어 관현(管絃)을 울린다. 이들은 절의 연기와 강바람에 정욕이 질탕하여 각종 가산과 만금을 한 자리에서 탕진하며 심지어 신명(身命)을 손상하기까지 한다. 부모가 주신 몸을 보전하지 못하여 가벼우면 성병에 감염되어 사지가 헐고 썩으며 무거우면 세균이 골수에 들어 근육이 상하고 코가 떨어지며 눈이 빠지고 목구멍이 찢어진다. 또 임신 중에 관계를 가져 생명에 전염되면 화가 태아에 미쳐서 자손에게 독이 이른다. 선천의 유전으로 자자손손이 세대를 거듭해 건강하지 못하니, 행악이 이와 같으면 폐족(廢族)이 되어버린다. 이렇다면 당사자는 즐겁게 즐겼다 하나 근심이 이와 같을 따름이라면 한 사람의 욕정에 방자함으로 천백 인에 허물이 미치니 그 해를 짐작하기도 어렵도다.

대개 국가는 인민을 중시하므로 인민이 피폐하면 국가도 약하고 인민이 건강하면 국가도 강해진다. 사농공상을 막론하고 모두 모름지기 정력이 충족하고 몸에 질환이 없어야만 능히 사무에 임하여 성과가 있을 것이며, 맡은 일에 오류가 없을 것이다. 독서하고 궁리하는 온고지신의 선비라도 심한 병에 옮으면 학업이 퇴폐한다. 또한 농부도 일찍 일어나 늦게 잠들며 손발에 굳은 살 백이도록 비바람 무릅쓰고 고난을 겪으며 애써도, 만약 몸에 병이 들면 어찌 농사에 근면하여 가을을 바랄 것인가? 공예도 이와 같고 상업도 이와 같으니 육로와 수로를 왕래하며 주야로 경영하는 천하의 만반사업이 어찌 앉아서 얻을 수 있으며, 노동하지 않고 이루어질 것인가?

국가에 잔약한 인민이 많아지면 유용하고 왕성한 장정이 줄어든다. 잔약한 인민은 그 복식과 일용은 보통 평민과 다를 바 없는데 그 사업을 행함은 공익에 도움이 없다. 그러므로 잔약한 인민이 많아지면 평민이 줄어서 제반의 공예와 문무의 재능이 타국의 강성에 미칠 수 없으리니 말이 여기에 이르면 어찌 한심하지 않으리오!

치국의 대권이 상벌의 신용에서 벗어나지 않으니, 악한 자를 벌하지 않으면 악을 따르는 자들이 반드시 많아지고 선한 자를 상주지 않으면 선을 행하는 자가 반드시 줄어든다. 용모를 다듬어 음란을 부추기는[1] 폐단에 속하는 따위를 마땅히 한 규율로 엄금하여 양민을 팔아 창기로 삼는 경로를 끊고 긴급히 의약을 전파하여 이미 독균에 감염된 남녀를 다스리면 민생의 번창에 가까울 것이다.

요즘 한성에 대해 말하자면 매음의 종류가 하나가 아니라, 이른바 관기나 예기 외에도 삼패은군(三牌隱裙; 질이 낮은 기생의 무리) 따위가 날로 늘어나서 각 방과 동에 없는 곳이 없으니 열 곳에 일곱은 있다. 매번 삼고육파(三姑六婆; 뚜쟁이 노릇 하는 노파)의 간교한 요설이 현혹하고 번성하니, 부자들을 간교히 꾀어 사람을 어쩔 수 없는 지경에 빠뜨린다. 몸을 수십 원이나 수백 원에 판 연후에 아침에는 이씨, 저녁에는 장씨와 가무로 희롱하고 남을 기쁘게 하다가 자유를 얻지 못하고 용모가 쇠하고 나이가 차면 성 아래 해골로 떨어진다. 평생 견문에 삼종지도를 알지 못하고 반평생 소행이 음탕에 그칠 뿐이니, 그 긍휼함이 참혹하기 이를 데 없다.

조정의 돌봐주는 깊은 은혜가[2] 도리어 악독하고 탐람(貪婪; 탐식·탐욕)한 죄의 늪을 이루니 슬프도다! 경독(煢獨; 외톨이)이 어찌 이런 허물을 만나서 몸이 오욕에 빠지고 고통이 심골(心骨)에 들었는가. 당국자는 나라와 인민을 근심하고 마음을 사직(社稷)에 두며 몸을 안위(安危)에 관계하되, 이를 살피지 못하여 숙고가 모호한 중에 쌓인 폐단이 이와 같다. 어찌 환락의 장에 머물러 태평한 성사(盛事)로 삼고 차마 그 근원을 끊지 못하는가? 그렇지 못하면 민생이 날로 위축되고 음사가 날로 번성하여 풍속과

---

1 원문은 "冶容誨淫"으로 『주역』「계사전(繫辭傳)」상에 나오는 말이다.

2 문맥상 관청의 관기(官妓)를 이르는 것으로 볼 수 있는데, 관기는 천역에 속하기에 이를 은혜라 이르는 것은 지금의 관점으로는 이해가 되지 않는다.

인심을 종잡을 수 없고 구제할 수 없으니 방관도 애석하거늘, 하물며 여러 당국자들이 귀머거리처럼 깨닫지 못하니 이 어찌 진실한 마음인가?

대개 덕을 키우고 자비에 힘쓰며 악을 제거하여 힘을 다하되 엄하게 법률로 금하여, 매음 시키는 거간과 간교한 뚜쟁이들은 법전으로 극력 다스리고 관리와 연결하여 악을 자행하고 법을 알아 범법하는 자들도 엄중히 따져서 국인(國人)들 모두 법이 두려워 감히 범하지 못하게 할 것이다. 그러면 음풍이 끊어지고 명덕(明德)이 날로 새로워져 탐오(貪汚)가 줄고 간음이 자취를 감추어 장차 풍화가 단정해 질 것이고 인민이 정도(正道)로 나아가 저 어린 아이, 젊은이들의 귀에는 음란한 음악이 들리지 않고 눈에는 사특한 풍색이 보이지 않고 바르게 키우게 되면 훗날 국가의 유용한 신민이 되리라. 각각 본직을 다하고 심력(心力)을 다하여 문치(文治)를 도모하리니, 얼마나 아름답고 얼마나 다행한 일이 아니겠는가!

(11호, 43~46면)

도시와 향촌의 위생에 좋은 방법이 가까움에서 비롯해 멀리 나아감과 나를 헤아려 남에게로 미친다는 것에서 벗어나지 않는다. 그러므로 쌓인 먼지를 청소하고 가만히 관찰하여 독균의 발생을 막는 것이 하나요, 병든 돼지, 소를 금하고 철저히 조사하고 벌하여 병의 발생을 막는 것이 둘이요, 산천과 강류에 잘 인도하여 마시게 하고 씻겨서 우물에 염분 등 잡것이 드는 폐단을 막는 것이 셋이다. 동과 방의 거리에 의원과 약국을 널리 설치하여 인민의 생명을 존중함이 넷이요, 분뇨를 청소하여 병독을 제거하고 전염을 막음이 다섯이요, 시에는 시장을 두고 동에는 동장을 두어서 각각의 구역에 책임을 맡기는 것이 여섯이다.

한 마을의 일을 관리함이 일가를 관리함보다 어렵고 한 성을 관리함이 한 마을을 관리함보다 어렵거늘, 성시(成市)와 시장, 진(鎭)에 상인이 분주하고 왕래가 운집하는데 잡스럽게 소리치는 사람들이 이미 번다하다. 그 분뇨가 쌓이고 야채 껍질, 과일 씨가 언덕처럼 나오고 기와 조각, 재가 거리에 가득하여 시내에 널려서 비가 오면 넘쳐난다. 하물며 여름이 되어 기후가 무더우면 건조하고 습해져서 쌓인 먼지가 멀리 퍼져 접하는 사람들이 혼미해지고 균이 퍼져 날아, 전염병이 여기서 일어나 전염이 돌고 도니 차마 말로 할 수 없는 지경이다. 곧 콜레라, 성홍열, 장티푸스, 천연두 등의 전염이 심히 위독하다.

근년 이래로 한성 안에서는 이른바 위생경찰이니 청결방법이니 쉽게 이름을 붙여, 정부가 민생을 긍휼히 여기고 인명을 보호하는 양법(良法)을 잘 보이고 있는 셈이다. 그러나 그 실제 시행은 도리어 민폐에 가까워 사람들은 골치를 앓고 눈살을 찌푸리며, 집집마다 냉소하고 욕하니 왜 이렇게 되었는가? 그 이른바 해당서 내부 마을의 순검(巡檢)과 본청의 순검이라 칭하는 자들이 일본 순사 무리를 동반하고 자칭 검사(檢査)라 하고 아무 때나 민가의 문안에 돌입하여 청결여부를 막론하고 한바탕 소리 질러, 위협 공갈한다. 아녀자는 놀라 떨고, 닭과 개는 어지러이 울부짖으니 무지한 인민들 어찌할 바를 몰라 넘어지고 엎어지면서 가벼운 판자와 부러진 가지로 도랑을 엄폐하고 변기를 급조한다.

요행히 가정(苛政; 혹독한 처벌)을 면해도 엄폐한 도랑과 급조한 변소는 사람이 밟거나 지나다니면 바로 무너지고 비가 내려 물이 괴면 바로 흐른다. 바로 길이 막히거나 바로 독이 퍼져 나오고 또 이른바 분뇨를 모은 통은 집집마다 남녀노소를 물론하고 여러 날 동안 쌓여서 관리의 계책이 없고, 치우는 사람도 없다. 차서 넘쳐흐르면 모든 가정이 코를 들지 못하고 고개를 돌릴 지경으로 냄새가 찔러 오고, 습기로 병이 만연하니 이것이 과연 위생의 양법인가, 생을 해치는 양법인가? 그러나 이처럼 폐단이 있는 위생이라도 기일을 두어 차근히 감독하면 혹여 폐단 가운데 이로운 영향이 생길 수 있지만, 기약 없이 일시적으로 시행하고 아득히 후속 조치가 없다면 위생의 사업이 언제 이루어질지 알 수 없음이도다.

만약 위생에 뜻을 다하지 않고 그 싹을 키우지 않는다면 장차 그 독이 어느 지경까지 퍼져나갈지 알 수 없다. 이렇기에 옛날에도 시장에 관리가 있어서, 한 편으로 때에 맞지 않는 물건을 금하고 한 편으로 사기의 범죄를 막았다. 시장에 있어서 그 매매하는 소・양・돼지의 고기가 상한 것이면 반드시 독이 있어 사람을 상한다 하여 반드시 법을 세우고 도축자를 검사했다. 그 병들어 죽은 소・양・돼지 등을 매매할 수 없게 하며, 때가 맞지 않아 익지 않거나 쓴 열매와 일체의 상한 어패류, 더위로 변질된 기름 종류, 파리나 진드기가 붙은 것, 쉬거나 상한 음식, 색이나 맛이 변한 물품을 모두 규율에 따라 검사하고 금하여 법령을 행해야 한다. 감히 어기는 자가 있으면 이를 경고하여 끊고, 엄하게 징벌하여 용서하지 않아야 할 것이다.

이상 각종 질병의 원인에 대해서는 처벌을 우선하기보다는 계도를 시행하여 서로 경계하고 지킨 뒤에 점차 습관을 이루어 마침내 실효를 거둘 것이다. 일시에 돌연히 개혁할 수 없는 일이니, 또한 금하고 막는 일은 일가나 일인이 할 수 있음이 아니다. 그러므로 선법(善法)이 있으려면 선인(善人)이 귀하다 하니, 인민을 아끼는 관리가 별도의 신칙(申飭)을 각 동과 방을 담당하는 관리와 두민(頭民; 동네의 어른) 등에게 전하여 순찰을 성실하게 하도록 한다. 만일 이와 같은 폐단이 있거든 무거운 벌로 조치하여 탐욕스러운 마음 때문에 도리어 이익을 잃게 하면, 벌을 두려워하여 감히 사람들에게 해를 끼치지 못할 것이다. 성시(城市)와 방곡(坊曲)의 한 사람이라도 일용하는 음식에서 값싼 물건 때문에 병을 얻게 해서는 안 된다.

마실 물에 이르러서는 맑은 샘물이 가장 좋고, 강물이 다음이다. 대개 민생의 살림에서 용수가 가장 많은데 성시와 여항에 이른바 우물물은 도랑의 찌꺼기와 오물의 습합으로 불결한 잡물을 내포하였기에 일용의 사이에 그 피해가 사람에 미칠 수밖에 없다.

이러기에 서구의 위생 규정은 의사로 하여금 민간의 질병 유행을 모두 힘써 감독하고 제반 불결의 무성함, 병이 쉽게 일어나는 단초 및 위생상 해로운 일체의 사건에 책임을 지워 거리를 조사하도록 임무를 주기에 견문이 있을 때마다 각 의사가 바로 보고를 하게 된다. 각각의 의사는 매 일주일 마다 회의를 소집해 각종 질병의 방도와 전염·해독을 예방할 법을 의논하여, 사태를 미연에 막기 위해 항상 주도면밀해야만 한다. 의사들이 소망함은, 우리나라의 위생 행정이 이를 따라 행함이다. 그러면 장차 민풍이 개변하여 섭생이 조화를 이루어 빈부를 막론하고 우리 2천만 동포 형제자매는 그 이익을 고루 받아서 함께 인덕과 수명을 누리는 지경으로 나아가리라.

(12호, 32~35면)

형법과 민법의 구별

윤효정

국가가 있으면 반드시 법률이 있으니 법률은 인민을 이치로 다스리기 위한 도구요, 그 목적은 국가의 안녕을 유지하기에 있다. 그러므로 그 규정하는 바가 혹, 공익상의 관계를 위주로 하는 것도 있으며 혹은 사익상의 관계를 위주로 하는 것도 있다. 전자는 공법이라 칭하고 후자는 사법이라 칭하느니, 공법은 국가와 인민의 관계를 규정하고 사법은 인민 상호간의 관계를 규정함이다. 형법은 범죄와 형벌을 정한 공법이요, 민법은 인민 상호간의 권리의무를 정한 사법이다. 그러나 형법에 규정한 사항으로서 사익에 관한 것이 있고 민법에 규정한 사항으로서 공익에 관한 것이 있지만, 두 가지를 요약하건데 주가 되는 목적이 어떠하냐에 따라서 그 규정을 다르게 함에 불과하도다.

가령 사람을 살상하거나, 혹 사람의 소유물을 절취하는 행위는 그 직접관계는 비록 인민 사이에 있지만 그 결과는 공익을 해침이 심대하기에 형법으로써 처벌할 필요가 생긴다. 한편 타인과 계약하고 이를 이행하지 아니하는 행위는 그 직접적 결과가 사익을 해침에 그치고 공익을 해침이 극소하기에 민법의 규정에 따라서 갑을간의 권리의무를 정하는 것이다.

또 형법에 규정함이 가능한 행위와 민법에 규정함이 가능한 행위는 혹 그 국가나 그 시기를 따라서 각기 서로 같지 않다. 반란, 살인, 강도, 사기 등 행위는 어느 시기, 어느 국가를 불문하고 모두 처벌한다. 그러나 가령 나체로 시중에 감히 돌아다니는 자는 각국에서 다 풍속을 해치는 죄로 처벌하나 열대지방에 있는 나라에서는 처벌하지 않으며, 또 금전을 차용하고 상환하지 않는 자를 고대에는 형법으로써 처벌하였으나 지금은 처벌하지 않는다. 요약하면 입법자는 자국의 역사와 인정, 풍속을 기본으로 하고 각국의 법률을 참작하여 적당한 법률을 제정하지 않는다면 불가하도다.

형법은 금지법이라 일컬어 그 목적은 범죄 될 만한 행위를 금지하기에 있다. 인민이 어떠한 경우에든지 형법에 위배함을 불허하며 또 범죄 한 자는 비록 피해자의 고소가 없을지라도 재판소가 반드시 해당하는 형벌을 시행한다. 민법은 청허법(聽許法)이라 일컬으니 인민의 상호간 관계에서 그 준수함이 옳은 사항을 정하였다. 그러나 인민은 일일이 준수함이 필요하지 않고 인민간의 계약으로써 민법에 반대되는 행위를 할 수도 있으며 또, 인민이 민법에 위배되는 일이 있을지라도 피해자의 소송이 없다면 재판소가 그 처분을 자행할 수 없다.

형법은 인민의 생명재산에 가장 중대한 관계가 있기에 문명한 여러 나라에서는 비록 어떠한 악행이라도 법률에 명문(明文)이 없는 일을 결코 처벌 할 수 없다. 일본에서도 메이지 40년(1907) 지금의 형법을 반포하기 이전에는 "불응위(不應爲)"라는 법률이 있어서 비록 법률에 명문이 없는 것이라도 공익을 해치는 행위는 재판관이 그 행위에 유사한 사항을 규정하는 법조를 적용하여 형벌을 과하였다. 지금의 형법은 제 2조 "법률에 명문이 없는 일은 비록 하등의 행위라도 벌할 수 없음"이라 한다고 규정하니, 일본의 재판관은 반드시 법률의 명문에 의거하지 않으면 처벌할 수 없는 것이다. 우리나라의 형법도 지금 개정할 시기가 다가오는데, 일본형법의 제 2조와 동일한 규정을 볼 수 있으리로다.

민법은 비록 법률의 명문이 없는 행위라도 조리(條理)와 관습을 참작하여 적용할 수 있다. 인민 사이의 소송이 있는 때에 재판관은 민법에 명문이 있는 일은 적용하고 혹, 명문이 없다면 관습에 따르고, 또 관습이 없는 것은 조리에 다라서 재판할 수 있다. 일본에서 메이지 29년(1896) 4월에 현행 민법을 반포하니, 그 규정한 바가 실로 1,146조에 달하였으나 오히려 관습을 적용하는 경우가 적지 않았다.

우리나라에서는 종래 『대전회통』과 『대명률』을 적용하되, 상세한 규정이 없기에 관습에 많이 의거해 인민의 소송을 재판하였으나, 앞으로 몇 년 뒤 민법이 반포되는 동시에 관습을 적용함이 자연히 감소하기에 이를 것이다.

예부터 동양의 정치는 "인민으로 하여금 따르게 할 뿐, 알게 함은 불가"하다는 주의를 취하여 법률을 제정하여도 인민에게 알지 못하게 하였다. 그러므로 무지한 인민으로 하여금 법망에 저촉하기에 이르니 그 폐해가 실로 측량하기 어려웠다. 근세의 문명한 여러 나라는 "인민으로 하여금 따르게 하고 또 알게 함이 옳다"는 주의를 취하여 법률을 제정 반포한 뒤에 상당한 기간을 규정하여 인민으로 하여금 일일이 주지하게 한 뒤에 비로소 실시한다. 일본에서는 법률을 공포한 뒤에, 20일을 경과해 시행함을 상례(常例)로 한다.

이외에도 형법과 민법에 관계 되는 요지를 논의할 일이 아주 많으니 그 상세한 설명은 후일에 미룬다.

(11호, 49~52면)

4부 ▌실용학문 관계 교과서와 번역

농업의 토지개량 | 농업의 종자 간선 | 본국의 지질에 따른 물산론 | 농업을 밝히는 신설 | 경제학 총론 적요 | 이재설 | 공업 이재요술(노동법) | 법률상 인의 권의 | 평시국제공법론 | 정치학의 국가주의 | 지방자치제도론 | 일본의 자치제도

농업의 토지개량(土地改良)

김성희

식(殖)이란 낳는 것이다. 식산은 천연의 생산이 아니다. 천지간 존재하는 물질에 인공을 더하여 유용성을 지어내며 생산력을 증가시키는 것이 식산의 목적이다. 이에 종사하는 것을 생산업이라 하고 그 제작한 것을 생산물이라 말한다. 직업이 아니면 생활할 수 없고 산물이 아니면 경제가 없다. 그러나 인공의 부분은 자본과 노력에 있으니, 가령 50금 자본과 5명의 노동력을 주어서 50석 쌀 생산을 얻는 토지에 경작의 방법을 개량하여 100석 쌀을 얻으면 그 이익이 들어가는 비용보다 배가 되니 이것이 인공의 생산인 것이다.

농공상업에 가장 중요한 일은 종목의 선정, 분업, 신용 세 가지라고 전호[1]에 썼는데, 이다음 농학 이론을 들면 자연스럽게 교육상 순서가 있다. 첫째가 토지 개량, 둘째가 종자의 선택, 셋째가 기계사용, 넷째가

1 6호에 연재된 「식산부 개설」이다.

농산 제조 이 4종 학과다. 다음에 간략하게 기술하나 견문이 좁은 한 문장에 지나지 않으니 안타깝다.

1. 토지 개량

토지의 품질에 기름진 흙, 찰흙, 푸석푸석한 흙, 석비레, 진흙, 모래와 자갈흙의 성질과 아연, 유황, 염분, 석회, 산성의 질이 같지 않기 때문에 생산물이 차이가 있다. 자연적인 토지에 인공의 개량은 자연과 인공이 밀접한 관계가 여기에 있다. 그러므로 농학서에는 토질의 개량은 10 가운데 햇살의 따뜻함이 4분이요, 수분의 자양이 4분이요, 경작의 배양이 2분이라 한다. 총괄하면 온양, 자양, 배양의 세 양분이 모두 인공적 정도의 결과다. 그 요점을 6종으로 나눈다.

1) 토지의 성질

기름진 흙의 땅은 흙 입자와 모래 입자가 뒤섞여 공기구멍이 통하고, 따뜻한 기운이 관철하여 기르는 힘이 왕성하다. 이와 같은 최상의 기름진 흙에는 거름을 두텁게 많이 줄 필요가 없다. 검붉은 흙과 같은 나쁜 품질의 땅에는 인마의 오줌이나 해조류, 청어 등과 같은 매우 뜨거운 성질을 포함한 소금기와 명반(明礬)기 등을 더해야 좋다.

찰흙의 땅은 차지고 모래가 없어 도자기 만드는 사람들에게 공급할 수 있다. 비록 작물에 생장할 힘이 있어도 굳어진 가운데에 공기가 침투하지 못하고 작물이 땅 밑 수분을 흡수하지 못하여 사방으로 통함이 완전하지 못하므로 흙의 입자를 잘게 부숴 부드럽게 부풀린 뒤에 쓸 수 있다. 가볍고 푸석푸석한 진흙·모래·자갈흙 등을 섞어 그 부족함을 보충한다. 썩은 볏짚과 두엄 등을 베풀며 소토법(燒土法)[2]을 시행하되 연팽술(軟彭術)[3]에 가장 주의한다.

푸석푸석한 흙의 땅은 명반석, 석고 등의 성질로 합성한다. 뭉치는 힘이 적고, 가벼워서 온도가 높으면 솟아올라 날리고 불룩 솟아 일어나 작물이 연약하여 풍우에 쉽게 쓰러진다. 진흙·모래·자갈흙을 섞고 해조류, 다시마, 노랑머리 연꽃·개구리밥, 물밑 여러 가지 풀을 오랫동안 쌓아둔다. 논에는 유황가루를 물고기 기름과 물에 섞어서 수구(水口)에 주입하면 벼줄기가 단단하게 되고 병충해도 없앤다.

진흙땅은 빗물에 씻겨 내려가 땅의 기름기를 잃어버렸으므로 접착력이 없고 물을 가두어 흐르는 힘이 부족할 뿐 아니라, 진흙물이 질게 섞인 곳에 맑은 물이 솟아나오면 땅의 성질이 매우 차서 작물이 자라지 않는다. 암구(暗溝)[4]의 배수관이 필요하며, 풀과 나무의 재와 숯을 찰흙에 화합하여 보충한 규초토(糾草土)[5]로 두텁게 덮는다. 소금기가 많은 개흙인 곳은 상류의 물을 둑으로 막아 때에 따라 물을 대어 염분을 빼낸다. 도랑의 개흙이 깊은 곳에는 기름진 땅이 농후하니 적양토(赤壤土)로 바꾸는 것이 가장 알맞다.

석비레 땅은 초목이 썩은 토질로 이루어져 진짜 토질은 깊이 파내야 보인다. 증발하는 성질을 많이 포함하여 땅속뿌리 작물이 가장 알맞다. 구획을 나누어 심는 법으로 옻나무의 암나무 100만 본【1평방마일에

---

2 소토법(燒土法)은 논밭의 표토를 긁어모아 그 위에 마른풀이나 나뭇조각을 놓고 태우거나 흙을 펴놓은 철판 밑에서 불로 가열시켜 잡초나 해충 등을 없애고 유효 인산(燐酸)과 유효(有效) 칼륨을 증가시키는 일.

3 연팽술(軟彭術)은 땅에 구덩이를 파고 풀 따위를 모아 거름으로 묻어 주는 일. 풀이 썩으면서 토양 조직을 부풀려 연하게 하고 거름이 되며 또한 토양미생물의 번식을 돕는 거름 제조법.

4 암구(暗溝)는 하수구라는 의미가 있다. 물을 흘려보내는 배수관이 진흙땅에 필요하다는 의미로 보인다.

5 규초토는 앞에 말한 풀과 흙을 뒤섞은 물질을 이르는 것으로 보인다.

100만 본을 심을 수 있고, 옻나무에 열매가 있는 것을 암나무라 한다】을 배양하면 10년 후에 1만 석의 열매를 얻을 것이고, 해가 지남에 따라 증가하여 큰 사업이 될 것이다. 진압(鎭壓) 농법을 시행하고 동물 뼛가루와 석회의 비료를 주면 벼나 콩・조도 잘 자란다.

모래나 자갈땅은 수분과 토맥(土脈)을 먼저 통해야 종자를 심을 수 있다. 가는 모래와 부드러운 모래에는 풍화작용과 거름의 분량에 의하여 열매를 맺는다. 자갈 지층에는 사철쑥, 희첨(豨薟), 야완두(野豌豆) 등의 덩굴이 빨리 자라는 초본류를 흙으로 덮어서 씨를 심어 3, 4년 만에 개간한다. 화강암층과 같은 땅에는 버드나무, 떡갈나무, 거양옻나무, 가죽나무 등 뿌리를 기르기 쉬운 나무 종류를 심어 10년이 되면 벌채하고 땅을 일구며 간약(干鰯)[6]으로 비료를 줄 것이다. 한 유생이 입산하여 독서하면서 초가을에 수풀을 불태우고 생나무 수천 그루를 간격이 똑같게 배분하여 지면에 죽 꽂았다가 봄에 따뜻할 때 꽂은 나무를 모두 뽑아내고 땅 구멍에 좁쌀을 뿌려 많은 수확을 냈다고 한다. 이는 땅속에 따뜻한 기운이 이미 들어가고 겨울을 지나 비와 눈에 나무껍질이 썩어서 땅의 성질을 열이 나도록 도와서 곡물이 영양분의 완전히 흡수하게 한 까닭이다.

2) 관개(灌漑)

관개는 멀리 흐르는 하천의 따뜻한 물이 필요하다. 차가운 샘의 물을 관개할 경우에는 도랑을 경사지게 뚫어 햇빛을 흡족히 받은 뒤에 주입한다. 늦가을과 겨울 사이에 초전 모종밭에도 관개를 행하는데, 이는 흐르는 물의 부유물을 가라앉혀 자양분을 증가시키려는 목적이다. 그 방법은 천천히 흐르게 하는 데 있으니, 밭 사이 수로에 구배【경사도】를 100분의 2로 정하여 차츰차츰 스며들어 흘러넘치게 하되, 빨리 흐르는 것을 절대 피한다. 빠르게 흐르면 도리어 땅의 기름진 양분을 씻어

6 간약(干鰯)은 정어리기름을 짜고 남은 찌꺼기를 말린 것이다.

버리는 피해가 있을 것이다. 2모작의 토지는【오늘날 논에 보리농사를 짓는 것과 같다】 초가을에나 늦봄에나 한발이 심한 때에 도랑 안에만 천천히 흘러 가라앉은 진흙을 이용하되 젖어 질척질척한 땅에는 알맞지 않다.

3) 배수(排水)

강우량이 많은 때에 땅에 괸 물을 빼내는 것은 말할 것도 없다. 젖어 질척하여 더 끈적해진 땅에 물기가 머물고 공기가 통하지 않아 흙의 성질이 점점 끈적해져 작물이 자라지 못하니, 밭 사이에 땅속의 수로를 많이 만들고 도기로 구운 배수관을 묻어야 한다. 그러나 이것은 노력과 비용이 많이 들어 거론하기 어렵다. 간단하고 쉬운 방법으로 밭 사이 4, 5척의 물 빼는 도랑을 만들고 거친 나뭇가지, 나무 묶음, 좁은 판때기 등으로 중간에 통하게 채워, 규초토(糾草土)로 굳게 쌓은 뒤에 흙으로 평평하게 묻는다. 도랑의 깊이는 소로 경작할 때도 무너져 내리지 않을 정도로 하고 물 나가는 입구에는 둑을 쌓아 물을 막고 진흙을 침전시켜 비료를 얻는다.

4) 객토(客土)

똑같은 토성으로 다른 흙을 섞는 것은 효과가 없다. 찰흙・석비레・모래흙 세 가지 흙을 서로 바꾸며 기름진 흙・푸석푸석한 흙・진흙 세 가지 흙으로 서로 바꾸되, 땅 밑바닥 층의 흙은 좋지 않으니 가장 주의해야 할 것이다.

5) 소토(燒土)

불로 훈증하는 것은 찰흙 땅에 가장 알맞다. 맹렬한 불로 빨리 태우면 작물에 도리어 해가 된다. 그러므로 가연성의 짚 티끌, 콩깍지나 콩대 등을 밭 가운데 쌓고 불을 붙일 때 흙덩이로 둘레를 덮어서 밖으로 나오는 불꽃을 방지하고 느린 불로 서서히 태워서 흙덩이의 검은색이 짙어지면 밭에 두루 뿌린다. 어떤 사람이 찰흙으로 덩어리를 만들어 밥 지을 때마다 아궁이에 넣어 천천히 태워 많이 쌓아두고 모든 채소, 박, 양배추, 수무, 배추 등에 조금씩 부수어 뿌려 좋은 효과를 얻었으니, 이 또한 소토의 한 방법이다.

6) 휴한(休閒)

흡수력이 강한 곡식 종자에 두텁게 비료를 주지 않고 한번 경작하면 좋은 땅이라도 척박하게 변한다. 이와 같은 밭은 휴경해야 하나, 한번 놀리면 공기구멍이 막혀서 도리어 양분을 더하는 힘을 잃게 된다. 빨리 우거지는 활엽수를 밭 가운데 심었다가 3, 4년 뒤에 벌채하면 뿌리는 땅속에 들어가 따뜻한 기운과 통하고 낙엽이 썩어서 비옥함을 도우므로 수확이 아주 좋다. 심는데 가장 적당한 활엽수는 뽕나무이니, 밭 가운데 간격을 성글게 배열하고 구덩이를 3, 4간씩 서로 떨어뜨려 똑바르게 뽕나무와 닥나무를 심고, 경작을 병행하여도 효과가 있다. 또 교체하여 바꾸는 법은 땅속뿌리의 마, 토란 등을 1년 심었으면 줄기가 올라오는 삼, 모시풀 등을 1년씩 교체 경작하는 것이 또한 알맞다.

(7호, 36~41면)

본보 제7호 1. 토지 개량 중 석비레의 성질에 옻나무의 재배가 마땅하다 하였는데, 옻나무 심는 방법과 옻 열매의 밀랍 채취법을 여기에 추가로 실어 참고하게 한다.

1) 옻나무 심는 법

옻나무의 성질이 한대 지방에는 산의 남쪽이 알맞고 난대 지방에는 산의 북쪽이 알맞다. 12월 상순에 옻 열매를 절구 속에 찧어 겉껍데기의 밀랍기를 벗기고 또 그 씨를 미지근한 물로 씻어 버린다. 5, 6일을 이같이 하여 밀랍기가 없게 한 뒤에 멍석에 넣어 흙속에 묻으며 짚으로 덮고 자주자주 물을 주고 따뜻하게 기른다. 이듬해 3월에 싹이 나거든 밭을 다스려 옮겨 심고, 그 해 9월 낙엽이 진 뒤에 손가락으로 시험 삼아 당겨서 뽑아보는데, 뽑아내기 쉬운 것은 직립한 뿌리요, 뽑아내기 쉽지 않은 것은 가로 뻗어나간 뿌리이다. 뿌리가 곧은 것은 수나무라 열매가 없으니 뽑아버리고, 가로 뻗어나간 것은 암나무라 열매를 맺으니 배양해야 한다. 또 수나무 뽑아낸 뒤에 그 구멍에 똥물을 많이 뿌리면 다음해에 암나무의 싹이 나온다. 옻나무 싹은 1척 3, 4촌이 자라거든 옮겨 심을 수 있으며, 싹이 자람에 따라 두텁게 북돋우면 5년에 꽃이 피고 6년에 열매를 맺는다.

2) 옻 열매 밀랍 채취법

옛사람은 옻나무의 진액만을 취했는데, 일본의 사토 노부히로[佐藤信淵]가 밀랍 채취법을 비로소 발명하였다. 10월에 마르고 익은 열매를 따고, 12월에 절구에 찧어 가루를 내서 쇠솥의 끓는 물 위에 가로대나무를 옆으로 놓고 가로대나무에 베를 펴고, 베를 깐 위에 찧은 가루를 뿌려서 찐다. 다시 베주머니에 넣어 푹 찐 뒤에 밀랍을 짜는 기계에 넣어 큰 나무로 때려 누르면 밀랍이 기계 밑구멍에서 방울방울 나온다. 또 두 번째 짤 때에는 들기름을 더하여 넣어 찌고 짜기를 처음처럼 한다. 또 짜낸 밀랍을 솥 속에서 녹여 나무 상자에 옮겨 쏟는다. 상자를 큰 통 위에 두고 통 속에 냉수를 두면 나무상자 구멍 속으로 밀랍이 냉수에 방울져 흐른다. 이것을 손으로 세게 뒤섞어 자리 위에 널어 햇볕을 쬐어 말리는데, 밀초 제조용에 가장 필요하고 그 밖의 기계공작에 널리 쓰인다.

(10호, 26~27면)

농업의 종자 간선(揀選)

김성희

천하 재물의 근원과 인류가 필요로 하는 산물이 모두 농업계에서 생산된다. 그러므로 직업상 경제의 가장 중요한 것은 봄에 경작하고 가을에 수확하는 데 있다. 식산의 목적은 동일한 토지와 동일한 농작물로도 생산력을 증진하며 수확량을 배로 얻고자 함이니 경쟁시대의 큰 문제이다. 영미(英美)의 보리, 면화와 프러시아, 프랑스의 포도, 사탕수수가 어찌 하늘에서 내리는 비나 귀신이 준 물건이겠는가.

토지에 종자를 심어서 사업을 일으키고 인민을 길러서 오대주의 패권을 잡는 것은 인공적 생산을 증식함이다. 이는 학문상 하나를 심어 열이 되고 열을 심으면 백이 되는 조예에 도달했기 때문이다. 이와 같은 뜻으로 전호에서 토지 개량 방법을 먼저 서술하였으니, 종자학은 식물학에서 가장 주요한 전문 분야이다. 그 가려내어 채집하는 법을 서양과 일본의 학사 여러분의 시험 결과에 따라 그 결론의 요지를 뽑아 다음과 같이 기록한다.

(1) 식물체와 기관 : 줄기, 뿌리, 잎의 작용으로 영양분을 섭취하여 식물체의 생장을 관할하는 것은 발육기관이다. 종자의 특유한 현상으로 사후 유전을 준비하여 더러 자웅의 양성으로 세포를 접합한다. 또는 이삭 끝과 가지 사이에 난자형을 만들며, 또는 자체의 일부를 분리하여 새 식물을 만드는 것은 생식기관이다.

(2) 식물 화태(花胎)의 작용 : 종자의 열매는 화태(花胎; 꽃으로 수태함)의 결과다. 꽃의 암술 · 수술이 한 꽃에 같이 붙기도 하며, 더러 한 그루에 섞여 살기도 하며, 또는 다른 그루에 각기 살기도 한다. 암술은 암술머리와 씨방이 긴요한 부분이다. 암술머리는 꽃가루를 받아서 점액을 분비하고 씨방으로 인도하여 종자를 낳는다. 수술은 꽃실과 꽃밥이 긴요한 부분이다. 꽃밥이 꽃실 꼭대기 끝에 자리 잡고, 꽃가루가 꽃밥 조각 안 꽃주머니에 생겨 종자를 만들면, 꽃밥 조각이 벌어져서 꽃가루가 날아 흩어지는 것이다【벼, 보리 꽃 암수의 매조법[1]은 오스트리아 박사 하의(荷衣; 미상인명) 씨와 일본 츠다 센[津田仙] 씨가 성과를 얻음】.

(3) 식물 종자의 구조 : 종자는 씨껍질과 씨젖과 씨눈의 3부가 가장 주요한 것이다. 씨눈은 식물의 생기를 저장하는 창고요, 씨젖은 식물이 어릴 때 자양분을 주는 역할이요, 씨껍질은 씨눈과 씨젖을 보호하는 병정이다【식물학 도본을 참고함이 좋다】.

(4) 종자의 익는 시기 : 작물의 1년생, 다년생을 물론하고 일정한 시기에 달하면 자라는 기능을 정지하고 자손에게 유전하기를 힘쓰므로 영양분을 저장한다. 그러므로 종자의 익은 정도가 발아에 관계가 큰 것이다. 서양 학자의 검사한 성과에 의거하면

1 매조법(媒助法)은 작물을 인공적으로 숙성하는 방법으로 artificial fertilization이라고 한다.

① 유숙기 : 입자는 청색을 띠고 수분을 함유하여 내부에 유상(乳狀)의 액이 있는 것이다.

② 황숙기 : 입자는 황색이 나타나고 내부에 끈끈하고 응고한 밀랍질이 있는 것이다.

③ 완숙기 : 입자는 껍질의 탈락이 용이하고 내부가 딱딱해져 손톱으로 눌러 부술 수 없으며 줄기는 온통 황색으로 점차 흰색으로 바뀌는 것이다.

④ 고숙(枯熟)기 : 입자는 부착력이 아주 약하고 내부는 억세고 강해 눌러 부수면 폭음이 일어나며 줄기는 취약하여 꺾이기 아주 쉬운 것이다.

(5) 종자용의 채집 시기 : 종자가 익는 정도를 따라 변화하므로 채집의 이르고 늦음을 연구 시험한 농학자의 여러 이론이 많다. 황숙기에 얻은 종자는 발아가 빠르고 낟알색의 가치가 높으나 중량이 줄어 수입이 손해난다. 완숙기에 채취한 종자는 낟알 결실이 굳고 단단할 뿐 아니라 발아력이 풍성하다. 고숙기에 채취한 종자는 발아력이 강하나 초자질(硝子質)의 나쁜 성질이 유전하여 불량한 자손을 낳는다는 것이 가장 실제적인 시험이다. 그러므로 대맥, 소맥 종자용은 완숙기에 취하고, 식품용은 황숙기에 한한다. 논벼 종자용은 고숙기에 취하고【벼에는 초자질이 적다】 식품용은 완숙기에 한한다. 토마토 종류 종자용은 황숙기에 한한다고 하였다.

(6) 종자의 허실 : 시험하는 방법은 기계의 재제가 복잡하여 다 서술할 수 없다. 간단한 법은 붉게 타는 석탄에 종자를 던지면 연소하는 현상을 보는 것이다. 발아력이 실한 것은 회전하다가 폭성이 일어나고, 허한 것은 조금 연기가 피어나면서 서서히 타버린다. 절단면을 조사하면 대소맥의 절단면은 납황색이 좋은 것이며, 벼의 절단면은 윤활색이 좋고 청색, 갈색 및 무색은 좋지 않은 것이다.

(7) 종자의 대소와 중량 : 동일한 품종으로 동일한 그루의 뿌리라도 종자 대소의 차등이 있다. 이것의 발아 형세를 검사하면 크고 단단한 것이 풍성한 싹을 내나 작은 입자에 생산량이 많은 것도 있으니 단단한 열매가 제일 좋다.

동일한 용적이라도 중량의 차등이 있다. 독일 학자의 시험에는 대맥 한 알에 4.8935밀리그램, 소맥 한 알에 2.773밀리그램이 제일 좋다. 일본 학사 시험에서는 벼 1승에 660돈쭝이 가장 무겁다고 하니 중량이 무겁더라도 단단함이 부족한 것은 불량한 것이다.

(8) 종자의 침지 : 대소맥은 물 1되에 소금 5돈쭝, 벼는 물 1말에 소금 3돈쭝이요, 밭벼는 소금량을 차례로 줄이라 한 것은 일본 삿포로농학교(札幌農學敎; 홋카이도대학의 전신)의 시험 결과이다. 대소맥을 55도 온탕에 10분 내지 15분간을 담그면 깜부기와 균을 예방하고, 씨의 싹을 촉진한다 한 것은 미국 학교에서 시험한 바이다. 벼와 보리 종자를 물 3푼 소금 1푼에 담그면 발아력과 생장력의 쓰임이 크며, 숙기도 빨라지고 수확량이 많다 한 것은 최근 동서양 학자들이 주창하는 것이다. 15분간 담그면 포말이 생기고 수소가 화합하여 산소를 유리한다 한다.(이하 다음호)

(8호, 26~29면)

(9) 종자의 부위 : 벼는 이삭 상부【이삭의 위쪽에 먼저 익은 것】가 좋다. 대소맥은 이삭 중간【이삭의 중앙부 조금 큰 것】이 좋다. 두과 종류는 콩깍지의 중앙부와 옥수수는 씨눈의 중앙부가 좋다. 나과(蓏瓜; 참외, 오이 등) 종류는 첫 번째 익은【처음 열매】 열매 자루 가까운 곳에 생긴 것이 좋고 가지 종류는 두 번째 익은【두 번째 열매】 열매의 꼭지 가까운 곳에 달린 것이 좋다. 익는 기간이 빠르며 산출이 풍요한 것이다.

벼와 보리의 종자가 본줄기에서 나온 것이 가지에서 나온 것보다 가장 좋아 유전력이 강하고 발아 형세가 크다. 그러나 본줄기의 선별이 쉽지 않아서 서양 학자가 연구하고자 한다. 대소맥의 가지 이삭이 가장 성한 것은 27, 8주나 되니, 본줄기 종자의 소산을 분별하기 어려운 것이다.

(10) 종자의 암수 : 벼 종자에는 수술과 암술이 있다. 한 이삭에 수술이 7, 8분이요, 암술이 2, 3분이다. 그 형체는 장단이 같지 않으나 수술은 상하가 날카롭고 암술은 상하가 무디니 종자로 쓸 것은 암술이 많고 수술이 적은 것이 가장 적당하다.

(11) 종자의 신구(新舊)와 생산의 관계 : 동서 학자의 실험한 것이 많다. 활력의 보존 시기는 대소맥과 메밀은 5년이요, 대마와 아마는 8년이라 한다. 또 4, 5년을 지난 참외 종자는 물체는 비록 약하나 산출이 많고 맛이 좋다. 2, 3년 지난 채두, 완두 종자는 물체가 강하고 익는 기간이 빠르다. 3년을 지난 호박 종자는 수꽃이 적고 암꽃이 많아 산출이 많고 개화와 결실 시기가 모두 이르다.

(12) 종자의 발아 : 종자를 구매할 때 허실을 시험하고자 하면 기구가 복잡하거니와 짧은 시간 전기로 자극하여 7, 8시간이 되면 발아를 시작하며 72시간이 되면 발아의 형세가 전기 자극을 받지 않은 것보다 10분의 3이 증가하며 생장한 식물에도 전기를 계속 주면 성숙을 촉진하는 효과가 있다고 한다.

(13) 종자의 저장 : 1년용 종자라도 발아력의 관계가 저장에 있으니 주의할 것이다. 영국인 아무개가 50년 전에 서기 4세기경에 만들어진 옛날 무덤 속에서 얻은 '야구루막기구' 한 종과 '쓰메구사' 한 종【모두 풀 종자】이 개화하였다 한다. 2천 년이 지난 영국 고분 속에서 나온 '기이지곳'(미상) 종자가 열매를 맺었다 하니, 이를 확신하기 어려우나 이론상

으로 추구하면 저장해 둔 것이 아주 촘촘하여 공기가 들어가지 않으므로 외부의 작용을 방지하여 생명력이 오래도록 유지된 것이다.

(14) 종자의 진위 감정 : 간사한 상인이 진상을 속이는 일이 많으므로 구미에서는 시장이 확대경과 현미경으로 감정한 뒤에 팔게 한다. 무기물의 토석 등과 유기물의 다른 열등한 종자를 혼합하여 중량을 더하는 것은 자세히 관찰하면 탄로 나지만, 기름을 발라 착색하고 햇볕에 말리거나 찌는 폐단은 화학적 시험이 아니면 진위를 판별하기 어렵다. 햇볕에 말리거나 찐 것은 발아 시험기에 집어넣어 7, 8시간이면 생사를 알 수 있고, 기름을 발라 착색한 것은 시험관에 넣고 주정을 더한 지 몇 시간에 소량의 물을 더하면 기름을 바른 종자는 투명하다 한다. 한 가지 방법은 종자를 물을 담은 그릇 속에 집어넣고 작은 장뇌 조각을 넣으면 물 위에 회전하면서 멈추지 않으나, 기름을 바른 것이 있으면 장뇌가 멈추어서 움직이지 않는다고 한다.

(9호, 20~22면)

본국의 지질에 따른 물산론(物産論)

여병현

지질학은 식산의 일대 관건이다. 현재 세계에 식산으로 그 직무를 자임하는 자는 대략 지질학을 연구함에 따라 공업을 성취한 자가 많음은 더 말할 나위가 없다. 우리 대한의 지질에 이르러서는 학자의 여러 해 연구를 거쳤으나 실로 요령이 없었다. 최근 외국 학자가 뜻을 두고 정밀하게 조사한 바를 의거하면 그 개략이 다음과 같다.

(1) 예로부터 대한국은 결코 지진이 없는 나라라 일컬으나 그 전설의 허망함은 대학교수 고토 분지로[小藤文次郞] 박사가 연구한 결과로 알겠다. 곧 대한국도 일본과 같이 지질의 단층한 선이 국토 중부를 통과하여 청나라의 해당 단층선과 연접하여 이른바 아시아변층(邊層; 미상)의 성벽이 된 것이다. 이를 믿는다면, 오른쪽 지층선 중에는 가장 두려운 지진이 언제 일어날지 알 수 없다. 또 백두산은 사화산맥에 속한 높은 산인데, 아무개 임학박사가 실지 답사할 때 같은 산에 옛 분화구가 있

음을 발견하였다. 비록 그러나 전술한 것과 같이 우리 한국은 결코 지진이 없는 나라가 아니요, 장래 언제 지진이 일어날지 알 수 없다 한다. 또 한편으로 조사하면 화산맥도 있으며, 땅속 단층선 석토층(石土層; 미상)의 층 사이에 낀 것도 있어서 광물의 종류가 매우 많고 나라의 각 지방에 각종의 광맥이 흩어져 분포한다.

(2) 가장 흥미로운 일은 금일에 이르러 대한국과 일본이 분리하여 중간에 조선해협이라는 대해가 끼어 있으나, 상고 시대에는 양국이 육지로 이어졌던 확증이 지질학자가 연구한 결과로 나온 것이다. 이 문제가 28, 9년 전부터 학자의 주의를 불러일으켰다. 일본 각지에서 코끼리뼈, 상아, 코끼리이빨을 캐어낸 원인을 따져보았다. 원래 상고시대에는 북아시아 대륙에 코끼리라는 동물이 번식하였고, 이 동물은 바다 속에서 헤엄치지 못하는데, 그 뼈와 이빨을 일본에서 발굴하였으니 대한과 일본이 육지로 이어져 있던 것을 알 수 있겠다.

또 일본인 오카무라 긴타로[岡村金太郎] 박사가 일본 연해의 해초를 연구하니, 태평양 방면에는 해초의 종류가 많고 일본해 방면에는 적음을 발견하였다. 이로 추측해 보더라도 일본해가 태평양에 비교하면 바다를 이룬 연도가 자못 오래지 않음을 증명하겠다. 또 태평양 방면은 수심이 6천 척에 달하는 곳이 있고, 일본해 방면은 일대가 아주 얕아서 평균 100척에 지나지 않으니, 이상 해초와 해심의 두 조건에 따라 조사하여도 최초에는 대한과 일본이 한 육지를 이루었다가 후세에 와서 바다가 한 번 변하여 일본해가 생겨 나오면서 두 나라가 분리하여 금일 지형을 이룬 것이 분명하다.

최근의 일본 농상무성 지질조사소에서 조사한 바를 의거하면 장문국(長門國; 야마구치현) 최서북단에 있는 섬의 바위층은 노화강암층 중에 신시대의 청석암층과 유사함을 발견하였다. 이들 기이한 현상이 대한국 남안【곧 부산 부근 일대 연안】에 산재한 것을 보더라도 또한 대한과 일본이 옛 시대에는 이어져 있던 증거와 자취가 분명하다.

한일 양국이 상고 시대에 과연 육지로 이어졌을 것 같으면 그 광물이 분포한 상태가 유사하지 않을 수 없으므로 금일에 이르도록 한국의 광물 분포 상태를 연구하며 조사하는 중이다. 그 조사표를 멀지 않아 공포할 것이니, 그 개략에 의거하면 대한국 황금과 석탄의 함유량은 일본에 비교하면 비상하게 다량인 것은 확실하다. 금광으로 말하면 운산과 같은 대광산이 정연히 별처럼 펼쳐지고 바둑돌처럼 놓였을 것이요, 석탄광으로 말하더라도 장래에는 대단히 번영하여 다 쓸 수 없을 것이다.

그렇다면 석탄은 상고 시대의 식물이 땅속에 매몰되어 탄소가 잔류한 것이므로 탄전 소재지에는 반드시 해당 시대 식물 화석이 존재할 것이다. 바꿔 말하면 초류 화석과 침엽수 화석이 바위층 속에 발견된 지방에 탄전이 확실하게 있으니, 대개 일본 치쿠토요[築豊] 탄전으로 미루어보면 세계 만국의 탄전이 모두 그러하다. 근래 평양에서 채굴하는 무연탄전에도 같은 결과로 바위층상 수척지에 왕왕 앞에 기록한 식물 화석이 존재하였으나 그 탄전의 면적이 협애하다. 또 목포, 군산 방면에도 앞에 기록한 식물 암석을 발견한 사람이 있으니, 각 지방에 있는 탄전을 이 같은 방법으로 주목하면 장래에 모두 발견하게 될 것이다. 특히 경부선로 양측으로 말하면 그 동측에는 해당 식물과 화석의 발견이 퍽 많아서 그 범위는 대략 경상남도 전부를 포함한다. 또 북도 일부까지 침범해 들어간즉 경상남도는 일대 탄전이다. 그 면적을 고찰하면 일본의 치쿠토요 탄전보다 비교적 크나 다만 이를 시굴하지 못하였다. 또는 정밀하게 조사하지 못하므로 같은 땅에서 어떠한 성질의 석탄이 어떠한 상태로 분포하였는지 아직 불명료한 것이다.

평양 지방의 무연탄전과 같은 형태의 식물 화석이 있는 데서 수척 아래에 미치면 탄전이 있을 듯하다. 근래 경주 부근에서 일대 흑탄전이 있다고 전하는 자가 있으니, 이 말이 반드시 허탄하지는 않을 듯하다. 이상 연구한 것과 작년과 금년 중의 조사한 바를 의거하더라도 경상남도는 장래 탄전 사업으로 말미암아 유리하고 유망한 일대 부의 원천이 될 줄로 확증을 세운다. 대개 각 도의 주요한 광물을 조사하면 다음과 같다.

경기도 : 옥석(玉石), 청란석(青爛石), 동(銅), 철
충청도 : 철, 수정, 금, 은, 옥석, 녹반(綠礬; 황산철)
전라도 : 금, 철, 납, 납석(蠟石), 유황
경상도 : 철, 금, 동, 연, 운모(雲母), 옥석, 수정
황해도 : 수정, 연석(硯石; 벼룻돌), 마노, 금, 철
평안도 : 사금(砂金), 자연석(紫硯石), 석탄, 동, 철, 금, 운모, 마노, 수정
강원도 : 금, 철, 수정, 석고, 자석, 운모, 자연석
함경도 : 금, 사금, 철, 은, 납, 동, 연석, 숫돌, 화반석(花斑石)

(12호, 23~26면)

농업을 밝히는 신설(新說)

이종준 초역

『서경(書經)』「홍범(洪範)」 "팔정(八政)"[1]에 식(食)이 첫 번째가 되었으니, 대개 생명에 관계됨이 이것보다 절실함이 없어서이다. 그러므로 역생(酈生)[2]의 민천식천(民天食天)의 설[3]이 또한 천고의 격언이다. 한나라 휼민(恤民)의 조칙에 반드시 농업은 천하의 큰 근본이라 하였으니, 옛 성인의 농업을 중시함이 진실로 지극함이 있다. 신농씨(神農氏)와 후직(后稷)[4] 이후로 모두 책에 여러 직방(職方)을 쓰고 아송(雅頌)을 편집한[5]

1 『서경』「홍범」에 오행(五行), 팔정(八政), 삼덕(三德) 등, 정치 도덕의 9가지 기본 조목이 나오며 팔정은 이 가운데 세 번째이다. 그리고 팔정은 양식, 재정, 제사, 교육, 치안, 외교, 군사, 농경 등을 포함한다.

2 역생(酈生) : 역이기(酈食其, ?~기원전 203) 중국 한(漢)나라 때 진류(陳留) 고양高陽) 사람. 한 고조 유방(劉邦)이 세객(說客)을 삼았으며 광야군(廣野君)이라 불렀다.

3 민천식천(民天食天)의 설 : 역이기(酈食其)가 "왕자는 백성을 하늘로 삼고, 백성은 먹는 것을 하늘로 삼는다[王者以民人爲天 而民人以食爲天]" 하였다. 출전은 『사기(史記)』「육가열전(陸賈列傳)」이다.

4 신농씨와 후직은 모두 전설적 인물로 농업의 신으로 모셔졌다.

것이 다만 농업을 중시하는 일일 뿐이다.

그러나 토지의 마땅함과 곡식과 나무를 심어서 가꾸는 조절과 김매고 거름 주는 방법이 각기 그 오묘함에 이른 뒤에 또한 가을수확이 있는 것이다. 하나라도 완전함이 없으면 한해가 다하도록 수고하고도 마침내 효과가 없으니, 어찌 안타깝지 않겠는가. 사람의 사업이 그 오묘함에 이르면 다만 땅의 이익을 다할 뿐 아니라 도리어 하늘의 조화를 얻는다. 저 산림과 호수나 늪지와 모래와 돌과 진창의 땅에도 경작하지 않을 수 없고, 거르고 까불러 쓸어낸 나머지와 굽고 태우고 물에 담가 일군 찌꺼기는 비료로 쓰지 않을 수 없다. 사용하는 묘책을 돌아보면 어떠한가. 중국에서는 주(周)나라에서 지질의 마땅함을 헤아렸던 것, 조과(趙過)[6]의 대전(代田)[7]의 제도와 왕정(王禎)의 전분(田糞)의 보(譜)[8]가 각기 한때의 마땅함을 다하였다.

우리나라는 본디 토지가 비옥하고 산물이 많은 땅으로 농산의 나라라 부른다. 그리고 농서(農書)가 또한 가끔 지어졌으나 재질이 무디고 거친 것을 그대로 따라 좋은 법이 없기에 이르렀다. 다만 천연의 토양으로 경험 많은 노련한 농부를 때맞춰 모시더라도 묵은 땅과 황무지가 도처에 있어서 헛되이 외국인의 이치에 맞지도 않는 법을 구하고 있다. 이렇게 사람의 노고가 극히 갖추어져야 할 때, 진실로 개량할 신법이 없으면 어떻게 땅의 이익을 다하여 하늘이 우리에게 준 것을 넉넉하게 누리겠는가.

근세 서양의 신법이 모두 기계의 묘함을 창제하여 생각 밖으로 뛰어나, 모든 국민들이 일상생활에서 힘을 적게 쓰고 효과를 많이 얻는 것

5 직방은 『주례(周禮)』 등의 책에서 각 직품의 제도와 직무를 기술한 것을 이르는 것으로 보이며 아송은 『시경』 등에서 시가를 편찬한 것을 이르는 것으로 보인다.

6 조과(趙過) : 한(漢)나라 때 사람으로 수속도위(搜粟都尉)를 역임했다.

7 대전(代田) : 수확량의 증대와 노동력의 경감을 기하기 위하여 해마다 장소를 교체하여 농산물을 경작하던 대전법(代田法)을 말함.

8 전분(田糞)의 보(譜)는 왕정(王禎)의 『농서(農書)』에 나오는 것으로 보인다.

이 그 극에 달하지 않음이 없다. 그리고 그 농상의 법에 더욱 묘체가 많아 홍수와 가뭄이 재앙을 입힐 수 없고, 비옥함과 척박함이 그 공력을 같게 할 수 있게 하니, 전날 중국과 우리나라에서 묵수하던 옛법이 아니다.

일찍이 그 설을 약간 얻은 적이 있어 이에 따라 그 대략을 번역하여 동포에게 알린다. 그 설이 전해진 것이 오래되어 필시 이미 알고 있는 군자들도 있을 것이다. 그러나 시골 궁벽한 곳의 견문이 미치지 못한 자가 이를 채택하여 실험하면 아마도 더러 생명을 도움이 만에 하나 있지 않겠는가. 정미년(1907) 단양(端陽; 5월 5일) 운산초부(雲山樵夫) 이종준이 쓴다.

1. 땅의 성질을 판단함

땅은 여섯 가지 종류가 있으니, 1)양토(壤土) 2)식토(埴土) 3)분토(墳土) 4)진흙땅 5)부식토 6)개펄이다. 양토, 식토, 분토는 각기 9등급이 있어서 모두 27등급이니, 이를 진토(眞土)라 부른다. 진흙땅, 부식토, 개펄은 각각 7등급이 있어서 모두 21등급이니 이를 의토(擬土)라 한다. 땅의 맛이 단 것이 제일 좋고, 쓴 것이 중간이고, 신 것이 아래이고, 시고 짠 것이 제일 나쁘다.

2. 양토(壤土)

양토는 산화철의 가루가 모래와 돌과 섞여 이루어진 것이다. 공기가 소통하여 태양의 기운을 통할 수 있으며, 무게가 아주 무거워 바람에 날리거나 비에 무너짐이 없다. 그 성질이 윤택하되 달라붙지 않아 쟁기질에 힘들지 않고, 작물의 뿌리가 얽매이지 않아 발달 성숙하기 쉬우므로 이 땅이 제일 좋다.

백양(白壤)【양토 중 제일】은 백악(白堊), 활력(滑力), 고령토, 석회의 가루가 많이 섞였기 때문에 그 빛깔이 희고, 납을 섞어 화합한다. 기름기,

명반(明礬)기, 소금기를 고루 포함하므로 화육의 원기가 가장 왕성하여 작물이 모두 잘 성숙한다. 오곡, 면, 연초, 차, 닥나무가 가장 마땅하고, 거름은 마구간 퇴비가 좋으며 산골짜기의 음지에는 따뜻한 거름을 마땅히 써야할 것이다.

황양(黃壤)【제2등】은 웅황, 유황의 기가 섞인 것이다. 화육의 왕성함이 백양과 다름없으나, 엉겨 붙는 힘이 느슨하므로 무게가 조금 가볍고, 쌀의 견실함이 조금 모자라는 것이다. 이 땅에는 잡곡과 목면이 마땅하고, 그 다음은 삼, 모시, 차, 닥나무, 앵두, 오동, 수박이다. 거름은 백양과 같다.

적양(赤壤)【제3등】은 대자석, 반홍(礬紅), 연단(鉛丹), 수은의 기운이 섞이고 지지(地脂)[9]를 함유하여 화육의 기운이 황양보다 조금 떨어진다. 이 땅에는 잡곡과 여러 가지 오이와 무우, 우엉, 구약나물, 밀감, 등자나무, 유자, 귤이 알맞고, 홍화, 자초 뿌리, 꼭두서니 뿌리는 아주 좋은 것이 난다.

자양(紫壤)【제4등】은 적양과 같고 탄가루가 섞인 것이다. 이 땅은 콩, 보리, 기장, 조, 피, 참깨, 배추, 상추, 토란, 마, 무, 목면, 모시, 삼, 황국(黃菊), 방풍(防風), 멧두릅, 머위 종류가 알맞다. 거름은 연팽술(軟膨術)[10]이 제일 마땅하며, 또 말린 정어리, 청어, 사람이나 말의 똥물, 해조(海藻)의 유가 다 좋은 효과가 있는 것이다.

흑양(黑壤)【제5등】은 땅이 타서 메마르고 검은 성질로, 금강사(金剛沙), 흑석(黑錫)의 기운에 탄가루를 섞은 것이다. 그러므로 자양하는 기름이 많고 응고하는 염분이 적으니, 이 땅에는 백곡, 백과, 소채가 알맞다. 곡식 낟알은 견실하되 소출은 황양, 백양만 못하고, 거름은 혹렬, 맹려, 응고[11]를 함유한 물질과 모래와 명반(明礬) 같은 따위로 북돋우면 유리

9 지지(地脂)는 토양이나 광물의 기름 성분을 이르는 것으로 보이나 미상임.
10 이 책에 실린 「농업의 토지개량」 중의 각주를 참조할 것.
11 독성이 함유되고 응고된 물질을 이르는 것으로 보이나 미상임.

한 것이다.

사양(砂壤)【제6등】은 작은 돌도 조금도 없고 가는 모래만 많은 것이다. 응고하는 힘이 약하여 곡류의 알이 잘 굳게 여물지 못하니, 이 땅에는 우엉, 무, 구약나물, 토란, 마, 지황(地黃), 당귀(當歸), 천궁(川芎), 대황(大黃), 울금(鬱金), 현호삭(玄胡索) 따위가 알맞다. 거름은 어패류, 해조류를 쓸 수 있다. 만일 기장을 재배하면 재와 똥이 가장 마땅하고 무논에 벼를 지으면 마구간 퇴비는 쓰지 말고 말린 멸치 가루를 쓰는 것이 적당할 것이다.

순양(純壤)【제7등】은 모래와 돌이 모두 없는 토양이니, 이는 드물게 있는 땅이다. 화육의 힘이 아주 약하니 무논에는 마구간 퇴비를 많이 배양하면 풍성하게 익고 만일 무논을 말려 보리를 지으면 말 오줌과 소금기로 북돋움이 적당할 것이다.

송양(鬆壤)【제8등】은 풀줄기와 나뭇잎 썩은 노토가 순양에 섞인 것이다. 무게가 아주 가벼워 추우면 반드시 얼음기둥이 서므로 생장의 기운이 매우 약하다. 이 땅에는 압진 농법을 마땅히 써야 할 것이다. 무논에 벼를 지으려 하면 살아 있는 동물의 삶은 물과 물속에 나는 마름, 청각채 따위로 정성스럽게 배양하면 의외로 풍성하게 익는 것이다.

고양(塙壤)【제9등】은 산과 들판에 명반기가 많은 토양이다. 벌건 것은 아주 벌개서 연지 같고, 흰 것은 운모가 많이 섞였다. 검은 것은 그을린 것과 같아 초목이 잘 생장하지 못한다. 다만 소나무는 송진과 명반이 서로 어울려 모종이 생육하나 장대한 것은 드물다. 이 땅에는 명반 독을 제거하는 것이 제일 중요하다. 낮은 땅에는 물을 대어 3, 4일 지나면 그 독이 모두 제거되어 양전을 이룬다. 높은 곳에는 3, 4척을 파서 겨울 봄 사이에 서리와 눈이 얼어붙으면 또한 잘 해독하게 되는 것이다.(미완)

(13호, 31~34면)

경제학 총론 적요(經濟學總論摘要)

설태희 강술

서언

우리 인류와 민족의 시작과 함께 빠질 수 없는 것은 의식주이다. 이 3가지는 곧 경제의 본업에 종사하게 되는 원인이다. 그러므로 경제학의 연구는 어떤 시대나 필요함이 자못 클 것이다. 특히 오늘날 비상하게 필요하다는 것은 이미 세상 사람들이 일반적으로 인식하고 있다. 한편으로는 실제상으로 필요하며, 동시에 다른 한편으로 순수한 학문 현상의 연구에도 지극히 필요함은 실로 의심할 것이 없다.

다만 그 경제에 관한 부분적인 의론은 유럽에서는 고대 그리스, 로마의 시절부터, 동양에서는 인도와 중국의 태고로부터 이와 같은 관념이 적지 않게 나왔다. 그 뒤로 시대가 지남에 따라 점차 진보 발달하여 왔음에도 불구하고 이를 한 과의 독립한 학문이라 하여 연구하게 된 것은 근래 백 년의 일이다.

이로써 경제학에서는 오히려 어떤 사람이든지 한번 정해지면 움직이지 않는 필연적 원리 원칙이 많이 존재하지 못함에 따라 이에 관한 학파도 자못 여럿으로 나뉘어 갈라졌으니, 지금은 곧 경제학의 변천 시대다. 그러므로 오늘날 정확하고 의심할 바 없다고 일반적으로 인식한다 해도 내일은 갑자기 정확하지 못한 오류의 공론(空論)으로 배척을 당할지도 모른다. 오늘날 경제학의 원리 원칙을 절대 의심 없는 것으로 확징하려는 것은 지극히 어려운 일에 속한다. 동시에 이 학계 선배가 연구한 매우 깊은 뜻을 힘써 구하여 참고할 것이다.

그러나 우리나라 종래 학술이 스스로 막히고 어그러짐은 다시 말할 필요가 없다. 특히 경제에 이르면 더욱 그 창창하여 끝이 없는 광대함만 알고 협소한 것은 놓치기만 하였다. 대저 사물을 안다 할 때, 세계의 현상을 총칭해 만물이라 한다면 틀린 것은 아니겠다. 그러나 가령 이것은 동물이요 저것은 식물이니 이는 어떻게 조직되고 저는 또 어떻게 조직되며 탄소, 산소 등 원소의 불멸은 어떤 이치인지를 해석하지 못하면 식자라 칭할 수 없을 것이다.

과거에는 어떤 자가 경전(經傳)의 요점만 잘 정리하여도 문득 '경제의 선비'라 일컫고, 정치의 도를 조금만 말하여도 곧 경제의 계책이라 말하다가, 최근에 이르러 세계인의 입에 늘 떠나지 않는 경제, 경제의 말을 들으면 놀랍고 괴이하게 여겨 "경제가 얼마나 큰 법도인데 저 초학 유년과 시장 장사치가 감히 '경제' 2자로써 평상시 대화에 응용하는가" 하니, 슬프다.

위 항목에 말한 바와 같이 그 협소에 어두움은 곧 광대를 알지 못함이다. 대개 경제는 남용을 피하여 실익을 취하며 무용을 변하여 유용하게 하는 것이 본뜻이다. 사람이 이 세상에 처함에 개인 및 사회와 한 집안 및 한 나라에 어떤 자가 경제를 등지고 달리면서 일어난 일이 있는가. 그러므로 다만 생활상 무역에 대해서만 말하는 것이 아니라 일반 행위 작용과 기타 각과 학술에까지도 이 경제의 응용이 관계없는 곳이 없다. 한 걸음 나아가 엄격히 말하면, 지극히 작은 곤충 중에도 개미는 비상시에 아직 이르지 않았어도 구멍을 봉하고 매충(梅蟲)[1]을 길러 먹으니, 이 또한 유익을 미리 도모함이 명백한 것이다. 경제는 실제상과 학리상의 추구로 보아, 광대와 협소에 밀접하지 않음이 없으니 여러 가지 현상을 제한하여 한 가지 이치로 관통하는 무형의 원리 원칙이 있다는 것에 나는 찬성한다.

(8호, 29~31면)

우리나라 현재의 상태를 보면 경제학상으로 정상이 아니라고 느껴짐은 여러 말 할 필요가 없다. 슬프다. 우리나라 금일의 경제계는 변화가 심한 시대에 있고 또 가장 비참한 지경을 만나게 된 것에 식자의 안목으로 뜨거운 눈물을 금치 못할 것이다. 특히 개항 30여 년 이래로 사치가 날로 더하고 풍기가 날로 변하여 일견하면 이 20년 전 순박한 나라가 정녕 새로운 면목으로 바뀌어 나왔다 할 것이다. 여러 가지 사업이 발연히 일어났는가? 또 그 인문(人文)이 진실한 개명에 도달하였는가? 알 수 없다. 슬프게도 우리 2천만 동포는 모름지기 각기 생각해 볼 것이다.

날마다 쓰는 하찮은 물건까지 수입품 아닌 것이 없어 실 한 오라기와 바늘 하나에 이르기까지 오히려 자국이 제조한 것을 볼 수 없다. 그럼에도 불구하고 의식이 눈을 즐겁게 하는 대로 좇아 원숭이처럼 놀고, 사상이 어두운 골짝에서 흑백을 분간하지 못하는 것을 부끄럽게 여기지 않아서 지난해가 가고 올해가 옴에 입는 자는 그것을 입고 먹는 자는 그것을 먹는다. 초야의 늙은이가 항상 말하기를 "기억에 옛날에는 쌀 한 말에 3, 4전이라 해도 굶주린 자가 길에 가득했는데, 오늘날은 쌀

1 진딧물은 매화에 많이 서식하고 개미는 진딧물을 보호하여 그 단물을 빨아먹는다. 여기서 매충은 진딧물로 보인다.

한 말 값이 더 비싸졌어도 죽을 배불리 먹으니 이상하다. 이 무슨 세상인가?" 한다.

이에 대해 간략히 분변하겠다. 이것은 복음(福音)이 우리 생을 구하는 것도 아니요 하늘의 조화가 공정함도 아니다. 곧 유통[2]이다. 이 유통의 편리는 인문이 개화하여 진보함에 따라 서로 신의를 굳게 지키면서, 자본 있는 자의 재산과 지식 있는 자의 슬기를 운용하고, 젊고 건장한 자는 노동의 기능을 더하며 방도를 상호 보완하는 것이다. 순수한 바탕이 조화하여 수요를 맞추고 한 집안의 금력(金力)으로 열 집안의 생계를 보조하는 것이 원래 경제학상의 원리다.

그러나 우리나라의 유통은 그 원리에 어긋남이 일일이 매거할 수 없을 정도이다. 그 유통 상황을 조금 보자면, 서구의 풍조가 미쳐와 무역의 개량도 아주 없지는 않고, 교환 방식도 예전보다 좀 나아졌다 하겠다. 그러나 그 대부분은 매양 그릇된 관행에서 나오고 있으니, 정치의 부패로 비롯한 탐관오리의 부정축재에서 나온 투기와 낭비는 자연스레 돈의 운행을 돕는다. 또 부가(富家) 자제가 부랑한 패습(悖習)을 부려서, 매관(賣官)에 힘을 쓰고 악행에 비용을 들이면 수전노의 돈꿰미와 묵은 볏섬이 창고 문을 벗어나 시장의 교역에 보탬이 되기에 이른다. 아랫돌 뽑아서 윗돌 고이는 식의 내탕금(內帑金; 임금의 개인적 예산)은 사교도(邪教道) 무당 패거리의 손에서 소진되어 순환이 활발함이 자못 거액에 다다른다.

그러므로 이 유통의 원인을 따져보면 다만 인색한 자의 덧없는 저축을 탕진하게 하는 데 그쳤다. 하물며 그 백동화(白銅貨)[3]의 주조를 남발하여 화폐가 있어서 생긴 재앙이 도리어 화폐가 없는 것보다 심하여 오늘날과 같은 비운을 초래하였다. 그 내실을 보태어 식산을 윤택하게

---

2 원문은 융통(融通)이다. 문맥상 유통으로 고쳤다. 이 글에서는 이하 동일하다.

3 1892~1904년까지 대한제국에서 발행되었는데, 발행량이 많은데다가 위조도 많아 인플레이션을 일으켰다.

하는 방법은 제시할 것이 전혀 없을 뿐 아니라, 오히려 앞날에 점점 당도할 참경을 가만히 헤아려 보라. 어찌 지사(志士)의 공분을 불러일으킬 때가 아니겠는가.

그리고 지리와 경제의 핵심을 말해보자면 삼면의 바다에서 오는 이익과 반도 강토의 광산과 2천리 횡단 철도는 이것이 누구의 수중에 돌아갔는가. 깨어 있을 때 정밀하게 생각하라. 늘어나는 2천만 남짓한 외채도 적다할지니, 앞으로 몇 천 만의 차관이 계속 쌓일는지 헤아리기도 어렵다. 국권을 만회한다 할지라도 조약(條約) 같은 것은 지면이라 취소할 수 있지만 광산과 같은 땅속의 재원은 모두 고갈되면 다시 생산할 여지가 없고, 철도 및 차관 등은 반드시 보상해야 끝날 것이니, 대책이 어디에 있는가. 그저 빈껍데기만 남을 것이니 나는 진정 만회할 효험이 있을지 믿기 어렵도다.

오호라 동포여! 어찌 대책이 없다고 하겠는가. 나라의 존망이 오직 우리들의 열성과 진작의 여부에 있음은 어째서인가. 한 마디로 말하면 위 사안도 두 조항의 채무가 4천만 환에 불과하니, 우리 2천만 인이 4환을 거두어 모으면 당연히 완전히 환급할 수 있다. 또 자본이 있는 자는 능력자를 주선해주고, 식견이 있는 자는 지모가 없는 자를 인도하여 사업의 발달과 경륜의 원대를 발걸음이 빠른 자보다 뒤처질까 걱정하고 하루하루 진작하면 15년 내로 국권 만회의 실력이 자연히 완성될 것이다. 이런 말은 늙은 서생의 심상한 이야기와 같다고 하겠다. 그러나 만일 금일 이 4환 보상의 의무를 이행하지 않거나 허다한 사업에 머뭇거리면 가령 4만 환이 있는 자라도 얼마 지나지 않아 그 재산을 향유할 수 있을지 확실치 않고, 실업의 근원이 우리를 위하여 남아 있을지 믿을 수 없다.

세계에 가장 풍성하고 넉넉하다 하던 유태인이 지금 신체를 스스로 보존할 수 없거든 하물며 재물이야 어떻겠는가. 그런 까닭에 요즘 세상에 그 나라를 사랑하는 사람은 홀로 충의(忠義) 때문에 나오는 것만은 아니다. 곧 자기와 자손의 행복을 위하기 때문이다. 오늘 우리나라의 실지상 경제 비평은 만의 하나도 거론할 곳이 없다. 내가 일본 법학박사 가나이 노보루[金井延] 씨가 일본 경제의 현황을 강의한 논설을 읽어보니, 그의 언론에 "여러 가지 사업에 투자한 자금이 모두 이익이 있으나 군비 확장의 투자비용이 오히려 적은 것이 안타깝다. 유럽인은 늘 작업하는 일이라도 일본인은 오히려 이를 신발명이라고 환희하니, 4천만여 인구와 27,062방리[4] 남짓한 토지를 가진 일본은 부끄러움이 없지 않다" 하고 통탄하였다.

오늘날 한국 국민 된 나는 어떻다고 할 수 있을까? 크게 탄식해야겠는가, 통곡해야겠는가, 단번에 상쾌하게 죽어버려야겠는가? 아니다. 슬픔이란 기쁨의 조짐이요, 고통이란 즐거움의 조짐이다. 슬픔을 견디고 고통이 생김은 게으른 아비와 할아비가 쌓은 죄를 용서함과 애석한 자손의 앞길을 인도하기 위하여 이 몸을 희생하고자 함이다. 이것이 오늘날 우리의 의무임을 알고 눈물을 뿌리며 집필한다. 문장이 안 되는 혐의를 무릅쓰고 좁은 소견을 기술함은 부끄럽고 답답함을 이기지 못함이다. 이에 경제의 학리를 강술하여 애독자 여러분의 혼미한 앞길에 만에 하나 도움이 있을까 바라노라.

앞서의 구구한 말은 서언(緖言)의 체재로 많이 난삽하나 내가 붓을 잡자니 울분이 교차하여 선미한 말을 골라 쓰기 어렵다. 여러분은 십분 너그럽게 용서하기 바란다. 무릇 정치 문제와 경제·재정의 문제는 혼동을 피할 것이요, 또 경제학은 법학과 관계가 매우 많아서 양자가 서로 보완해야 완전해짐은 의심할 것이 없다. 그러나 우리나라 현황으로는 백가지 방면이 유치하여 이 같은 구별은 오히려 방구석의 공담으로 돌아갈 것이다.

---

4 『자강회월보』에서 방리(方里)는 보통 평방마일인 경우가 많다. 당시 일본의 영토는 대만과 사할린 남부를 포함하여 지금의 면적 377,944평방키로 보다 넓었다. 27,062방리는 착오로 보인다.

이에 국민 된 우리가 주의할 점은, 세계의 문명 풍조에 마찰력을 받아 끌어당기는 영향으로 구태가 변하지 않을 수 없으나, 다만 형식만 모방하고 진실로 문명에 동화하지 않으면 정신병으로 죽을 것처럼 부지불식간에 자살한 귀신을 면하지 못할 것이다. 그러나 오늘날 정부의 재정을 살펴보면, 올해 예산 부족액이 20여 만 환에 달함에도 불구하고 11년도 예산은 왕년에 비하여 5백여 만 환이 많으니 갑자기 이 예산이 어디에서 채워졌겠는가. 오로지 그 내탕금 소속의 역둔전 및 어곽(魚藿; 바다의 산물) 등에 대한 세금을 옮겨 배정한 것이다. 그러나 세출의 총액은 세입보다 초과한 것이 77만 3천 7백 환이다. 만일 이 초과 액수의 부족액은 반드시 외채로 충당할 것이니, 이것이 위에서 말한 외채의 재앙이다.

이른바 수도, 치도, 경찰 사무에 비용을 쓰는 것이 무익한 비용이라 하는 것은 아니다. 그 마땅한 효과는 오히려 10년 후에 있을 것을 기대한다. 저간 외채가 점점 높아지는 것은 피하려고 해도 할 수 없어 3천리 강산은 자본가에게 스스로 돌아가고 국토의 주인인 우리는 땅을 빌리는 소작권 등도 얻기 어려울 것은 불을 보듯 명백하다. 이집트의 옛 역사와 대한의 새 역사가 서로 전후에 조응할 것이다. 그러므로 토지세를 늘리는 것 외에 다른 계획이 없을 것이니, 현재 우리나라 토지세가 높은 것이 위태롭기가 일본과 서로 같은데 다시 늘리면 이 백성이 어디로 돌아가겠는가. 그렇지 않으면 또 장차 어찌 할 것인가.

일언이폐지하면 상공업 발달 전에 국가 예산을 증가하는 것은 모기와 개미의 힘으로 태산을 짊어지는 것이니 어찌 개탄하지 않겠는가. 예산을 줄이려면 위력 없는 많은 용병과 시급하지 않은 무용한 관직을 대상으로 해야 한다. 좋은 인재를 택하여 맡기면 한 사람이 감당할 수도 있는 일을 재주 없는 사람으로 번잡하게 늘어서게 하여 나라돈만 소비하니, 어찌 인민이 원망하지 않겠는가. 하물며 객관(客官; 임시직)의 봉급을 남발함이야 다시 무슨 말을 하겠는가.

우리나라를 사랑하고 우리 집안을 사랑하는 우리는 이를 갈고 눈을 부릅떠 자존의 책무를 연구해 본다. 자유의 권리를 엄격하게 지키고 자치제를 강구하여 정치를 돕고, 의무교육을 진흥하여 정치·법제·농업·공업·상업 쇄신의 인재를 배양하여 여러 가지 사업을 산출하게 하면 10년을 지나지 않아 이 강토와 이 인종이 다시 존속할 것이다.

대개 경제에는 총론, 순정경제, 응용경제의 구별이 있다. 총론에는 경제학의 기초라 할 관념을 논술할 것이다. 바꿔 말하면 순수경제 및 응용경제의 근기라 할 것이다. 그리므로 생산, 교역, 분배 등은 총론 가운데서 논할 것이 아니다. 총론에 논할 것은 오로지 경제학의 근본이니, 예컨대 가격은 어떤 것이며, 부란 무엇인가, 또 경제학의 정의 부문, 다른 학문과 관계 및 연구의 방법은 어떠한가 등을 논하는 것이 총론이다. 내가 서술할 것은 다만 그 긴요한 것만 가려내어 애독하시는 여러분의 사업 경륜에 채용 참고하게 하겠다.

(9호, 22~27면)

제1장 욕망

우리 인류가 이 세상에 있어서는 의식주거의 필요에 관한 것을 제일이라 하는데 여러 가지의 부족함을 느꼈다. 이 부족의 느낌으로 이를 만족시키자는 바람을 포괄한 마음의 작용을 욕망이라 하는 것이니, 만일 이 욕망을 채우지 못하면 인류의 생존 번영을 얻기를 기약할 수 없다. 그러므로 인류는 늘 그 뜻을 욕망을 채움에 기울이지 않음이 없는 것이다.

(1) 그 원인을 자세히 논할 필요 없이, 이 욕망을 만족시키지 못할 때는 인류의 생산 번영을 바랄 수 있는 길이 전혀 없다. 피상적으로 보면 열대 지방에 있어서는 의복 및 가옥이 필요하지 않다. 한 2, 3년 동안은 아주 부적당하지는 않을 듯하나, 일생을 통하여 옷과 집이 없이 생활하

기는 도저히 불가능할 것이다.

서구 여러 나라에는 야만인의 성질을 연구하려고 아프리카의 중앙에 야만인과 동거하여 이를 연구한 자가 있다. 그 연구의 결과에 따르면, 대개 단명하기도 하고, 그 연월의 관념이 없어서 연도를 계산하기 곤란하다고 한다. 또 일설은 저들 사이에 살육 투쟁이 끊이지 않으므로 그 결과 단명하나, 의류, 주거 기타 위생에 관한 사항이 불완전한 것이 오히려 더 큰 원인일 수 있다고도 한다. 또 같은 열대의 지방에도 의복을 입는 것이 도리어 더위를 물리칠 수 있다. 예를 들어 인도에서 일어난 불교 승려의 법의(法衣)와 같은 것은 다른 의복에 비하여 피서함이 더욱 편하다 하였고, 또 비록 야만인이라도 그 암굴 또는 토혈 등에 들어가거나 나무 사이에 둥지를 만들어 사는 것을 보면 사람에게는 주거가 필요함을 알 수 있다. 야만인이라도 1주일 내내 과식할 수는 있어도 영구히 먹지 못하고 있기는 도저히 불가능하다. 이렇게 보면, 의식 주거가 인간 생활에 필요한 이유는 더 말할 나위 없이 자명한 것이다.

이런 까닭에 경영이 참담함에 이르지 않을 수 없는데, 이를 영위함에 있어서 이른바 경제 재화【경제상 재화】를 목적으로 또는 수단이라 하는 활동을 인류의 경제적 활동이라 칭한다.

(2) 인류는 욕망의 만족을 가장 중요하게 생각하므로, 이 때문에 경영이 참담함에 이르지 않기가 불가능하다. 바꾸어 말하면 우리의 경제적 활동은 다 욕망을 만족하게 하고자 하는 경영의 결과다. 경제 현상의 근원은 실로 인류의 욕망에 있다고 말하겠다.

욕망에는 사회 전체의 욕망과 한 개인의 욕망의 구별이 있다. 양자의 구별은 모두 미리 정해진 선천적 자연적 한계에 있지 않고 문명의 진보와 더불어 끊임없이 변천하여 확장하는 것이다.

(3) 사회에는 사회의 욕망이 있고, 한 국가에는 국가의 욕망이 있다.

한 나라의 욕망은 이로써 국시(國是)라 말할 것이다. 역사를 잘 읽는 자는 한 나라의 국시가 왕왕 영웅호걸의 손에 따라 변하는 경우가 있다고 한다. 이는 오직 피상적 견해일 뿐이다. 한 나라의 국시와 사회 전체의 욕망의 추세는 이 한 개인을 위하여 좌우되지 않고, 시대 형세는 결코 하루아침이나 하루저녁에 이루어지는 것이 아니다. 영웅호걸의 행위가 오직 시운의 향하는 바를 빨리 살펴서 여기에 편승하는 경우를 제외하면 모두 그렇다.

가령 영국의 국시는 때에 따라 다소 변동이 없지 않으나, 다만 온 세계의 상권을 장악하고자 함에 있고, 러시아의 국시는 끊임없이 대외 진출의 방침을 채택하는 일임은 표트르 대제 이래 세계 각국이 모두 인정한 바이다. 이는 대개 러시아의 지세(地勢)상 부득이한 결과다. 그러나 러시아의 외진 정책은 결코 표트르 대제의 시대에 시작한 것이 아니다. 그 황제 시대 이전에도 한층 명백히 발현되었음을 알 것이다. 그러나 프랑스의 국시는 대혁명의 전후 다소의 변동이 있음에도 불구하고 대강을 말하면 프랑스는 항상 세계 문명을 이끌고자 할 뿐이다.

총괄하면 욕망의 종류는 모두 선천적으로 정해진 것도 없고, 또 일정 구역 내에 한정된 것도 아니다. 사회의 진보에 수반하여 끊임없이 변천하여 확장된 것이다. 이와 같은 성질이 있는 욕망이기에 실로 뜻밖에 문명의 기초를 이룬 것이다. 이는 단지 사회 전체의 욕망에 나아갈 뿐이라 말할 수 없으며, 한 개인의 욕망도 마찬가지이다.

(4) 현시대 문명사회에 해당한 인류의 욕망은 그 종류, 분량이 자못 많다. 이를 일일이 열거하기는 도저히 불가능할 것이요, 가능한 것은 오직 일정한 관찰점을 원인으로 하여 욕망을 분류하는 법뿐이다.

그 분류의 방법은 인생의 생활에 해당한 관계의 완급을 표준으로 하는 것이다. 또는 욕망으로는 충분하지 않으므로 중요한 금전의 다소를 표준으로 삼는 것, 또는 품격의 고하로 표준을 삼는 것 등 각기 소견이 다른 것이다. 원래 일정불변의 표준이 있지 않다면 누구를 틀렸다 하겠는가. 요컨대 오직 욕망의 종류를 포괄하기 충분한 표준을 제시할 뿐이다.

독일의 경제학자 로셔 씨는 욕망의 인생 생활에 해당한 관계의 완급을 기초하여 이를 3종으로 나누어 자연적 욕망【첫째는 필요적 욕망】, 지위적 욕망【둘째는 응분적 욕망】, 사치적 욕망으로 보았다. 이것이 자못 편리함이 많은 분류법이라면 곧 채용하여 욕망에 관한 설명의 발걸음을 내디뎌도 괜찮을 것이다. 선각자의 발명에 대해 나의 소견도 다르지 않으므로 모든 욕망을 나누면, 1) 소비에 만족한 것【유형적】 2) 소비가 아니라 도리어 소비가 생기지 않게 하여 만족한 것【무형적】 두 가지가 된다. 그 1)의 상세 분류는 로셔 씨를 따르고자 한다. 그 2)의 욕망은 수전노가 헛되이 금전 축적만 하는 것과 같은 것이다. 금전을 소비하여 자기 분수에 상응하는 욕망을 채우는 것이 아니라 도리어 소비하지 않음으로써 그 욕망을 만족하는 것과 같다고 말하겠다.

로셔 씨의 이른바 자연적 욕망이라 함은 인류가 천연, 자연적으로 필요한 의식주에 관한 것이다. 그러므로 이를 필요적 욕망이라 일컬어도 좋을 것이다. 만일 이를 결핍하면 생명 건강은 갖춰 얻을 수 없다.

(5) 지위적 욕망이라 함은 사람마다의 신분 재산에 응하는 것이다. 우리가 자신이나 타인에 대하여 사회상의 지위 품격을 보유하는 데 필요한 것이 곧 이것이다. 이 욕망을 채우지 못하면 사람들은 사회에 대한 자신의 면목을 세울 수 없게 된다. 이 종류의 욕망은 사람마다 사회상에 있는 지위가 높으면 높을수록 더욱 많고, 그럴수록 고상함을 숭상한다.

(6) 사치적 욕망이라 함은 사람마다 신분상 서로 맞지 않는 욕망을 말함이니, 곧 차부(車夫)가 능라금수(綾羅錦繡)를 걸치고 거리에서 승객을 기다림과 같은 것이다. 그러므로 이 종류의 욕망은 그 생명 건강의 보호

에 필요치 않은 것은 물론이요 도리어 손해를 부른다. 또 사회상의 지위 품격을 유지함에도 털끝만큼도 필요가 없다. 이는 통상 자기의 수입이 지출에 부족한 결과를 알려줌에 불과하다. 한때는 무사히 지나갈지라도 일생을 통하여 계속 이와 같이 하고자 하면 반드시 도산(倒産)의 비참한 지경에 이르지 않을 수 없으니 어찌 조심하지 않겠는가. 끝까지 만족시키려 한다면 작게는 한 몸 한 집안을 파괴하고 크게는 한 나라의 쇠망을 부를 것이니, 로마의 말로와 같은 것은 실로 이를 증명할 것이다.

(11호, 31~36면)

사치적 욕망과 지위적 욕망은 경우에 따라 왕왕 이를 명백히 구별하기 어렵다. 어디까지 지위적 욕망의 범위이며, 어디 이상이 사치적 욕망의 범위인가. 이것이 자못 애매하여 우리가 왕왕 그 경계를 나눌 때 고심하게 한다. 예를 들면, 당당한 한 나라의 국무대신이 그 출입에 마차를 타고 다니는 것과 또 굉장한 관저에 거주하는 것은 그 관직에 상응하는 위엄을 보존하는 데 필요할 것이다. 그러나 만일 빈한한 일개 서생이 가벼운 마차를 몰고 살진 말을 채찍질하여 거리를 치달린다든지, 또 장엄한 가옥에 거주한다면 이는 정상이 아닌 쓸데없는 혜택이다. 이 둘의 구별은 그 행위는 같지만 그 사람에 따라 혹은 사치적 욕망이 되기도 하고 지위적 욕망이 되기도 하니, 양자의 구별이 절대적으로는 매우 어려움을 알 것이다.

(7) 더 나아가 논의할 때는 자연적 욕망과 지위적 욕망 사이에도 또 절대적으로 분명한 구별을 세우기 어려운 경우가 많다. 어째서인가. 어떤 사람에게는 필요한 지위적 욕망도 기타 지위가 높은 사람에게는 그 지위 품격을 유지하는 데 충분하다 할 수 없다. 그 지위는 후자에 의지하면 실로 필요 불가결할 자연적 욕망이 될 일이 왕왕 있을 것이다. 자연적 욕망이 사람에 따라 크게 다른 것도 또 의아하지 않을 것이다.

갑에게 적당한 의식주가 을에게는 아직 이로써 만족하다 할 수 없는 것이다.

예컨대 야만인의 자연적 욕망은 반드시 문명인에게는 만족할 수 없을 것이다. 이로 말미암아 살펴보면 재산의 다소와 관습의 차이 등은 자연적 욕망에 중대한 영향을 주는 일이 명백한 것이다. 그러므로 자연적 욕망은 본래 이와 같은 것이라 미리 단정할 수 없고 이런 분류에서만 그럴 뿐 아니라 분량에서도 또한 그런 것이다.

로셔 씨의 구별에 의거하는 1) 소비에 만족하는 유형적 욕망과 2) 소비 없는 무형적 욕망의 구별은 실로 지위적 욕망과 사치적 욕망의 구별과 마찬가지로 일견 명백한 것 같으나 한걸음 나아가 숙고하면 그 실제로는 구별을 나누어 세우기 자못 어려운 것이다. 경제학은 실로 이러한 종류의 곤란한 문제를 그 발단에 풀이하지 않을 수 없는 것이다.

(12호, 21~23면)

이재설(理財說)

양계초 금의,[1] 김성희 번역

서구 학자가 부국학(富國學)[2] 강론을 주창함이 날로 더욱 왕성하고, 그 논의가 날로 더욱 정밀하다. 모든 지구 만국의 토지·인물·물산이 이 공리(公理)를 따라 운행하고 변화하니 저들 종족의 부강이 진실로 이유가 있다. 그러나 그 원류가 열린 것은 그리스의 옛 현인이 심오한 뜻을 열어 펼침으로부터이니, 최근에 이르러 다시 성대해졌다. 비록 새로운 학문이라고 하지만 또한 옛 도리와도 맞는다. 『관자(管子)』「경중(輕重)」과 『사기(史記)』「화식열전」을 읽어보면, 나는 서구 학자들의 의론과 더불어 부합하는 것이 있다고 말하겠다. 진실로 그 뜻을 주창하고 그 사업을 판명하면 국민의 상업을 일으킬 수 있고, 선철(先哲)의 정밀한 뜻

1 이 글의 원본은 「사기 화식열전 금의(史記貨殖列傳今義)」(1897)이다. 화식열전의 본문을 지금의 뜻[今義]에 맞추어 주석을 단 형식이다. 여기의 "금의"는 원본의 제목에서 가져온 것이다.

2 경제학과 유사한 범주로 보인다.

을 보존했다고 말할 수 있겠다.

노자(老子)가 이르기를, '정치가 지극해지면 이웃 나라와 서로 바라보며 닭과 개의 소리가 서로 들리고, 백성은 각기 그 먹을 것을 달게 여기고 그 복색을 아름답게 여기며, 그 풍속을 편안해 하고 그 직업을 즐거워하니 늙어 죽도록 서로 왕래하지 않는다'고 하였다. 그러나 이렇게 하려고 요즘의 백성들에게 강요하여 이목(耳目)을 막으려 한다면 거의 행할 수 없는 일이다.[3]

삼가 노자의 말을 살펴보면, 상고의 풍속인 것이다. 중국의 옛 의론은 늘 옛것을 높이고 지금의 것을 천하게 여기나 서양 사람들은 그렇지 않아서 더욱 오랠수록 더욱 야만이고, 지금일수록 더욱 문명이라고 말한다. 이는 실로 공자와 삼세(三世)의 대의다【삼세라 칭함은 난(亂)에서 승평(升平)을 거쳐 태평에 이른다는 뜻이다】.

이웃 나라 사이에 서로 바라보며 늙어 죽을 때까지 서로 왕래하지 않는다는 것은, 옛날 도로가 통하지 않아 막혔을 때 한 숲의 장애와 한 내의 막힘으로도 그 형세가 서로 통할 수 없었다. 이로써 한 나라가 구획되었기 때문에 상고의 세상에 나라가 매우 많았던 것이다. 지금 중국 변방 소수 민족의 수령과 남태평양과 아프리카의 추장이 이 풍속과 비슷하다. 이 풍속이 성행하려면 반드시 한 주, 한 현 안에 온갖 물건이 모두 갖추어진 뒤에야 가능하다. 그러나 지역의 지세가 모두 갖춰지기 어렵기 때문에 산골 사람은 물고기가 부족하고 물가 사람은 나무가 부족하여 사람이 조절하려 해도 힘만 들고 얻는 이익이 몹시 적다. 더욱 가뭄이나 홍수를 만나면 자구(自救) 할 수 없으니, 서로 왕래하지 않는 데 따른 폐해가 이와 같이 극심하였다.

『좌치추언(佐治芻言)』[4]에 말하기를, "예를 들면 영국의 동북 란달(蘭達)과

3 『사기』「화식열전」의 서(序)에 나온다. 인용된 노자의 말은 『도덕경(道德經)』 80장에 나온다. 다음의 굵은 글씨들은 이 서(序)의 다음 부분이다.

두 성(省; county)에서는 석탄이 생산되고, 미덕색근덕불색불극(迷德塞根德佛色佛克)[5] 등에서는 오곡이 생산되고, 콘월은 구리와 주석을 생산한다. 만일 상호간에 교역하지 않으면 광부가 이미 음식과 기구의 일을 같이 힘쓰게 된다면 채굴에 전력할 수 없다. 곧 오곡이 산출하는 곳의 그 사람도 또한 어찌 경작에 전심하겠는가" 하였다. 또 말하기를, "동북인이 콘월의 구리, 주석과 켄트 등의 오곡을 얻고자 하는 것은 자신의 성(省) 안에서만 취하고자 함이 아니다" 하였다.

이와 같이 통상은 천지자연의 이치요, 인간이 자존(自存)하기 위해 의지할 바이다. 그러므로 이재(理財)의 학문을 말하는 자는 마땅히 나라를 모두 아울러 차별과 한계가 없으니, 차별이 있고 한계가 있으면 이는 이미 뒤떨어진 것이다. 만일 서로 왕래함이 없다면 차별과 한계보다 못한 것이다.

『맹자』에 "공효를 유통하고 일을 바꿔하여 남는 것으로 부족함을 돕는다"[6] 하였고, 또 "반드시 자기가 만든 뒤에야 쓴다면 이는 천하 사람을 거느리고 길바닥에 나가는 것이다"[7]라고 하였다. 이는 모두 상학(商學)의 정밀한 뜻을 깊이 진술한 것이다. 태사공(太史公) 사마천이 이 뜻에 통달하여 「화식열전」의 서두에 사설(邪說)을 곧바로 실어 백성의 이목(耳目)을 가리는 것이라고 배척하였다. 노씨(老氏; 노자)가 말한 법령은 백성을 어리석게 할 것이요, 백성을 지혜롭게 하는 것이 아니라 하니, 백성의 이목을 가리는 것이 진정 확실하다. 상고의 부득이한 누습을 정치의 극치라 지목하였는데, 이 말이 사람들을 현혹하기가 2천여 년

4 영국 선교사 존 프라이어(1839~1928, 傅蘭雅)가 이홍장(李鴻章), 증국번(曾國藩) 등 양무운동의 주체들이 설립한 강남제조국(江南製造局)에서 화형방(華衡芳) 등 중국학자들과 각종 서양서적들을 번역하였다. 『좌치추언(佐治芻言)』은 그중 정치학 분야의 번역서이다.

5 영국의 농업 중심지인 켄트(Kent), 서식스(Sussex), 서레이(Surrey) 등을 지칭하는 것으로 추정된다.

6 원문은 "子不通功易事, 以羡補不足"이다. 출전은 『맹자』 「등문공(滕文公)」 하이다.

7 원문은 "如必自爲而後用之, 是率天下而路也"이다. 출전은 『맹자』 「등문공」 상이다.

동안을 지나 금일까지 다다랐다. 오히려 다시 항구를 잠그고 손님을 막다가 강한 이웃 나라가 세력으로 협박하니 부득이하여 개항하게 되었다. 그러나 일찍이 서로 통하는 뜻을 생각하지 않고, 오는 것이 있는데 가는 것이 없어 밑 빠진 독에 물 붓기나 같아서 나날이 더 심해지니, 어찌 이를 옳다 하겠는가. 각 성의 도로가 막혀 화폐가 유통하지 않아, 100리 떨어진 곳을 이역(異域)처럼 멀게 여기니 이 어찌 바로 노자가 말한 이웃 나라가 아니랴. 참으로 잘도 노자의 가르침을 받들고 있도다. 그러므로 태사공이 이 글을 지어 그 뜻을 밝힌 것이다.

(10호, 30~32면)

태사공은 이어서 아래와 같이 말한다.

무릇 신농씨(神農氏) 이전은 내가 모른다. 『시경(詩經)』과 『서경(書經)』에 서술된 우(虞)나라나 하(夏)나라 이후를 볼 것 같으면 눈과 귀는 아름다운 소리나 색의 좋은 것을 지극히 좋아하고, 입은 고기의 맛을 끝없이 바라고, 몸은 안락함을 편안히 여기며, 마음은 권세와 재능의 영광을 과시하려 하니 이러한 풍속에 백성들이 젖어든 지 오래되었다. 비록 오묘한 논의를 집집마다 들려주어도 끝내 교화시킬 수 없다.

삼가 살피건대, 화식(貨殖)이 이목(耳目)과 구체(口體)의 욕망에 근본 한다고 말함은 어째서인가. 성인이 규범을 세워 교화시키는 것과 현명한 임금이 정도를 확립하는 것은 모두 그 백성의 안락을 위한 것일 뿐이다. 『예기(禮記)』「예운(禮運)」에 이르기를, "재화가 헛되이 땅에 버려짐을 미워하지만, 반드시 자기에게만 사사로이 감추어 두지 않았으며"[8] 하니, 대지의 온갖 물건을 산출함이 사람의 살림에 이바지하고 즐거움

8 원문은 "貨惡其弃於地也, 不必藏於己"이다.

에 이롭게 쓰이는 것이다. 그 한계는 끝이 없고, 그 힘이 모두 땅에 감추어져 사람을 기다린 연후에 피어나니, 피어난 땅의 힘이 더욱 나아가면 그 자락(自樂)의 경지가 더욱 전진하고, 자락의 경지에 이미 나아갔다면 그 피어난 땅의 힘도 더욱 더 전진할 수밖에 없어 반드시 서로 발전한다. 그러므로 서구인은 씀씀이가 더욱 사치할수록 나라가 더욱 부유하여 재화를 헛되이 땅에 버리는 자가 더 적고, 한인(韓人)은 가장 검소하여 사람이 2전을 가지면 하루를 보낼 수 있으나, 나라가 마침내 빈약하게 된 것은 어째서인가. 그 얻은 2전밖에는 너 구하는 바가 없어서 하루의 노동을 2전으로 바꾸면 그걸로 그만이다. 진실로 그 사람과 땅의 힘을 가득 채우면, 비록 일당이 백전이나 혹은 만전을 이르더라도 하지 않을 것이니 이미 소용없는 헛된 노고인데 왜 하겠는가!

저 땅에 버린 재화를 살펴보는 사람이 드물고 땅에서 나오는 이익을 날로 파묻어 가난에 길들여져 이같이 여위어 죽을 형세에 있다. 대개 검소란 상고의 부득이한 누속이니, 노씨가 이것을 가지고 백성을 막고자 하였다. 형세가 시행되지 않을 뿐 아니라 또한 뜻도 옳지 않은 것이다. 태사공이 풍속이 되어 백성에게 젖어들었다고 생각한 까닭이 오랜 것이다. 그러나 세상의 비루한 선비가 오히려 노씨가 뱉어낸 찌꺼기를 주워 백성을 고통으로 유인하여서 그 땅의 이익을 막으니, 천하를 모두 야인으로 이끌어 가지 않으면 그치지 않을 터이다.

아아! 우리 대한 사람이 검소를 알 수 있는가? 그 노는 손과 헛됨에 기대서 그 집안을 검소하게 만드는 것이 어찌 산업을 일으키고 공산품을 만들어서 그 나라를 사치하게 하는 것과 같다고 하겠는가!

그러므로 정치를 잘하는 자는 인지(因之; 이를 따름) 하고, 그 다음은 백성을 이도(利導; 이롭게 이끌어줌) 하고, 그 다음은 백성을 교회(教誨; 가르쳐 깨우침) 하고, 그 다음은 백성을 정제(整齊; 가지런히 다스림) 하며 가장 떨어지는 자는 백성과 다툰다.

삼가 살피건대, "인지(因之)"는 무엇인가? 서구인은 파종할 때, 그 식물이 어떤 성질을 가지고 있어 어떤 토양에 맞는지 고찰하고 어떤 토지의 성질이 어떤 종류의 성질을 가지고 있어 어떤 식물에 맞는다고 조사한 뒤에야 '여기서 비롯하여' 각각 사용한다고 한다. 진실로 알지 못하고 오용하면 실패하고 알고도 억지로 하면 수고롭다. 이것이 곧 "인지(因之)"의 첫째 뜻이다.

또 열력, 전력, 수력 같은 것은 모두 천지자연의 물건이라 취하는 것을 금하지 않고 써도 없어지지 않는다. 옛사람이 "인지(因之)"의 도(道)를 알지 못하고 그저 버려두고 쓰지 않았을 뿐이다. 대저 "인지"의 학문이 금일 지구상에 바야흐로 싹트기 시작하니 다른 날 이 학문이 크게 시행되면 땅의 힘으로 사람을 기르는 경지가 장차 무수히 늘어나기에 이를 것이다. 그러므로 태사공은 이를 최선이라고 한 것이다. 인력(人力)도 이와 같이 할 수 있으니, 연나라 옥함(玉函)과 월나라 칼이 각기 장점을 키워나가면 영국의 녹포(綠布), 미국의 모직, 독일의 유리, 스위스의 금시계처럼 그 풍속을 바꾸며 발전할 수 있지 않겠는가?

"이도(利導)"는 무엇인가? 만일 스스로 신제품 신기계를 만들 수 있거든 그 전리(專利)[9]를 허락하며, 박람회나 비교장(比較場)[10]을 개설하여 전신, 우편을 소통하는 따위가 이것이다.

"교회(敎誨)"는 무엇인가? 농학·광학·공학·상학의 학교를 설치함이 이것이다.

"정제(整齊)"는 무엇인가? 새로운 이익을 일으키지 못하나, 세계에서 전부터 있던 이익을 우선으로 하여 이를 따라 정돈만 하는 것이 이것이다. 스스로 재화를 다스리는 것으로 보자면, 중간보다 떨어지는 대책이라 하겠다.

백성과 다투는 자는 백성에게 부를 갖추어줄 것은 생각하지 않고 다

9 사전에는 "이익의 독점"이라 되어 있으나 문맥상 특허권과 유사한 개념으로 보인다.

10 상품이나 발명품을 비교해 볼 수 있는 전시장의 성격이라 추정된다.

만 백성의 기름을 빼앗아서 자기만 살찌고자 한다. 백성과 이익을 다투는 정도가 아니라 곧 백성을 약탈함을 좋아하는 것이다. 요즘 계신(計臣; 재정 담당관)이 나날이 획책하는 바가 대개 이와 같으니 어찌 괴이하지 않은가!

(11호, 36~38면)

그러므로 농사를 기다려 이를 먹으며, 우인(虞人; 산과 못을 담당하는 관리)이 산과 못의 이익을 내며, 공인(工人)이 이를 만들어서 이루며, 상인이 이를 유통한다.[11]

삼가 살피건대, 서구인이 말하기를, 부국학(富國學) 학자는 농・광・공・상으로 나누어 네 가지 기본 조목을 삼는다 한다. 농(農)이란 땅위의 생산물이요, 광(鑛)이란 땅속의 생산물이요, 공(工)이란 땅위, 땅속의 생산물을 가지고 만들어 쓰는 것이요, 상(商)이란 만들어 쓰는 물건을 천하에 유통시키는 것이다. 넷은 서로 필요로 하여 하나라도 빠지면 안 되니, 태사공의 말과 더불어 무엇이 다르겠는가.

이 네 가지는 백성이 입고 먹는 근원이다. 근원이 크면 넉넉하고, 근원이 작으면 빈곤하다. 위로는 나라가 부유하고 아래로는 집안이 부유하니, 빈부(貧富)의 이치는 억지로 빼앗거나 줄 수 없는 것이기에 재주 있는 자는 여유가 있고 졸렬한 자는 부족하다.[12]

삼가 살피건대, 근원이 크고 작음은 땅의 차이 때문이거나 사람의 차이 때문도 아니고 시간이 차이가 있어서도 아니다. 마땅히 힘으로써 경계를 삼아야 할 것이다. 힘을 더하여 크게 하고자 하려면 기계만한 것이 없다. 최근 세계의 각종 쇠・나무・물・불의 작용은 농업・광

11 이 구절의 앞부분인 "夫山西饒材 …… 送死之具也"는 생략되었다.

12 이 구절의 앞인 "此寧有政教發徵期會哉 …… 而山澤不辟矣"이 생략되었다.

업・공업의 기계인 것이요, 도로를 닦아 소통하고 운송이 편리해짐은 상업의 기계인 것이다. 이러므로 1묘(畝)의 소출로 열 집이 먹을 수 있고, 한 사람의 농사로 100사람이 먹을 수 있고, 하루의 공작으로 100일을 지급할 수 있으면 곧 넉넉하다 이르겠다. 100묘(畝)의 소출이 다만 한 가족을 먹이고, 100사람의 농사가 다만 한 사람을 기르고, 100일의 공작에 다만 하루를 지급하면 곧 부족하다 이를 것이다. 지혜를 더욱 많이 쓰는 자는 힘을 더욱 적게 쓰므로 재주 있는 자는 여유가 있고 졸렬한 자는 부족한 것이다.

태공망(太公望)이 영구(營丘; 산동성)에 봉해졌는데, 땅에 소금기가 많아 농사짓기에 적합지 않고 인민이 적었다. 이에 태공망이 부녀들에게 베를 짜도록 장려하고 기술력을 북돋우고 생선과 소금을 유통하니 곧 사람과 물자가 모여들었는데, 마치 엽전꿰미에 엽전이 꿰여지듯 바퀴살이 축을 중심으로 모이듯이 하였다. 그러므로 『관자(管子)』에 이르기를 "창고가 가득 차야 예절을 알고, 의식(衣食)이 풍족해야 영욕을 안다"[13] 하였다. 예의는 재산이 있어야 생기고 없으면 사라진다. 그러므로 군자가 부유해지면 덕을 베풀기 좋아하고 소인이 부유하면 자기 능력에 맞게 행동해야 한다. 연못이 깊어야 고기가 살고 산이 깊어야 짐승이 모이듯이 사람이 부유해야 인의가 따른다.[14]

살피건대 『주례(周禮)』에 부(富)를 지키는 뜻이 있다. 서구인은 부자를 나라를 이루는 원기(元氣)라고 보니, 무슨 까닭인가. 나라에 부유한 사람이 있으면 저는 반드시 자본을 내어 제조를 일으켜 큰 이익을 추구한다. 제조가 일어나면 온 나라의 빈민이 모두 공장에서 근근이 먹고 사

---

13 창고가 …… 안다 : 원문은 "倉廩實則知禮節, 衣食足則知榮辱"으로 출전은 『관자』 목민(牧民), 경언(經言)이다.

14 "바퀴살이 돌아가듯 하였다"와 "그러므로" 사이에 "海岱之間 …… 是以齊富彊至於威宣也" 부분이 생략되었다.

는 일을 바랄 수 있어서 땅위와 땅속의 재화가 이에 힘입어 다 나오고, 한 나라의 재화가 이에 힘입어 유통되므로 군자가 중요하게 여긴다.

최근 서구에서 좋은 풍조가 날로 더욱 성하여 백만 천만의 재화를 내놓아 학교, 의원 등을 일으킨다는 소식이 해마다 들리지 않을 때가 없고 모든 지역에서 다 그렇다. 어찌 그들의 성정이 홀로 남과 다르겠는가. 또한 부를 지키는 밝은 효험이 아니겠는가. 그러므로 사람이 부유하면 인의(仁義)가 따른다고 하는 것이다.

6년마다 풍년이 들고 6년마다 가뭄이 오며 12년마다 크게 기근이 일어납니다. 무릇 쌀값이 한 말에 20전이면 농민이 병들고, 한 말에 90전이면 상인이 병듭니다. 상인이 병들면 재화가 나오지 않고 농민이 병들면 논밭이 묵습니다. 비싸도 80전 이상이 안 되고 싸도 30전 이하가 안 되게 하면 농민과 상인이 함께 이익입니다.[15]

삼가 살피건대, 서구인이 치밀하게 밝힌 무역의 정황은 대개 10년으로써 한 주기를 삼는다. 영국 상업으로 논하면, 1753년, 1763년, 1773년, 1783년, 1793년 때가 상무가 가장 융성하였다. 큰 도시가 극히 융성한 뒤에는 점차 쇠퇴하여, 5년 뒤에 크게 약해지고, 크게 약해진 뒤에 점차 일어나서 이후 5년이 지나면 크게 융성하니 순환하는 이치가 이와 같다. 유럽의 포도 생산국에서는 10년이나 11년에 반드시 한번 큰 풍년이 와서 그 수확이 더러 평상시보다 몇 갑절이라 한다. 또 인도 각지에는 12년마다 반드시 한번 크게 흉년이 드니, 6년마다 풍년이 들고 6년마다 가뭄이 온다는 설과 서로 맞춰보지 않았는데도 들어맞는 것이다. 서구 학자가 한 번 풍년 들고 한 번 흉년 드는 까닭을 다시 고찰하였는데, 해가 내리쬐는 지면의 온도가 차이가 있기 때문이라고 하였다. 이

15 이 부분은 월왕 구천(句踐)에게 신하인 계연(計然)이 아뢴 말이다. 역시 「화식열전 서」의 부분이다.

학설로 계연(計然)의 "세성(歲星; 목성)이 금(金)에 든 해는 풍년이 들고, 수(水)에 든 해는 수해가 들고, 목(木)에 든 해는 기근이 들고 화(火)에 든 해는 가뭄이 있다"[16]는 설을 따져보면 또한 실지의 측량이 있는 듯하도다! 요컨대 사람이 먹지 않으면 살 수 없으므로 온갖 물건의 귀천이 항상 농작의 풍흉(豊凶)에 따라 비례하니 10년 순환의 설은 그 기틀이 모두 여기서 비롯된 것이다. 또 계연은 세밀하게 농민과 상인을 공평하게 맞추어 주려고 하였다.

(12호, 27~29면)

16 원문은 "故歲在金穰水毁木饑火旱"으로 앞서 본문에 인용된 계연(計然)의 말 중 앞부분이다.

공업이재요술(工業理財要術; 노동법)

심의성 역

제조장(製造場; 공장)의 법률[1]

대개 금일의 영업법(營業法)[2]은 비록 계약 자유로 기초를 삼으나 이른바 계약자는 서로 세력이 고르게 알맞은 뒤에 이루어질 것이다. 만일 도덕・학력・지식・자본이 서로간에 합당하지 않으면 그 계약이란 반드시 강자가 약자를 능멸하고, 지자(智者)가 우자(愚者)를 속이고 부자가 빈자를 해치게 된다. 이러면 자유의 법률이란 저 강자・지자・부자에게 약탈의 도구를 주는 것에 불과할 따름이다. 공장주와 공인(工人; 노동자)의 관계와 같은 것이 곧 그 일단이다.

사업주와 공인이 상호간 세력이 현격할 정도로 사업의 규모가 큰 경

1 이 장의 제목은 지금의 용법으로는 "공장법"에 가깝다. 공장법은 노동법의 과거 명칭이다. 노동법이 공업과 이재의 긴요한 수단이라는 의미에서 "공업이재요술"이라는 제목을 붙인 것이다.

2 영업은 법적으로 영리행위를 이른다. 영업법이란 이 영업과 관계된 법률을 두루 이르는 말로 보인다.

우는 그 차이가 더욱 크다. 공인이 되고자 하는 사람의 수는 항상 공인의 수요보다 많으니 사업주가 공인을 구하는 수요는 한정되어 있고 구직하는 이는 무궁하다. 만약 공인이 임금을 올리려 하면 사업주는 그 영업을 정지하여도 큰 고난이 없지만, 사업주가 임금을 내리고자 하는 경우라면 공인은 서로 단합해 파업하기 어렵기에 스스로 생계를 줄여야 한다. 사업장의 규모가 크다면 그 질서가 정연하고 분업에 법도가 있어 연락할 것은 연락하고 분리할 것은 분리하면서, 징계와 규칙이 또한 엄정하여 공인을 속박하는 기관이 된다. 사업장의 공인은 하루라도 규모가 큰 경우에는 그 질서가 정연하고 분업에 방법이 있어서 묶을 수 있는 것은 묶고, 분리할 수 있는 것은 분리하고, 또 징계 규칙을 엄격히 정하여 공인을 속박하는 기계를 만들기 때문에, 제조장의 공인은 하루에 하늘의 해를 다시 볼 기회가 거의 없다.[3] 오호라 계약의 주된 뜻은 자유를 귀하게 여기는 것인데, 사업주와 공인의 계약에 이르러서는 정상적 이치로 논할 수 없도다.

사업주는 위압하거나 자선을 베풀면서 그 권한을 남용하고 공인을 함부로 부림에 조금도 거리낌이 없다. 곧 그 마음 쓰는 법에 비록 악의가 없더라도 정치상, 사회상 행위에 이르러서는 종종 악덕이 드러나게 된다. 옛날 영국의 사업주가 항상 부인과 아동을 함부로 부려서 심지어 그 체격의 발육을 해쳐 종신토록 괴롭게 만들었다. 그 당시 사업주가 부덕한 행위를 고의로 한 것은 아니지만 저 부인과 아동은 저렴한 임금으로 학대를 뒤집어썼으니, 무엇 때문인가? 경쟁하는 세력이 상대가 되지 않기 때문이다. 오늘날 무수한 방직공장이 있어 벨기에와 독일 국경에 늘어서 있는데, 벨기에는 법으로 아동을 사역하기에 임금이 아주 싸고, 판로가 또한 많다. 독일은 법으로 아동을 사역하지 않으므로 임금이 높아 경쟁에서 드디어 패하니, 이는 형세에 압박당한 것이

3 해를 보며 출근하지만, 해가 뜬 시간에 퇴근하는 일이 거의 없다는 의미로 보인다.

다. 이렇다면 비록 착한 자가 있더라도 그 뜻을 스스로 시행할 수 없으니 만약 제한하는 규칙이 없으면, 그 폐단을 어떻게 감당하리오!

사업주와 공인 사이에 생긴 폐단을 그 나라의 풍속으로 충분히 억제하지 못할 경우에는 정부가 간섭하지 않을 수 없다. 이것이 공인을 보호하는 제도가 일어나는 까닭이다. 공인도 스스로의 힘으로써 사업주가 사납게 부리는 것을 방어하고자 단체를 조직하니, 영국과 독일의 직공공회(職工公會)[4]와 같은 것이 곧 이것이다. 이 공회는 동등의 공인을 비밀히 맺어 서로 보조하여 사업주와 더불어 서로 대치한다. 상급의 전문 공인은 자못 실효가 크고, 보통의 공인은 이익이 크지 않다. 그러므로 정부가 대규모의 제조장에 대해서는 불가불 강제로 간섭을 시행하여 그 폐해를 막는 것은 세상 사람도 같이 인정하는 바이다. 다만 그 간섭하는 정도에 이르러서는 의론이 분분하여 아직도 정할 수 없다.

공인을 보호함에 법률로써 함이 가장 중요하다 하겠다. 이 법률은 영국에서부터 멀리 퍼졌다고 한다. 1802년 이래로 여러 방적공장이 모두 아동을 고용하니 대개 아동의 노동이 어른과 다름이 없는데 임금은 더 싸고, 분업하면 일은 같은데 기술은 도리어 우월하므로 각 방적공장이 모두 다투어 고용하였다. 당시 영국 북부 공인의 그 잔혹한 실정은 말로 감당할 수 없는 지경이었다. 그 지역의 7, 8세 아동이 제조장에 고용되어 매일 노동이 통상 8시간에서 10시간에 이르고, 심한 경우 12시간 또는 18시간까지 되었다. 점심 식사 때에도 쉬지 않아 한손으로 기계를 잡아 운전하고 한손으로 빵을 먹으니, 아동이 이런 노동을 하면 훗날 장성한 뒤에 체격·정신·도덕으로 어찌 완전할 수 있겠는가!

그 뒤에 육군 관리가 이 지역 인민을 검사하니 거의 모두 척추와 등이 굽어지고 가슴이 좁고, 몸이 왜소하여 군대에 편입할 수 없었다. 그러므로 비로소 이 폐해를 알고 1802년에 아동을 사역하는 법률을 비로

4 노동조합, 길드(guild) 등을 이르는 것으로 보인다.

소 공포하나 시간을 제한하는 데 불과했다. 그 뒤에 마침내 두 논의가 일어났다. 곧 한 파는 대기업과 점진당(漸進黨)이 이것이요, 또 한 파는 중소기업과 급진이론가가 이것이다. 이에 양파가 서로 반대하여 논쟁이 자못 격렬하여 보호법이 필요하다고 주장하는 자는, 이 일에 소홀하여 교정하는 법을 도모하지 않으면 영국 인종이 반드시 멸망에 이르고, 영국의 자본가가 모두 장차 소멸할 것이라 하였다. 논쟁은 1847년에 이르러 급진파가 비로소 승리를 얻었다. 이에 공인보호의 법령이 비로소 발표되었다가 1878년에 이르러 완미(完美)하게 갖추어져 사업장의 법률을 제정하였다.

(11호, 28~31면)

앞에서 서술한 것 외에 또 두세 나라가 있어 영국의 현행 규례를 모방하여 예방책을 갖춤으로써 그 폐해가 마침내 끊어졌다. 프러시아가 1839년 반포한 공인을 보호하는 조례와 같은 것이 이것이다. 이 법령은 1878년 11월의 독일 영업조례의 기초가 된 것이다. 그중 제6장 제105조에서 제112조, 제134조, 제139조가 모두 공인과 관련한 것인데 또한 이 보호령에서 나온 것을 따른 것이다. 이외에 유럽 여러 나라의 많은 법령은 구체적으로 논하지 않는다. 벨기에는 유럽 가운데 공업 제조가 가장 융성한 나라다. 그 보호법이 더욱 종합적이며 상세하다. 스위스는 1873년에 이르러 그 필요를 깨닫기 시작하여 이 법을 설립함이 극진하고 완비하여 유럽 여러 나라에서 비교할 바가 없다. 각국에서 공장법【곧 공인 보호령】을 대개 큰 사업장의 공인과 광부로 제한하니, 이른바 공장이라 하는 것은 모두 각종 사업장을 말한 것이다. 살펴보니 어느 나라 법률이든 누가 서술한 것이든 모두 제조와 공업을 구별한 것을 보지 못했다. 독일의 법률도 이와 같은데, 보급의 본뜻은 일반 사업장 및 일반공인을 제한하는 데 있다.

공장법이 또 특별히 관리함이 있으니, 곧 부인과 아동의 노동이 이것이다. 그 나머지는 전부 일반 공인에 속하므로, 지금 보통 공인의 규칙을 약술한 뒤에 부인과 아동에 관한 것을 논하겠다.

사업장의 기관을 장치함에는 불시의 사고와 비상한 재난을 예방함에 주의해야 한다. 그러므로 일정한 규율을 꼭 설치하여 준수하게 하여 위험을 피하게 하고 또, 공인의 건강에 방해되는 것들은 반드시 예방해야 한다. 그러므로 먼저 보호할 물품【가령 화학공장의 매연이 폐부에 유해한 경우】을 예비하고, 또는 제조장의 규율을 밖에 게시하여【가령 국가의 법률을 게시하는 경우】 공인으로 하여금 쉽게 알 수 있게 한다. 그리하여 그 공인을 부리는 자에게 가혹한 사역을 불허하고, 역인(役人)을 기계처럼 사용하는 것을 불허한다. 또한 어떤 것이든 인류 도덕상의 의리와 풍속을 훼손하는 것을 불허하는 등 여러 조항의 법규가 이것이다.

또 한 사람의 노동 시간을 제한하는 법률을 만들어 현재 시행하는 나라는 스위스 한 나라 뿐이다. 이 나라 법률이 정한 시간은 사람마다 매일 11시간이다. 이를 초과하는 것을 불허하고 또 정해진 시간 안에 맡은 직무를 마친 경우는 이 11시간만큼 근무하지 않아도 된다. 최근 오스트리아가 이 제도를 모방하여 따르니, 그 증빙할 효력은 아직 일천(日淺)하여 참조하기 어렵다. 혹자가 논하여, 공업이 성행하는 시대에 각국이 공인의 노동 시간을 함께 하나의 규칙으로 정하여 서로 약속하여 시행하는 것이 공동의 주의(主義)로 가장 필요하다고 한다. 그러나 그 실행에 미쳐서는 언제 이루어질지 알 수 없다.

현물 지급을 금지하는 법이 또한 공인을 보호하는 한 요건이다. 대개 그 법은, 공인의 임금을 현금으로 하지 않고 해당하는 화물이나 더러 공인이 필요한 물건을 공장에서 구입하여 임금에서 덜어내는 사례 등인데, 공인을 곤란하게 하는 한 폐풍이다. 그러므로 법률을 별도로 정하여 엄하게 금지하는 것이다. 사업주가 이 금지를 피하고자 하여 돈을 빌려주는 법을 다시 사용하니, 이른바 차금법(借金法)이다. 이는 차금(借金)으로써 공인에게 주고 그 임금 중에서 덜어내는 법이다. 또한 공인을 괴롭히는 한 수단이므로 법률이 금하지 않을 수 없다.

임금을 현물로 지급함은 비록 공인을 괴롭히나 어진 마음이 있는 사업주는 더러 먹을 것, 의복과 가옥, 땔감을 싼값으로 주거나 또는 빌려주어 생활을 편리하게 하는 경우도 있다. 법률에 금하는 것은 오직 매물로 공인에게 급여하는 경우에 그 지나친 이익을 금지할 뿐인 것이다. 그 상세한 바는 독일의 영업조례 가운데 포함되어 있으므로 여기서는 더 이상 말하지 않는다.

사업주와 공인 사이에 분란이 자주 일어나는 것은 피차의 의사가 소통되지 못하는 때문이다. 이제 일반적 사례에 의거하면 중인(中人)[5]이 판단하는 법이 있다. 이 법은 양방으로 하여금 막힘이 없게 하여 화해할 수 있게 하니, 2종의 구별이 있다.

① 사업주와 공인이 각기 몇 사람을 대표로 파견하여 서로 협의하는 것, ② 전연 양편에 관계가 없는 사람으로 선정하여 재판으로 해결하도록 권하게 하는 것이다. 그 재판은 정부재판소의 판단과 같은 효력이 있는 것이다. 독일에 있어서는 호장(戶長) 또는 정촌장(町村長)으로 사업장 부근에 있는 한 사람을 선택하고 위임하여 이 재판을 실행한다.

공인 보호령 가운데 아동에 관한 것은 아동 중 극히 어린 아이를 사역하도록 허락하지 않고, 더러 조금 장성한 아이도 야간 조업을 절대 금지할 뿐 아니라 주간에도 또한 절제가 있다. 이는 독일의 영업조례 사역금지 조항에 자세히 실려 있다. 12세 이상과 14세 이하의 아동은 비록 사역할 수 있으나, 하루에 6시간을 넘을 수 없으며 매일 학교에 있게 하여 3시간 수업하게 하는 등이 이것이다.

부인 노동에 관한 것은 각국 조례가 매우 차이가 있으나, 그 대개는 부인 산후(産後) 일정 기간 내에는 사역을 불허함은 같다. 가령 독일은 산후 3주가 지나지 않으면 업무를 불허하고, 또 지하 공업과 광산 및

5 노사(勞使)에서 선임한 대표자나 현재의 공인노무사 같은 사람을 이르는 것으로 보인다.

채석 등 일은 부인의 고용을 전부 금하는 것이다. 영국 법률은 부인과 아동을 한 제한 범위 내에 같이 두어 부인은 하루에 작업시간이 10시간에 불과하다.

이들 법률은 기존의 사례에 의거해 보면, 제정하고 반포하기는 비록 쉬우나, 그 실행함이 어렵다. 영국이 과거에 공인보호령을 일찍이 실천할 수 없었던 것도 실례의 하나이다. 그러나 학자 사이에 학설로 이를 그르다고 하지 못함은 어째서인가. 이를 책임지고 실행하는 이는 지방관인데, 지방관은 사업주와 친척이나 친구인 경우가 많아 매번 사정을 제대로 말하지 못하고 이를 범하게 된다. 진정 엄하게 실행하려면 오직 법조문을 각 사업장에 게시하고 또 아동으로 하여금 지방관청의 증명서를 휴대하게 하되, 만일 이 증서가 없는 자는 작업을 할 수 없게 해야만 한다. 그리고 감시하는 법률을 별도로 정하여 실시하면 또한 효력이 있으니, 그 법은 각 공장에 시찰관을 따로 두어 법률의 실행 여부를 감시하는 것이다. 독일에서 이 법을 현재 시행하여 전문가와 숙련자로 시찰관을 임명한다.

(13호, 27~31면)

법률상 인(人)의 권의(權義)

설태희

대저 법이라 하면 그 범위가 광범위하고, 법률이라 하면 인정법(人定法)[1]과 자연법을 총칭한다. 그런데, 법률의 정의는 자고로 학설의 갈래가 여러 가지가 있으나 최근 학자가 일반적으로 인정하는 설을 취하자면, 법률은 곧 인생의 생존규칙이라 함이 적당하도다. 이렇게 보면 법률은 시대에 따라 변할 수밖에 없음이 명백하다. 우리나라에서 법률이 유래한 연혁을 말해보면, 지나의 법률만을 모방함이 많아서 법의 역사라 칭하여 참조할 만한 것이 전무하다 하여도 지나치지 않다. 도덕으로만 내적인 심의(心意)의 방면을 지도함이 있으나 법학으로 외부의 동작과 활용을 규제함은 심히 박약하였다.

아아! 인민이 우매에 익숙하여 타성이 되고 정치가 압제에 기울어 공리를 잃으니, 위에 있는 자들이 강요하는 위의(威儀)는 선악을 임의로

1　현재 용례로 실정법에 가까운 의미로 보인다.

처리하여서 천신이나 같고, 밑에 있는 자들은 열악하여 존망을 남에게 의뢰하고 노예로 자처하므로 이로서 국가의 정기가 나날이 이지러져 인문이 모두 무너졌다. 이는 인민이 법학에 어두워서 천부(天賦)의 성정을 활용하지 못한 연고이다. 그렇다면 애국심이 자멸함이 자연스런 형세이니 깊이 질책할 수 있으리오.

대개 천부의 권리는 사람이 출생하면 주어져 고유하지만 물과 초야를 쫓아 움직이던 시대에는 반드시 완력에 제한받은 것은 논할 것도 없다. 비록 천부의 권리가 있다 해도 편안히 누리지 못한다면 어찌 권리라 부르리오. 그러므로 법률이 있은 뒤에야 비로소 그 권리를 각자 지킬 것이니 이른 바 천부의 자유라, 도덕을 칭양한다는 말은 공론에 불과하다.

그런데, 이 천부의 권리를 주창함이 유럽에서 발달된 연유는 프랑스 혁명시대에 크게 일어난 언론이다. 이를 미루어 보면 프랑스의 구체제가 압제로 인민의 자유를 박탈한 소치로 종묘와 사직이 엎어지는 우환을 당했다가 다행히 혁명의 운수를 틈타서 중흥할 수 있었다. 오늘날 천하를 내려다보는 지위에 있음은 그 나라의 민권이 진작되었기 때문이다. 국민권이 진작된 권능을 고찰해 보면, 천부의 권리를 내세움에 있는 것이다. 그러므로 독일의 학자 아무개가 오스트리아 수도 빈 대학교수에 다년간 종사하다가 귀국할 때에 오스트리아 민권이 박약함을 통탄하게 여겨 이 천부인권의 설을 찬성하고, 한 영국인의 행위를 들어서 한 연설의 개략이 아래와 같다.

> 영국인 아무개가 유럽에 여행할 때, 여관에서 숙박료를 정산하다가 1전의 돈이 서로 맞지 않기에 재판을 수차 받았으며 몇 개월을 지체하여 그 경비가 도리어 수백 환에 달한 뒤에 영국인이 승소하여 자기의 권리를 잃지 않았는지라. 이때 사람들이 혹 말하길, "지극히 작은 돈을 위하여 다수의 재산을 소비하니 어리석음이 이 사람보다 심

하기 어렵다" 하는 사람도 있으나, 이 말은 극히 우매한 평론이로다. 만일 영국인에게 이런 마음이 없으면 오늘 천하에 "영국, 영국"이라 하는 국위(國威)가 무엇에서 비롯되어 나왔겠는가. 이 영국인이 다툰 바는 권리요, 돈이 아니라. 이것이 이른바 미개국 인민 백만 명 중에 영국인 50명이 같이 살면 약자들을 강하게 만들고 어리석은 자들을 지혜롭게 만드는 특성이 있다고 자긍함이 바로 이것이라.

대저 사람은 스스로를 모욕한 뒤에야 남들이 모욕하나니 대경쟁이 일대 극렬한 세상에 사람으로 나와서 어떤 국민이라도 이러한 특성이 없으면 능히 그 나라로 하여금 세계열강의 반열에 서게 할 수 있겠는가! 수백 년간 백성을 어리석게 만들고 영걸을 속이는 독한 술법에 사로잡힌 우리 동포여! 인격을 잃어서 금수의 등급과 같더니 오늘에 갑자기 이르러 앞길을 생각하면 장차 진멸되어 없어질 비운을 만난 지라. 이 까닭에 나는 특히 인민에게 천부의 권리가 있다는 설을 주창하는 동시에 법률의 범위와 문명의 궤도에서 벗어나지 않고 천부의 권리를 누리고 지키기 위하여 법률상의 인권과 인의(人義)를 개괄하여 설명하고자 하노라.

법률이 어떤 것인지는 앞에서 간략히 기술했거니와, 그 법률이 제정되는 순서와 법률에 의거하여 향유할 권리와 책임질 의무를 차례로 기술할 것이다. 혹자는 말하여, "그 법률이 있은 뒤에야 천부의 권리를 보유한다" 하면, "우리나라는 칙령으로 법전을 이룬 법률이 확실하지 않았었기에 이러한 법의 권의를 알아도 또한 무익하다"라고 할 것이다. 그러나 이는 그렇지 않다.

현재 세계의 문명국들에 민주정체도 있으나 그 보통의 많은 정체들을 말하면 곧 헌법이다. 그러기에 헌법을 현세의 대동(大同) 법률이라 할 수 있다. 이 혹자의 의문을 한 마디로 발명하자면, "국가의 3요소 가운데 가장 중요한 인민부터 자립하고 자강할 지식이 있은 다음에야 나라가 능히 독립할 것이오. 하물며 우리나라의 금일 정황은 아래로부터 위에 도달함 이외에는 국운의 만회를 바랄 수 없는지라." 그러므로 금일 인민은 모름지기 낮에는 식사를 잊고 밤에는 잠을 잊고서 지식을 스스로 구하고서 반성해야만 할 지어다.

(8호, 16~19면)

법률의 제정

무릇 법률은 지 종교, 도덕, 물리에서의 법칙과는 달라서 시내를 따라서 변하지 않을 수 없는지라. 대개 법률은 당연히 인위적인 것이니 이에 제정(制定)하는 이념을 마련해 완전한 규칙을 이룬 것이다. 그래서 제정한 권능은 반드시 일국 주권자에게 있다 하겠지만, 그 주권자가 대중이 아니고 반드시 군주일 것이니 그렇다면 일국에 적용하는 법률이 군주 한 사람의 사상에서 나오는 경우라 한 국가의 흥망이 군주 한 사람에게 달렸을 터이다. 이와 같이 해석한다면 큰 의혹을 면치 못할 것이니 어째서인가? 대체로 뭇사람들이 동서고금을 막론하고 혹 행위가 악의(惡意)에서 나온 때는 자주 불법(不法)이라 칭하니 그 법률행위가 곧 선의(善意)라는 말은 다시 할 필요가 없는 지라.

아아! 동양에서 가장 먼저 건국한 지나 역사를 살펴보면 군주가 된 사람으로 요순(堯舜)만 같은 이가 없다 하겠으니 위대하다, 요순의 정치여! 그러나 당시 요순의 정치는 당시 요순의 인민을 다스림에만 적당하고 오늘과 같이 인류가 진화한 문화의 영역에 있어서는 요순이 다시 나온다 해도 전제(專制)하기는 불능할 지로다. 하물며 요순의 뒤를 따른 자들은 요순의 마음은 본받지 않고 요순의 법과 정치를 형식만 모방하려다가 푸른색 물감은 쪽에서 나오고 얼음은 물보다 차가운 것처럼, 호랑이를 그리다가 개로 그치니 걸주(桀紂)도 나오고 환영(桓靈)[2]도 나왔는

2 환영(桓靈)은 후한의 11대 황제인 환제(桓帝)와 12대 황제인 영제(靈帝)를 아울러 이르는 말이다. 이들의 치세에 한나라는 크게 쇠약해져 하여 중국사에서 대표적인 어리석은

지라. 이러므로 전제 정치를 허용하고 압제를 금지한다는 것은 말을 빌려 주고 타지 못하게 부탁하는 것과 같지 않은가?

법학에서 정체를 논하면 그 구별이 자못 많지만, 대개 공화, 입헌(立憲)[3], 전제로 논하니 우리나라와 청나라, 러시아 등의 나라들은 주권이 군주에게 있으니 군주가 고금(古今)을 절충하면서 나라와 국민이 편리할 길을 참작하고 강구하여 법률을 단독으로 정하여 제정한다. 일본과 독일 등의 나라도 군주에게 주권이 있으나 국회의 협찬을 거쳐서 법률을 제정하고, 영국의 주권은 의회【Parliament】에 있다 하니, 의회는 군주와 상원・하원의 협동을 말하는데 법률은 여기서 의거하여 이루어진다. 프랑스와 미국 같은 공화국에 있어서는 대통령과 의원(議院)에서 법률을 제정하고 또, 고대 그리스의 아테네에서는 인민이 스스로 집회하여 법률을 의론해서 정하였다. 그러므로 가장 진보한 공화는 입헌보다 낫고, 입헌은 전제보다 나은 것을 금방 알 수 있는 바이다.

각각의 명칭은 비록 다르나 본뜻은 모두 국민의 편리를 도모하자는 것이 법칙이다. 전호(前號)에 설명했듯이 법률은 곧 인민생활의 규칙이라 한 것이 바로 이것이라, 이중 가장 진보가 늦은 전제로 말한다면 군주가 독재를 하지만 그 본뜻은 인민을 위한 것일 뿐이다. 그런데 한 사람의 사의(私意)에 빠질 우려가 분명하다면 어찌 법이라 말하리오. 그러므로 나는 소위 전제국이라면 곧 무법국(無法國)이라 믿느니라.

법률 제정의 방식은 위와 같이 각 나라에 그 규정이 모두 다르니 그 입헌국 가운데 한 나라의 제도를 들어서 그 순서를 보이면 아래와 같다.

일국의 통치대권은 그 군주가 이를 원래 가지고 겸하여 입법권도 가지나 그 군주가 이를 독재하여 재정하지 못하고 반드시 국회에서 상원과 하원의 협찬을 거쳐야 행할 수 있다. 그래서 법률 제정에서 맨 먼저

군주로 꼽힌다.

3 지금의 용례로는 군주입헌제에 가깝다.

착수할 것도 기안(起案)이니, 기안의 권리는 군주에게 원래 있으나 국회도 이를 가지고 있어서 정부와 국회에서 모두 기안할 수 있다. 여기서 국회가 기안한다고 하는 것은 상원과 하원이 공동으로 하는 것이 아니라 상원과 하원이 각각 기안의 권리를 가지고서 독자적으로 할 수 있다는 것이다.

(9호, 11~13면)

기안(起案)의 다음은 의결이니 대개 법률은 국회의 협친을 기침이 필요하나, 입헌제인 나라들은 입법의 대권이 당연히 그 군주에게 있어서 영국과 다른 나라들 같이 군주와 의회가 나누어 가지지 않으나, 그 대권을 행할 때에는 국회의 협찬이 필요하기 때문에 그 기안을 낸 곳이 정부든지, 국회든지 불문하고 모두 국회의 의결을 반드시 거쳐야 한다. 이 일에 당해서는 정부의 기안은 양원의 의결을 구해야 하고 상원이나 하원 한 곳만의 기안은 그 원(院)의 의결을 거친 뒤에 다른 원(院)의 의결을 다시 구할 수 있으니 어떤 경우이든지 상, 하원 가운데 하나에서 부결된다면 그 법률안은 마침내 성립할 수 없다.

상, 하원 의결의 다음은 재가(裁可)이니 가령 상, 하원의 의결을 얻었더라도 법률의 효력은 아직 없고 그 밖에 군주의 재가를 청하여 얻은 뒤에 법률의 효력이 생기기 시작하니, 그 군주의 재가에는 반드시 국무대신의 부서(副署)[4]가 필요하다.

기안의 의결을 이미 거쳐서 그 재가(裁可)를 얻었다면 법률이 되는 효력이 발생하나 인민에게 준수할 의무가 부담되지는 않는다. 그 재가가 있어도 인민이 이를 알아낼 사유(事由)가 없어서 알 수 없다면 준수할 사유가 없는 것이다. 그러므로 재가의 다음에는 공포(公布)의 일이 또한 있다. 공포는 곧 재가를 얻은 법률을 국민에게 광고하는 방법이다. 그

4 부서(副署)는 법률용어로 법령이나 대통령, 군주의 국무에 관한 문서에 국무총리와 관계 국무 위원이 함께 서명하는 일이나 그런 서명을 이른다.

방법은 사전에 일정하게 정해야만 하니 예부터 이 방법의 시행은 각 나라들에 그 규정이 같지 않아 변경이 잦았다. 어떤 나라는 인민을 집합하여 유세하기도 하고 혹은 시장과 거리에 게시하기도 하였으나, 근세의 문명한 나라들에서는 대개 관보(官報)를 발간하여 고지함을 형식으로 삼는다. 한 번 관보에 게재되어 공포되면 그 법률은 이때부터 준수해야하는 의무가 국민에게 지워지기 시작한다. 이후 국민은 이 법을 알고 모르고를 관계없이 모두 준수하지 않을 수 없으니, 알지 못하고서 이를 위반할지라도 몰랐다고 해서 그 책임을 벗어나지 못한다.

법률 제정의 순서는 기안에서 시작되어 공포로 마치는데, 입법의 작용은 기안으로부터 의결과 재가에 그치고 공포는 행정권의 사항에 속하므로 이른바 법률의 제정은 기안, 의결과 재가의 세 가지 일을 이르는 것이다.

(10호, 11~13면)

권리

무릇 권리가 어떤 것인가는 그 관찰의 관점에 따라 각종의 해석을 얻을 것이다. 예부터 학설이 분분하여 통일되지 못하기에 나는 오직 선학들이 찬성한 설을 적시(摘示)하여 아래와 같이 게재한다. 보시는 독자들은 연구를 다해 숙지하여 그 선천적 본분과 후천적 사물에 지극히 바르고 편리하도록 참고하고 판단하여 취사할 것이오. 또 학리(學理)와 실제에 적합하게 응용한다면 무릎을 치며 탄성할 일도 반드시 있으리니 책상 앞에 두고서 항상 열독할 것이다.

1. 권리라 함은 법률의 사례를 따라 보호를 받는 이익이다【학자는 이를 이설(利說), 또는 이익주의라 부름】.

2. 권리라 함은 법률에 의거해 인지된 의사의 힘이다【의사설(意思說) 또는 의사주의(意思主義)】.

3. 권리라 함은 법률에 허용된 행위의 자유 또는 자유행위의 범위를 말한다【자유행위설(自由行爲說)】.

4. 권리라 함은 생활 자료(資料)에 대한 각 개인의 지분(持分)이다【지분설(持分說)】.

5. 권리라 함은 인격 상호의 관계에 당해서 그 일방이 다른 일방에 대해 일정한 이익을 향수하는 법률상 능력이다.

6. 권리라 함은 법률에 의거해 타인에게 자기 행위의 정당함을 인정하게 하는 일을 얻는 힘을 말한다.

7. 권리라 함은 이익을 향수하기 위해 법률에 의거해 부여받는 의사(意思)의 힘이다.

8. 권리라 함은 법률에 의거해 허용되는 범위에서 혹 행위를 하거나 또는 하지 못하게 할 사람의 덕을 말한다.

9. 권리라 함은 사람과 사람의 사이에서 혹은 사람과 물(物) 사이의 관계를 지칭하는 것이다.

10. 권리라 함은 법률상, 사람이나 물(物)에 대하여 가지는 특별한 능력을 지칭하는 것이다.

11. 권리라 함은 행위를 하거나 하지 못하게 하는 능력이다.

12. 권리라 함은 특정한 법률이익을 충실하게 하는 법률상의 힘이다.

13. 권리라 함은 개인이 국가의 승인 또는 조력에 따라 타인의 행위를 억제하는 세력이다.

14. 권리라 함은 사람이나 물(物)에 있는 세력이나 또는 이를 취급할 수 있는 세력이다.

15. 권리라 함은 다른 일인(一人)이나 다수에게 행위나 인내를 요구할 수 있는 세력 또는 능력이다.

16. 권리라 함은, 일방(一方)에 대하여 다른 일인(一人)이나 다수가 법률에 의거하여 행위를 해야 하거나 인내를 해야 하는 속박을 받는 경우로, 이때 이 일방은 권리를 가진 자가 된다.

17. 권리라 함은 일인이 다른 일인이나 다수에게 부과함을 당하는 의무로 얻는 바의 호사(好事)[5] 또는 이익을 향유할 보장이다.

이상과 같은 권리에 대한 견해는 다종다양하여 일정하지 못하니 위에 열거한 여러 설을 살펴보아도 명확하듯이 권리는 항상 인격자에 대하여만 존립하는 것인가, 또는 인격자에 대한 것뿐 아니라 물(物)에 대한 권리, 또는 여타 대응하는 것 없이 권리가 되는 것도 있는가에 대해서는 각인의 견해가 동일하지 않고 "권리가 있으면 의무가 있다"는 격언을 넓게 해석하게 되면 권리가 반드시 의무와 대립하지 않는다. 환언하면 권리는 항상 인격자에 대한 것으로서 그 인격자 된 의무자에게 구하는 일정 행위 또는 불행위(不行爲)가 될 수 있다고 논한다.

따라서 물권(物權)과 생명, 신체와 명예를 보전하거나 또는 성씨(姓氏)를 칭하는 권리와 같은 것은 이를 일반 인격자에 대하여 일정한 지위와 상태를 보전하는 권리라 이해할 것이다. 이에 반해 이 격언을 좁게 해석하는 이는 단순히 채권과 채무의 관계에만 적용할 격언이라고 하니 즉 "채권이 있으면 채무가 있다"라는 뜻에 불과하다고 해석한다. 그러면 권리라 하는 것은 반드시 의무에 대응되는 것이 아니고 물(物)에 대응하는 권리가 있으며 또한 대립물이 없는 권리가 있음을 말한다. 그래서 대립물이 없는 권리로는 자유권, 생명·신체·명예를 보전하는 권리 또는 성씨를 칭하는 권리 등을 예로 든다. 이런 두 견해는 권리 객체(客體)의 의의를 정함에 따른 관계가 있으니 권리를 이에 따라 분류하면 아래와 같다.

1) 적극적 권리 : 행위, 소극적 권리 : 불행위

2) 원권(原權) 또는 원시권(原始權), 구제권(救濟權)

---

5 현재의 용례와 달리, 여기서는 구체적 이익과 대응되는 다양한 형태의 '편리(便利)'나 '편의(便宜)'를 지칭하는 것으로 보인다.

3) 제일권(第一權), 제이권(第二權)

4) 주권리(主權利), 종권리(從權利)

5) 사권(私權), 공권(公權)

○ 원권(原權) 또는 원시권(原始權) : 원권은 원시권이라고도 하는데 구제권에 대응되니, 타인의 침해를 받기 이전, 당초부터 존재한 권리를 말한다.

○ 권리의 대부분은 원권이다. 구제권이라 함은 타인이 원권을 침해하였기 때문에 비로소 생기는 권리를 말한다. 예를 들면 채무자가 계약상의 채무를 이행하지 않아서 채권자의 권리【즉 원권】를 침해했을 때는 채권자는 채무자에게 대하여 강제이행이나 손해배상을 청구할 수 있는 권리【즉 구제권】를 가진다. 또 타인의 고의나 과실로 인해 생명, 신체, 재산, 명예, 자유 등의 권리【즉 원권】들을 침해받은 자는 가해자에게 대해 손해배상을 청구할 수 있는 권리【즉 구제권】를 가진다. 그러므로 구제권은 원권이 침해 받음에 인하여 비로소 생겨나는 것이라, 요컨대 법률의 제정을 야기하는 바의 권리라 말할 수 있다.

○ 원권을 제일권이라 부르고 여기에 대응하여 구제권을 제이권이라고도 부른다.

○ 구제권 : 구제권이라 함은 원권에 대응되는 말이다. 이를 제이권이라 부름은 앞에서 설명했다.

○ 제일권 : 제일권이라 함은 제이권에 대응되는 말이다. 타인의 침해를 받기 전에 당초부터 존재한 권리를 말하니, 원권【원시권】과 동일한 뜻이다.

○ 제이권 : 제이권이라 함은 제일권에 대응되는 말이다. 타인이 제일권을 침해함으로 인해 비로소 나오는 권리를 말함이니 구제권과 동일한 뜻이다.

○ 주(主)되는 권리 : 주(主)되는 권리라 함은 종(從)되는 권리와 대응

되는 말이다. 타인의 권리에 종속되지 않고 독립하여 존재하는 권리를 말하니, 권리의 대다수는 여기 속한다. 종되는 권리라 함은 타인의 권리에 종속되어야 비로소 존재하는 권리를 말한다. 예를 들면 타역권(他役權)[6]은 소유권에 종속된 물권이니 소유권이 없으면 타역권이 독립되어 존재하지 못한다. 또한 유치권(留置權), 선취특권(先取特權), 질권(質權), 저당권(抵當權) 등은 채권을 담보함에 종속된 물권이므로 채권이 먼저 존재하지 않으면 독자적으로 존립하지 못한다. 그러므로 이런 권리들은 종되는 권리라 한다.

○ 대개 "종(從)"은 "주(主)"에 종속되는 것이 통칙이기에 종되는 권리는 주되는 권리에 종속되어 소멸하며 또 변경되니, 곧 주되는 권리가 소멸하면 종되는 권리도 소멸하고 주되는 권리의 주체가 변경된 경우, 종되는 권리의 주체도 또한 따라서 변경된다.

○ 종되는 권리 : 종되는 권리라 함은 주권리에 대응되는 말이니 앞에서 설명함.

○ 사권(私權) : 사권이라 함은 공권(公權)에 대응되는 말이다. 사법(私法)으로 규정한 권리를 말한다. 다만 사권의 정의에 따른 학설이 분분하여 통일되지 않았기에 아래에 그 중요한 것들을 열거한다.

① 사권이라 함은 개인 상호간에 있는 바의 권리이다.

② 사권이라 함은 국가가 사법에 의거하여 사인(私人)에게 인정한 의사활동의 범위 안에서 활동하는 권리를 말한다.

③ 사권이라 함은 각 개인이 상호 관계상 한 개인된 자격에 있는 이익이니 법률의 보호에 따라 이를 주장할 수 있는 것이다. 환언하면 사회의 일분자라 하여 가지는 사적인 일에서의 권리를 사권이라 말한다.

---

6 타역권(他役權)은 로마법에서 유래한 것으로 특정인의 편익을 위하여 타인의 물건을 이용하는 물권으로 역권(役權)이 있다. 편익을 받는 쪽이 사람인가 토지인가에 따라 인역권(人役權)과 지역권(地役權)으로 구분한다. 현재 우리 민법에서는 지역권만을 인정한다. 본문의 타역권은 인역권과 비슷한 개념으로 보인다.

사권은 종류에 따라 이를 분류할 필요가 있으니 아래에 도표를 보인다.

1

인격권			생명권, 신체권, 자유권, 명예권 등
친족권			호주권, 친권, 부권(夫權), 후견인의 권리 등
재산권	물권	민법상의 물권	점유권, 소유권, 지상권(地上權), 영소작권(永小作權), 지역권(地役權), 유치권, 선취특권(先取特權), 질권(質權), 저당권[7]
		민법외의 법률상의 물권	광업권 등
	채권	하게 하는 채권	적극적 채권
		하지 못하게 하는 채권	소극적 채권
	특별한 종류의 재산권		저작권, 특허권, 의장권, 상표권 등
상속권			

2

절대권 또는 대세권[8]	생명권, 신체권, 자유권, 명예권, 물권 등
상대권 또는 대인권[9]	채권, 친족권 등

3

인권	생명권, 신체권, 자유권, 명예권, 호주권, 부권, 친권, 자유권 등

7 민법상의 물권에 대한 '원주' : 이밖에 일본의 구민법에는 용익권(用益權, 일종의 인역권)을 인정하여 이를 물권의 하나라 하고 또 채차권(債借權) 역시도 물권의 하나라 하였다. 그러나 지금 민법에서는 용익권(用益權)은 인정하지 않고 채차권(債借權)은 채권의 한 종류라 한다.

8 대세권(對世權)은 : 법률용어로 절대권과 같은 말이다. 권리의 내용이 특정의 보호 법익을 직접 지배하므로 그 효력이 모든 사람을 의무자로 하여 이에 대항할 수 있는 권리를 가리킨다.

9 대인권(對人權)은 법률용어로 상대권과 같은 말이다. 특정인에 대하여서만 의무 이행을 주장할 수 있는 권리이다.

4

인신권(人身權)	인격권, 신분권 등
재산권	

5

천부권	생명권, 신체권, 자유권, 명예권
취득권	소유권, 채권, 특허권, 기타 민법과 상법 등 다른 사법(私法)의 보호를 받는 여러 종류의 권리

6[10]

국민권(國民權)	
인류권(人類權)	

○ 인격권 : 인격권이라 함은 사람이 사람이라 하는, 곧 인간된 자격을 갖는 사권을 말한다. 혹은 이를 사람의 고유한 성격에서 나와서 사권이라고 하고, 혹은 일개인의 직접적 결과로서 존립한 권리라 말하는 자도 있으니 생명권, 신체권, 자유권, 명예권 등이 여기 속한다.

○ 생명권 : 생명권이라 함은 자기의 생명을 보전하는 권리를 말한다. 혹 이를 우리가 불법으로 그 생명을 침탈당하지 않을 권리라 말하는 자도 있다. 이 권리의 침해에 대한 구제권은 민법에 규정된 것이오, 또 그 침해자는 형법상에서 제재를 받는다.

○ 신체권 : 신체권이라 함은 자기의 신체를 보전하는 권리를 말한다. 혹 이를 사람이 불법으로 그 신체를 해치지 못하게 하는 권리라 말

10 이 표의 아래 "○"로 시작되는 항목들은 이 표에서 1~6으로 나누어진 항목들인 '인격권, 생명권' 등을 해설하는 성격이다. 그런데, '명예권'까지만 해설이 되고 나머지는 미완인 채 연재가 끝났다. 역술자인 설태희는 『자강회월보』의 후속 간행물인 『대한협회회보』에 「헌법서언(憲法緖言)」을 연재하여 법학에 대한 관심을 이어가고 있으나, 이 연재에 직접 후속된 내용은 아니다.

하는 자가 있으니, 이 권리의 침해에 대하는 구제권은 민법에 규정되었고, 또 그 침해자는 형법상의 제재를 받는다.

○ 자유권 : 자유권이라 함은 법률이 금하지 않는 범위 안에서 자유로 신체의 동작을 행하는 권리를 말한다. 혹은 이를 우리가 불법으로 그 신체의 자유를 해치지 못하게 하는 권리라 말하기도 하니 이 권리의 침해에 대한 구제권은 민법에 규정하였고 또 그 침해자는 형법의 제재를 받는다.

○ 명예권 : 명예권이라 함은 자신의 명예를 보전하는 권리를 말한다. 혹은 이를 법이 인간의 명예를 보호함에서 생기는 권리라 말하기도 하니, 이 권리에 대한 구제권은 위 항목과 같이 민법에 규정되었고 또 그 침해자는 형법상의 제재를 받는다.

(12호, 39~46면)

평시국제공법론

석진형 역술

서언(緖言)

국제공법(國際公法)을 강론함에, 세상 사람들의 미혹된 견해를 먼저 서술하겠다. 혹자는 망론에 미혹되어 국제공법이 대포 1문(門)만 못하다 말하니, 대포가 1문이면 만국의 수천 년 관습과 만국이 여러 번 회합한 조약을 능히 타파할까? 만약 혹자의 주장처럼 대포 1문으로 능히 타파한다 해도 저항하는 나라가 하나만 있다면 불가불 전시(戰時)의 공법이 적용될 것이니 이 주장은 한 혈기 넘치는 소년남자의 언론에 불과함은 다시 논할 필요가 없다.

혹자는 공상(空想)에 미혹되어 국제공법이 국법과 같아 국가가 토우(土偶)와 목상(木像)같이 팔짱 낀 채 무위(無爲)하고 있어도 다른 국가가 스스로 와서 우리나라를 철저하게 보호할 것으로 자신한다. 일정한 국법 밑에서 생활하여 생명과 재산을 완전한 법률에 의탁한 인민이라도 자주·자활의 능력이 부족한 자는 법률로 금치산의 선고와 후견(後見)의 제도를 받게 한다. 하물며 육대주 패업(霸業)의 세계에 생활하는 국가가 토우처럼 무위하여도 다른 국가가 스스로 와서 보호해준다고 생각한다면 자국을 어찌 능히 보존하리오.

혹자는 망상에 미혹되어 국제공법은 국내법의 성문법처럼 조례와 편차가 완성되어서 매 조목과 매 장으로 조율하고 처단한다고 미루어 짐작한다. 조약은 국제법의 한 연원일 뿐이라, 해당 조약의 체결국 사이에 혹 그 조약을 해석하고 적용하는 자가 없지는 않지만 조약은 조례와 편차가 완성된 내국의 성문법 법전처럼 편찬된 것이 아닐뿐더러 또 국제문제는 대부분 국제상의 관례를 따라서 해결되는 것들이다.

대저 국제공법은 위 세 가지의 망론, 공상과 같은 것이 아니라 가령 개인이 국내에 생활하자면 그 개인을 구속하는 법률을 알아야 할 필요가 있고, 국가가 세계에 생활하자면 그 나라에 관계되는 국제상의 원리와 원칙을 알 필요가 생기느니 이 곧 우리가 국제법을 연구하고자 하는 목적이로다. 그러나 이런 대학문을 천박한 견식으로 감히 그 학리의 오묘함을 어찌 다하여 독자의 만족을 얻게 할 수 있으리오. 하지만 우리나라에서 이 학문에 관한 저서는 애초에 없고 위의 세 가지 같은 망상, 공론처럼 의혹이 더욱 심하기에 천학(淺學)을 불고하고 이에 이 법을 5편으로 나누어서 그 대강을 강술하여 연재하려 한다. 부득이 학교에서 가르치고자 함이지, 공중사회에 발표할 것은 아니다. 훗날 학창의 여일(餘日)이 있다면 이에 수정을 더 가하여 사회에 공포할 것을 기약하노라.

강의의 목차[1]	
제1편	총론
제2편	국제공법 당사자
제3편	국가의 권리
제4편	국제쟁의
제5편	국외중립(局外中立)
부록	

제1편 총론

제1장 국제의 본질

이제 국제법을 연구하고자 하면 자연 로마시대부터 오늘에 이르기까지, 이 학문에서 가장 큰 문제인 법률이냐 아니냐는 문제를 따져야 한다. 그 근본적 논리와 유럽 여러 학자들의 학설들을 참고하여 이 법의 본질을 확정하고 그 아래 항목들을 차례대로 분석할 필요가 있다. 그러므로 아래 이 문제에 관한 여러 학설들의 찬반을 대체로 예시하면서 필자가 찬성하는 학설과 그 이유를 설명하고자 한다.

1 대한자강회월보에는 총론만 부분적으로 연재되고 나머지는 연재되지 못했다.

제1절 국제법이 법률인가?

제1 국제법을 비법률(非法律)이라고 논박하는 여러 학자들의 설

법리학자에 분석파가 있으니 벤담 씨의 분석설과 오스틴 씨의 분류법설이 이것이다. 그들의 학설이 당시 일세를 석권할 때, 국제법에 관해서 말하길, 국제법은 법률이 아니라는 주장이 성행하였다. 그 다음에 국제법의 비법률론을 유력하게 편 사람은 콜네릿지 씨(미상)라 하겠다. 이밖에 이상의 세 사람과 동설을 주장하는 학자가 다수이지만 이 주장은 모두 세 사람의 학설에서 기인한 것이라 할 수 있다.

이처럼 국제법이 비법률이라는 이론은 영국 학자 사이에서 깊게 성행하였으니, 이 주장들 중에서 유력한 것을 들어보겠다. 오스틴 씨는 말하였다.

성문법의 특징을 설명하고자 하면 우선 주권, 주권과 잠시라도 서로 떨어질 수 없는 관계가 있는 복종 및 독립, 정치단체 세 가지를 설명할 필요가 있다. 대저 성문법(成文法)은 단독주권자나 집합체로 성립한 주권단체가 정치단체의 한 구성원이나 구성원들의 집합에 대하여 발포(發布)한 것이다. 제왕이나 주권을 가진 단체로부터 이에 대하여 복종의 관계를 가진 신민에게 내린 것이니, 성문법, 곧 정당하게 법이라 부를 수 있는 법률은 하명(下命)이 있어야 한다. 하명이 없는 법률을 법률이라 한다면 적당한 명명(命名)이 아니다. 또 법률 중, 어떤 종류의 법률은 여론에 따라 설정된 것인데, 가령 신사(紳士)들 간의 여론에 의거하여 설정된 것늘이 있으니 이를 명예법이라 칭한다. 또 유행사회[2]에서

---

2 원문은 "流行社支"인데, 오기로 보아 수정했다. 유행사회는 여기서 민간이나 일반사회 정도로 볼 수 있다.

유행하는 여론에 의거해 정한 것이 있으니 이는 유행에서 기인한 법이다. 또 독립된 여러 정치적 단체들의 상호관계를 규정한 것이 있으니 이는 국민 사이의 여론에 따라 여러 국민과 여러 주권자 사이에 설정된 것으로 이를 만국공법 또는 국제법이라 칭한다. 대저 이런 여론에 따라 설정된 것을 법이라 칭함은 필경 법률상으로는 부당하게 명명된 것이라 할 수 있다. 환언하면 법의 자의(字意)를 부적당하게 확장하여 사용한 것이라 할지로다.

(12호, 46~49면)

국제법은 자연법, 즉 인류상에 규정된 것으로 제재 작용을 갖추지 못한 법률을 의미한다. 법률에 제재가 없는 것은 정당한 법률이 아니므로, 국제법은 법률이 아니고 한 도덕률에 불과하다. 그러므로 이를 정당한 법률이라 말할 수 없도다. 만약 각국 국민에게 공통하는 재판소가 있어서 국제법을 집행한다 해도, 한 도덕상의 조직에 불과하니 어째서인가? 이와 같은 재판소를 유지하고자 하는 각국 국민의 동의는 언제라도 법률적인 위험[3] 없이 소멸할 수 있기 때문이다.

오스틴 씨의 국제법이 비법률이라는 이론은 위와 같거니와 스티븐 씨(미상)가 주장하는 국제법의 비법률론은 아래와 같다. 스티븐 씨가 말하였다.

국제법, "인터내셔널 로(international law)"는 부정확한 것이기에 오해하기 쉬운데, 이는 그 개념을 혼란하게 남용하여 정당하게 법이라 칭할 것과 그렇지 못한 것을 동일하게 통용하여 온 때문이다. 국제법이란 명칭으로 포함한 제반의 규칙을 분류하여 그 상호간 관계를 연구함은

3 여기서의 법률적 위험은 문맥상 법률적 강제력 정도로 이해할 수 있다.

실로 이익과 흥미가 넘치는 연구라 하겠다. 대개 “국제”라는 단어의 뜻은 첫째, 국제간에 발생한 규칙에 적용하는 경우도 있으며, 둘째, 타국의 국민과 관계가 있는 국법(國法)에 적용하는 경우도 있다. 전자는 곧 국제간에 행하는 규칙에 법률이란 명칭을 정하는 경우라 그 법률이란 개념에 오류가 있는 것이다. 왜냐하면 이런 법은 공통의 권력자에 따라 강행할 수 없는 까닭이다. 후자의 경우에는 국법의 규정을 법이라 함은 그 정의가 다소간 정당하지만 국제적, 인터내셔널이란 형용사는 착오라 할 수 밖에 없다. 왜냐하면, 이런 법은 국법이고 국제법이 아닌 까닭이다. 나는 이제 다시 이 두 가지에 적절한 사례를 들겠다.

조약을 국제법의 일부라 기록한 것을 자주 보았다. 위에 콜네릿지 씨가 논한 바[4]와 같이 조약을 설정하는 의무는 이론상 법률적이 아니고, 곧 덕의(德義)적인 것이다. 각국은 국제법상의 봉쇄를 범한 선박과 화물을 포획하는 일을 선고할 수 있다 주장하는 이들이 있는데, 이 경우에 이 규정은 법률적 사항에 관하여 의문점이 없어 보인다. 그러나 깊이 따져보면 이 규칙은 각국 국민에게 공통되는 법이 되는 것이 아니고, 그 포획을 행하는 나라의 법이다. 이 사항, 곧 포획에 관해서 각국 국민들이 인류를 위하여 일치된 법을 설립한 것이다. 그러나 이 법이 위 각국 국민 전반의 결의에 의거하여 확정된 것은 아니고, 각국이 각기 인류 일반을 위하여 만들어 정한 것이다. 각국 국민이 해적의 행위를 인류 일반의 적이라 규정한 것이기에 …….

이상과 같이 열거한 주장들은 분석법학파[5]의 유력한 비판이다. 우리가 이와 같은 주장을 받아들여 이미 수세기 간 문명국 사이에서 유래한 행위와 규칙에 법률의 명칭을 부여함을 거절할지, 아니면 법률의 명칭을 부여함에 찬성할지는 연구해야 할 일대의 문제라 할 수 있다. 이

4 콜네릿지가 논한 바는 인용문에 포함되지 않은 것으로 보인다.

5 오스틴과 벤담은 법실증주의자 내지 분석법학자로 분류된다.

와 같은 문제가 단순히 법리학상의 무책임론이라 하면 국제법 학자가 귀중한 시간을 이 문제에 관해 공연히 낭비할 필요가 전혀 없다. 그러나 불행히 오스틴 씨의 학설 같은 것은 그 영향이 단순히 법학계에 미칠 뿐 아니라, 실제의 국제 관계까지 영향이 있어 외교가로 하여금 국제법을 무시할 구실을 제공하기까지 이르므로 학계에 종사하는 대부분의 이들이 분명히 밝히지 않을 수 없다.

이제 국제법 무시의 한 사례를 먼저 들어보면, 서기 1887년 6월경에 솔즈베리 경은 국회 상원에서 만국중재재판소 건설 의안에 대하여 아래와 같이 말하였다.

수년간 유럽 대륙의 현상을 보건데, 평화의 정신이 감소하여 전쟁폐지의 방법이 점차 한층 더 곤란하다고 믿노라. 우리의 희망이 국제법에 대하여 오해한 것이 매우 많으니 원래 국제법은 보통 법이라 칭하기 어려운 것이 법이라 설정된 것이기에, 이러한 법을 재판소가 있어서 재판소에서 집행하는 것이 아니거늘, 이를 법이라 칭함은 이미 오해를 면하기 어렵다. 이상의 오해가 점차 증진하여 세계가 영구한 평화의 공상을 가지게 됨에 이르렀다.

이로써 보자면, 학자의 주된 학설들이 점차 변천하여 정치상에 책임이 있는 외무장관[6]의 말에 이르면 신성한 평화를 조롱하고 멸시함이 이와 같으니 우리는 이 학문을 위하여 일필(一筆)의 변론이 없을 수 없느니라. 그러므로 아래에 국제법을 법률로 보는 여러 학설들을 거론하고 다음으로 논자들의 의견 및 찬성의 이유를 설명하고자 한다.

6 이 당시 솔즈베리 경은 수상과 외무상을 겸했다. 제국주의 정책을 적극 추진하였다.

제2 국제법을 법률로 주장하는 여러 학자들의 학설

이상 논한 바의 분석학파는 법리학의 연혁에서 구파(舊派)에 속하는 이들이니, 이 학설은 역사학파[7]에 가까운 메인 씨와 기르케 씨 등에게 타파되었다. 그러나 국제법을 법률로 주장하는 이런 학설들도 그 학술의 근거가 통일되지 못함이 아래와 같다.

(1) 법률에는 제재가 필요 없다는 학설 : 이 학설을 주창하는 파에도 두 파가 나뉘니, 첫째, 무릇 법률은 국가에 대한 규칙이라, 주권자가 신민에 내린다. 신민 상호간의 권리와 의무를 규정한 것이 아니고 단지 그 직무와 집행의 격식을 정함에 불과하다고 하는 이들이 있으니, 학그스 씨[8]의 주장이다. 이 학설에 따르면 법은 명령과 복종의 관계를 규정한 것이 아니고, 또 제재가 필수가 아니라는 것이니 그러면 제재가 없기 때문에 국제법이 법률이 아니라 함은 논리가 성립하지 않는다는 것이다. 둘째, 다른 학파는 법률에 대한 일체의 제재가 모두 필수적이 아니라는 위와 같은 극단적 주장에 반대한다. 가령 헌법을 논한다면, 헌법 중에서 군주에 관한 조항과 같은 것들은 위에서 아래로 명한 것이 아니고, 또 제재가 없는 것이다【프랑스 국제법학자 르노 씨의 강의】. 르노 씨는 또 아래와 같이 말한다.

개인 간에 법률이 있음과 같이 국제간에도 법이 있으니 곧 전쟁이 이것이며, 대개 이른바 제재가 있으니 곧 전쟁이라고 한다면 그 논점에 착오를 면할 수 없다. 대저 전쟁이란 것은 강제력을 응용한 것에서 벗

7 역사학파는 역사법학파라고 하며 법의 역사성을 강조하고 법의 역사적 연구를 중시하여 자연법론과 본문에 언급한 오스틴의 분석법학과 대립하였다. 대표적 학자로 독일의 F. K 사비니(1779~1861) 등이 있다.

8 학그스는 명령과 복종이 아닌 일종의 계약을 법의 연원으로 보았다는 문맥으로 보아 홉스(Thomas Hobbs, 1558~1679)로 추정할 수도 있겠다.

어나지 못한다. 이 강제력은 시기와 경우에 따라서 혹은 정당하지 않게 응용되는 경우가 있다. 또한, 이 제재란 것은 법에 반드시 필요한 조건이 아니다. 저 헌법은 제재가 없지만 모두가 법이라고 부르지 않는가?

(13호, 44~48면)

정치학의 국가주의

심의성 역술

총론

제1절 무형학(無形學)

정치학이란 것은 무형한 학술의 한 갈래이다. 그러므로 정치학의 의의를 해석하고자 하자면 무형학의 의의를 먼저 알아야 하고, 무형학의 의의를 알고자 한다면 이 학문의 정의를 분명히 분석한 뒤에 가능하다.

대개 학문이란 것은 주관과 객관이 있으니 두 가지를 정의하자면, 주관은 한 종류나 여러 종류의 유형과 무형의 보통 지식이 이것이고, 객관이란 것은 다수의 사실과 다수의 이론을 집합한 것이 그것이다. 그러므로 이를 진리상의 지식으로 하여 표준의 학문을 만들기 위하여 크게 두 가지 구별이 있으니, 곧 무형학과 유형학(有形學)이 그것이다.

무형학을 연구하고자 한다면 내부의 심령에 나아가 구할 것이고, 유형학을 연구하고자 한다면 외부의 감각에 나아가 구할 것이니, 두 가지의 기초가 서로 다르므로 그 결과가 또한 같지 않다.

유형학이란 논리로써 명한 바로 항상 진리에 부합하니 예를 들면, 화학에 동일한 방법으로써 동일한 물질에 시험하면 반드시 동일한 원질(原質)이 분석되는 것과 같은 것이다. 무형학이란 논리로써 추상하는 것이므로 반드시 진리에 부합할지는 알 수 없으니 예를 들면, 경제학에서 이기심을 주된 원동력으로 추정하여, 비록 이 이기심으로 저를 추리하고 입론의 기초를 만든다 해도 논리의 결과인즉 경제의 진리와 반드시 부합하지 않을 수도 있는 것과 같다.

제1 무형학【일명 형이상학】의 기초

일체의 과학에 무형과 유형의 큰 구분이 있으나 사회와 생존의 실제에 있어서는 두 가지가 서로 교착하는 것만 아니라, 곧 무형학의 현상이 또한 많이 유형의 현상으로 기초를 삼는다.

(1) 사회【군체(群體)】: 사회는 개인이 함께 하는 생존의 단체이다. 그러므로 생물학을 반드시 안 뒤에 개인의 성질과 작용을 연구할 수 있으니, 인류의 천연작용은 곧 신체가 그것이다. 그래서 인류도 또한 일종의 천연물이다. 인류의 정신과 신체의 관계가 밀접하니 이 점에 대하여 그 성질과 작용을 연구할 것이다.

(2) 각 개인과 사회 생존의 목적 : 대개 천연력(天然力)에 구속되어서 그 천연력을 이용함을 위주로 하므로 모든 기술의 과학을 반드시 들어 연구해야 한다. 인류가 천연계에 생존하고자 한다면 반드시 천연력으로 경쟁할 것이다. 또 천연력으로 경쟁하고자 한다면, 공공생활【곧 사회】이 되고 사회 가운데 생존하고자 한다면, 또한 반드시 상호간 경쟁하느

니 그러면 천연에서 비롯되어 사회에 이르도록 생존경쟁이 끊이지 않고 이어지므로 모든 기술의 과학이 여기서 진보하여 드디어 사회에서 연구하는 무형학의 기초가 된다. 농학[1]이라면 비록 일종의 기술이지만 실은 경제의 기초이기에 근세 유럽의 사회문제가 모두 증기기관의 발명에서 비롯하여 일어났으니, 기술과학의 결과가 이와 같다. 그러므로 과학이 무형학의 기초가 되는 것은 분명하다.

제2 무형학의 재료

이 재료는 역사 및 통계의 2종이 그것이다. 역사는 과거사를 공급하고 통계는 현재의 일을 채집하는 것이다. 또한, 그 재료는 역사학, 통계학, 지리학, 박물학 등으로 나누어진다. 그러나 이런 간단한 재료로는 무형학의 요건이 되지 못하니, 반드시 여기서 그 참과 참이 아닌 것, 참이 될 수 있는 것과 참이 될 수 없는 것의 차이점을 판별해야 한다.

그 사실이 함유되었기 때문에 세 가지 재료를 구성한 연후에야 그 효력이 비로소 발생한다. 1차로는 사실을 기재하고, 2차로는 사실에서 비롯된 이론을 추리하여 구하고, 3차로는 단정을 따라서 결론을 부여하는 등이 이것이다. 이런 과정을 거쳐야 무형학은 사회에 대하여 일정한 진리가 된다. 그래서 개인의 성질과 작용을 연구하는 것도 또한 이 학문에 따른다. 생리에만 속하는 동물만 그런 것이 아니고 심리에 속한 동물도 그렇지 않은 것이 없기에 무형학은 반드시 생물학 및 심리학을 축적하여 보조를 삼는다.

제3 무형학의 표준

인류가 나온 이상에는 상호간 연결이 된 다음에야 사회에 생존할 수 있다. 그러므로 사회에서 발달이 가장 빠른 것이 문명의 중추된 민족이

1 원문에는 농학(農學)이라 되어 있는데 공학(工學)이나 농공학(農工學)의 착오로 추정된다.

다. 대개 민족이 서로 합친 결과에 두 가지 원질(原質)이 있다. 하나는 천연의 사실이고, 하나는 역사의 사실이다. 학자가 이른바, 민족이란 것은 조상이 같고 계통을 함께하는 혈통의 인민이 단체를 결합한 것이다. 그러므로 혈통이 혼효한 인민은 민족이라 칭할 수 없다. 역사, 언어, 문학, 습관 등이 모두 민족을 구성함에 큰 힘이 있음은 의심할 것이 없다. 이런 종류의 학술을 연구하여 인종학이라 하는데 도덕, 법률, 경제, 종교, 기술, 언어라 이르는 여러 학문이 종횡으로 교착하지만 그 표준은 문명의 중추되는 민족에서 연유하기에 연구해서 이루어진 학문이다.

인류는 사회에서 가족, 종족, 지방단체 및 기타 각종 단체로부터 국가에 이르기까지 점차로 유형의 조직을 구성한다. 그 본원을 찾고자 한다면 반드시 혈통으로부터 고루 퍼지기 시작하여 발달에 이르는 것이다. 권력, 재산, 지능의 발달을 따라 각종 등급이 나오고 안위(安危)와 이해(利害)가 같고 다름을 따라서 각종 단체가 성립한다. 한 걸음 더 나아가 사회전체 및 그 분자들을 보존하여서 복잡하게 완비된 유기체로 조직된 국가를 드디어 이루게 된다.

(12호, 29~32면)

제2절 정치학

정치학이란 것은 국가의 성질과 그 작용을 연구하는 한 과학이며, 또 여러 과학의 집합체인 것이다. 대개 정학(政學)이란 명칭은 그리스 도시에서 비롯되어 변화하여 온 것인데, 그리스는 원래 매우 작은 도시국가이므로 그리스 인민이 도시와 국가의 구별을 알지 못하기에 국가 성질을 연구하는 학문이라 칭하면서 정치학이 되었다.[2]

(1) 정치학의 기초 : 앞에 열거한 각종 과학이 모두 정치학의 기초를 구성하는 것이므로 이제 아래와 같이 해석한다.

1) 정치학을 연구하고자 한다면 지리학에 반드시 근거해야 하니 토지와 천연력이 그 국가에 영향을 미치는 것이 심대하기 때문이다. 지리학이라는 것은 인류와 천연력의 관계를 연구하는 과학인 까닭이다. 예를 들면 평원의 국가는 중앙집권이 항상 쉽게 이루어지고, 산지의 국가는 자치발달이 항상 쉽게 이루어지는 경우가 그것이다.

2) 정치학을 연구하고자 한다면 인류학에 반드시 근거해야 하니 인류학이란 것은 인류의 정신과 신체의 두 원질(原質), 기후, 인종, 교화 등이 서로 영향을 주는 감응과 그 성질, 작용의 발달과 연혁이 어떠한 지를 연구하기 때문이다. 또 인류가 서로 화합하여 한 국민을 이루는 차례와 사실을 연구하는 것이다.

3) 공공심과 애국심 그리고 이기심이 서로 인류와 큰 관계가 있으니 혹 그 구체제를 유지하며 그 신체제로 변경하는 각종의 현상이 모두 여기서 근거한다. 그러므로 정치학도 부득이 심리학에 근거하니 심리학은 인류의 정신 및 그 성질과 작용을 연구하기 위한 한 과학이 되었다. 실제로 국가를 구성하는 관계에서 모든 국민들이 각기 독립과 공공의 정신을 가지는 것이 가장 중요하다.

4) 민족의 발달은 자주 국가 조직의 기초가 되므로 정치학 연구에 인종학을 참조할 수밖에 없으니 인종학은 인류 가운데 종족의 구별과 그 기원 및 특별한 차이를 연구하여 한 과학을 이룬 것이다. 인종학이 정치학과 밀접하게 관계되는 두 가지가 있으니 하나는 그 민족이 국가를 조직함에 기초가 될 수 있다면 곧 민족으로 정치학을 연구하는 단위를 삼는 것이고, 둘은 그 민족이 국가를 조직함에 기초가 될 수 없다면 그

2 이 부분은 정치학의 어원을 설명하고 있다. 그리스어로 도시를 뜻하는 'polis'를 연구하는 학문이라는 의미에서 정치학, 'politics'가 유래했다고 한다.

국가에 속한 종족들의 구별을 연구하는 것이 더욱 중요하다.

5) 정치학은 인류의 자생(資生)에 관계되는 여러 과학들을 모두 연구해야만 한다. 법리학, 경제학, 윤리학 등은 모두 인류의 자생과 통일을 위한 지식이 되며 정치학도 역시 이를 위한 것이기에 정치학의 연구는 반드시 이런 과학들에 근거해야만 한다.

6) 정치학은 인류의 조직에 관계되는 과학을 반드시 참고해야 하니, 국가의 안에는 하나의 무리만 있는 것이 아니다. 그 가운데 가족과 계급, 지방단체의 집합이 있어서 사업으로 무리를 이루고 종지(宗旨)를 위해 무리를 이루는 일이 있을 수밖에 없으니, 이런 각각의 집합들이 모두 국가와 공동으로 생존하며 이익과 손해를 동시에 미친다. 서구 국가들의 교회가 그 국가에 대하여 오만하게 독립의 형세를 취하나 모두 정치학과 밀접한 관계가 있는 것이다.

(13호, 42~44면)

지방자치제도론

윤효정

인민에게 자치정신이 있은 다음에야 가히 국가의 독립과 실력을 기를 수 있으니, 국가에 자치제도가 있고 인민이 자치정신을 발함은 국가 독립의 기본이라고 말할 것이다.

"백성은 따르게 할 수는 있지만 알게 할 수는 없다"[1]라는 것은 전제적인 시대에 적합한 말이요, 세계가 서로 통하여 생존을 경쟁하는 현대에 이런 유치한 시대의 정치 방법으로 사물을 논할 수는 없다. 또 "군자는 세상과 더불어 능히 그 추세를 같이 한다"[2]라고 하는 것은 시의에 적응함을 보여주는 말이다.

현대 세계의 문명은 어느 나라를 막론하고 지방자치제도를 말하고 있으니, 소위 자치구역은 독립체의 조직으로써 각기 한 구역을 통치하

1 원문은 "民可使由之, 不可使知之"로 『논어』 「태백(泰伯)」에 나온다.
2 원문은 "君子가 能如世推移"로 굴원(屈原)의 「어부(漁父)」에 "聖人 …… 能如世推移"라는 구절이 있다.

는 것이다. 그러나 그 구역은 원래 국가의 일부분으로 국가 통치하에서 그 권리를 행하며 그 의무를 지는 것이니, 국가는 정당한 법률로써 항상 이를 감독할 주권이 있다.

대개 나라 안의 백성들이 각기 자치하는 단체를 이루고 정부가 이를 통일하여 그 국정의 중심을 잡는 것은 국가의 기초를 공고히 하고자 함이다. 그러니 지방의 구역으로써 자치의 기구를 만들어 그 구역 내의 이해관계를 부담하게 함이 옳다.

무릇 개인들이 모인 것은 마을이요, 마을이 모인 것은 면(面)이요, 면들이 모인 것은 군(郡)이요, 군들이 모인 것은 도(道)이며, 도가 모인 것은 곧 한 나라이다. 각기 적당한 구역에서 자치 제도를 세워 성 안에서의 공동 사무를 스스로 맡을 뿐 아니라, 전국의 통치에 필요하여 정부가 스스로 행하여 처리할 것을 제외하고는 일반 행정에 속한 사무도 지방자치체가 분담하는 것이 좋다.

그러므로 한 마을의 힘으로 감당할 수 없는 것은 한 면에 맡기고, 면의 힘으로 감당할 수 없는 것은 군에 맡기고, 군의 힘으로 감당할 수 없는 것은 도에 맡기고, 사무의 성질이 각 도에 통하게 하여 행할 것은 나라에 맡긴다. 정부의 사무를 지방에 나누어 맡겨 인민에게 참여하게 함은 정부의 번잡함을 생략해주며 인민의 본무를 부담하게 하는 것이다.

그러니 정부는 정치의 대강(大綱)을 잡고 방침을 내려서 국가를 통치하는 실제를 얻고, 인민은 자치의 책임을 다하여 온전히 지방의 공익을 계획하고 도모하는 생각을 일으켜야 한다. 대개 인민이 참정하는 사상이 발달함에 따라 이를 활용하여 지방의 공사(公私) 업무를 연습하게 하며, 정책 시행의 요령을 깨닫게 하여 국사(國事)를 맡는 실력을 양성한다. 그리고 입헌대의(立憲代議) 제도를 수행하여 국가 만 년의 기초를 세움은 문명국에서 제도가 진보하는 순서라 한다.

대개 한 마을 사람들이 그 마을을 자기 자신처럼 보고, 한 면의 사람들이 그 면을 자기 자신처럼 보고, 한 군의 사람들이 그 군을 자기 자신처럼 보고, 한 도, 한 나라의 사람들이 그 도와 나라를 또한 자기 자신처럼 보게 되면, 마침내 건전하게 독립하는 국가를 조성한다. 군민일체(君民一體)와 상하일심(上下一心)을 얻으리니, 이때 국권의 확장과 국력의 부강을 가히 기약할 수 있을 것이다. 그러므로 분권주의에 의해 행정사무를 지방에 분임하여 국민으로 하여금 공공의 사무를 지게하고 자치의 실질을 완전하게 하지 않으면 안 된다.

또 지방자치체는 그 인민으로 하여금 그 직무를 스스로 처리하게 함이 필수다. 인민은 수다하니 지혜롭고 어리석고 현명하고 불초한 자들이 섞여있어 차례대로 교대할 수는 없다. 선거법을 만들어 지방에 명망이 있는 이들에게 직무를 맡게 하고, 지위를 높게 하고 대우를 잘해주며 권태로운 마음이 들지 않게 하여야 책임의 중대함을 인식할 것이니 참정의 명예를 알게 함이 필수이다.

무릇 "백성은 나라의 근본이니 근본이 굳어야 나라가 안녕하다"[3]고 함은 옛 성인이 창도하신 바이다. 그러나 수천 년래에 그 실행을 얻지 못하였으므로 동방에 쇠운이 닥쳐오고 구미 각국은 먼저 이 주의를 실행하여 선진 문명국의 지위에 우뚝 서게 되었다. 이른바 뿌리를 튼튼하게 하는 방법은 자치제도에 있으니 깊이 살펴봐야 하지 않겠는가. 하루 이틀 만에 그 군주에게 어진 정치와 융성한 다스림을 간절히 바란다는 것은 현대의 인민이 취할 계책이 아니다. 국가에는 반드시 국민이 부담해야 옳다는 큰 주의에 기초하여 시대에 적응하는 국정을 시행하고 자치의 정신을 흥하게 하여, 국가와 사직의 태평을 도모하고 그 임금을 요순으로 만들지 않으면 안 되는 것이다.

지금 지방자치제도가 시대에 적합한 제도라고 말하였는데, 선진 문명국의 자치제도를 상세히 설명하여 독자 여러분의 참고에 도움이 되게 할 필요가 있고 또 우리나라의 자치제도는 먼저 일본을 참고할 필요

---

3 원문은 "民維邦本 本固邦寧"으로 『서경(書經)』「하서(夏書)·오자지가(五子之歌)」에 나온다.

가 있다. 본회 고문인 일본의 명사(名士) 오가키 다케오 씨는 정치, 법률 등의 학문적 이치에 정통할 뿐 아니라 일본 유신 이래 40년간의 일을 모두 경험하여 익숙하다. 일본의 자치제도는 이 분의 강연을 요청하여 다음 지면부터 바로 이어서 연재할 것이다.

대개 자주 국가를 만들고자 한다면 먼저 자치하는 인민을 양성해야 하며, 자치하는 인민을 양성하려 하면 자치하는 제도를 연구하지 않을 수 없으니, 자치와 자주는 곧 자강의 실제 정신이다. 애독자 여러분께서는 이를 국가를 소생시킬 약으로 알아주시길 마음깊이 축원하는 바이다.

(4호, 17~21면)

일본의 자치제도

오가키 다케오

문명국의 자치제도를 설명하려면 먼저 구미 여러 나라의 사례를 들어 보는 것이 좋다. 그러나 인정과 풍속이 현격하게 다르고 땅이 멀리 떨어져 있는 구미의 지방제도를 설명하는 것보다는 동문동종(同文同種)으로 옛날부터 습관과 풍속이 큰 차이가 없는 이웃나라 일본의 지방제도를 자세하게 설명하는 것이 이해하기 편리한 점이 많다고 생각한다. 이에 일본의 자치제도를 설명하려고 하는데, 일본의 자치제도는 구미 여러 나라의 지방제도를 참조하고 자국의 습관과 인정을 헤아려 정한 것이다. 그래서 각국과 비교해서 비교적 완전하다는 세상의 평가가 있으니 먼저 일본의 자치제도에 정통하면 구미 여러 나라의 지방제도는 이로 미루어 알 수 있을 것이다.

일본의 지방제도 중에 '촌(村)'이라 하거나 혹은 '정(町)'이라 하는 것은 가장 하급의 자치구역을 가리킨다. '정'은 오직 상공업에만 종사하는 구역을 지칭하고, '촌'은 오직 농어업에 종사하는 구역을 지칭하는데

'촌'과 '정' 사이에 어떤 등급이 있는 것은 아니다.

대개 일본의 지방에 산재한 부락은 작으면 4, 50호요 크면 170, 180호가 통상적이고, 간간이 1천 호나 2천 호의 작은 도회(都會)가 있다. 이 작은 도회는 상공업을 위주로 하여 인가가 모여 있는 곳인데 이를 '정'이라 하고 정제(町制)를 시행한다. 농업과 어업을 위주로 하는 부락은 3개 내지 4개소를 합하여 '촌'이라 이름하고 촌제(村制)를 시행한다. 군(郡)은 예전 관습에 기초한 것이 많아서 큰 강이나 산악을 경계로 하고 그 구역 내의 '촌'과 '정'을 관할하는데 큰 군은 25, 26개 '촌'과 7, 8개 '정'을 병합하고, 작은 군은 17, 18개의 '촌'과 4, 5개의 '정'을 병합하여 한 구역을 이루어 군제(郡制)를 시행한다. '시(市)'는 옛날 제후의 성지(城地)나 또는 개항지 등의 중간 규모 도회를 군의 구역 밖에 별도로 두고 시행하는 것이다. '시'가 '군'과 다른 점은 오로지 상업만 영위하는 번화한 시가지라는 점이니, 이른바 '정'보다 큰 것을 '시'라고 일컫는다.

'현(縣)'은 옛날 제후의 영지(領地)를 한 구역으로 하는 경우가 많다. 큰 현은 두 개의 시와 15, 16개의 군을 관할하고, 작은 현은 한 개의 시와 8, 9개의 군을 관할하며, 도쿄, 교토와 오사카의 3대 도회에는 부(府)의 제도를 시행하여 부근의 각 군을 병합하니 이른바 일본의 "삼부(三府)"[1]라 일컫는 것이다. 그러므로 일본의 지방제도는 부현제(府縣制)와 시군제(市郡制)와 정촌제(町村制)의 세 등급이 있음을 알 수 있다.

국(國)–부현(府縣)–시군(市郡)–정촌(町村)

그러므로 나라에 국회【중의원(衆議院)을 가리킨다】가 있고, 부(府)에 부회(府會)가 있고 현(縣)에 현회(縣會)가 있고 군(郡)에 군회(郡會)가 있고 정(町)에 정회(町會)가 있고, 촌(村)에 촌회(村會)가 있다. 각 회가 모두 그 인민의 대표자들로 조직되고 대표자는 선거법을 준용하여 인정과 청탁을 불허하

1 현재 도쿄는 도(都)로 행정단위가 다르다. 이외에 홋카이도[北海道]도 도(道)인데 다른 단위이다. 일본 행정단위를 총괄해 도도부현(都道府縣)이라 이른다.

니, 이른바 적절한 인재가 배치되어 공공의 이익을 도모함을 목적으로 정하여 인재를 쓸 때에는 문벌을 가리지 않는다. 이상에서 계급의 계통과 지자체의 명칭을 들어 보였으니 아래에서 차례대로 이를 자세하게 설명한다.

정촌제(町村制)

정(町)과 촌(村)은 자치(自治)하는 하나의 단위가 된다. 법률상으로는 이것을 하나의 개체로 보고 상위 단위에 대해 권리를 가지고 있으며, 또한 의무를 진다. 대개 촌과 정의 공적인 사무는 관의 감독만 받을 뿐 자체적으로 처리한다. 정과 촌에 거주하는 자는 모두 주민이라 부르고 이 주민은 정과 촌의 공공시설과 재산을 사용하는 권리가 있다. 또 정과 촌의 사무를 담당하고 분담하는 의무가 있다. 그러나 주민과 공민(公民)의 구별이 있다. 공민은 정과 촌의 선거에 참여하여 투표를 행하며, 정과 촌의 공직에 선출될 수 있는 권리도 가지고 있다. 또한 공직을 담임하는 의무도 있다. 그러나 주민은 이 권리와 의무가 없다.

무엇 때문에 공민과 주민의 구별을 세웠는가. 독립남자가 2년 이상 정과 촌의 주민이 되어 그 정과 촌의 부담을 나누어 맡아서 그 안에서 지조(地租)를 내는 자, 땅을 소유한 것이 없어서 지조는 내지 못해도 직업상 연간 납세액 2원 이상을 내는 자는 정과 촌의 공민이라 부르고 이 자격을 갖추지 못한 사람은 다만 주민이라고 부르고 권리와 의무를 행할 수 없다. 소위 독립남자라는 것은 만 25세 이상으로 1호를 구성하고 금치산(禁治産)의 처분을 받지 않은 자를 말한다.

대체로 공권력을 행하며 공직을 맡은 신분에는 이 자격이 필요하다는 것은 공공의 사무를 중요하게 여기기 때문이며, 주민과 공민의 구별을 둔 이유도 전적으로 여기에 있는 것이다. 그러나 어떤 인재가 다른 곳으로부터 온다 하더라도 거주기간 2년을 채우지 못하여 공민의 자격이 없어서 공직 선거에 나설 수 없는 것은 실리로 보면 불편하기에 특례를 두어 그 불편을 없앤다. 곧 정과 촌의 정회(町會)의 결의로써 2년의 제한을 특별히 면제할 수 있는 것이 이것이다. 그러므로 중망(衆望)이 있는 인재는 촌에 거주한 것이 2년에 달하지 못해도 정회와 촌회의 결의로써 제한을 특별히 면제받고 공직 선거에 나서는 것이다.

자체제도의 본뜻은 국가 분권(分權)의 주의를 실행하고 인민 자주(自主)의 본분을 발휘하여 건전한 나라를 조직하는 것에 있다. 국가가 인민의 권리를 중시하는 대신 인민도 국가에 대해 의무를 중시하지 않는 것은 불가하다. 그러므로 정과 촌의 공민으로 공직에 선출된 사람은 그 직무를 거절할 수 없다. 또한 임기중 퇴직할 수 없다는 규정을 두되, 다만 다음과 같은 이유가 있는 사람은 사직이나 퇴직이 가능하고 그 나머지는 일절 불허한다.

1. 질병이 심하여 공무를 감당할 수 없는 자.
1. 생업을 위해 평상시 그 정이나 촌 안에 부재한 자.
1. 나이가 만 60세 이상인 자.
1. 관직으로 인해 정이나 촌의 공무를 볼 수 없는 자.
1. 4년간 무급【급료는 월급제이다】으로 정과 촌의 관리 직책을 맡고 이후 4년 휴식을 경과하지 않은 자와 6년간 정촌 의회원의 직무에 근무하고 이후 6년 휴식을 경과하지 않은 자.

기타 정촌 회의의 결의로 정당한 이유가 있음을 인정하는 자.

만일 열거한 조목에 없는데 공직을 거절하거나 또는 임기중 퇴직하거나, 또는 그 직무를 실제 집행하지 않은 자는 정촌회의 결의로써 3년 이상 6년 이하의 기간에 그 정촌 공민의 권리를 정지하고 또 본인이 부담한 정촌비의 8분의 1 이하 4분의 1 이상을 때마다 증액하여 부과하는 처분을 반드시 받게 된다. 이와 같이 하지 않으면 사람들마다 공직을 맡는 것을 피하여 중망(衆望)이 있는 인재로 하여금 정과 촌의 사무를 처리하게 할 수 없다. 그러므로 인민이 되어 공직에 선출된 자는 국가에 대한 의무로 그 임무에 복무하지 않을 수 없는 것은 장정이 병역에 징발되어 복종하는 것과 원칙이 같다. 국민 된 자가 그 노고로써 국가에 복무함을 본래의 의무로 인정하는 까닭이다. 다음 호에는 정촌회의 조직, 선거법에 대한 설명으로부터 점차 의미가 있는 문제에 들어가는 것을 옛사람이 사탕수수를 씹는 것과 같게 하려 한다.

(4호, 21~26면)

정촌(町村) 및 그 구역이 어떠한가와 정촌(町村)의 주민(住民), 공민(公民) 및 그 권리와 의무가 무엇인가는 전호에 이미 그 대강을 강술했다. 다시 정촌회(町村會)의 조직 및 선거에 대해 설명하겠다.

정(町)에 정회(町會)가 있고 촌(村)에 촌회(村會)가 있어서 인민의 대표기관을 설치하며, 정촌회 의원은 그 정촌의 선거인이 피선거권이 있는 사람들 가운데 정한 인원수를 투표 선거한다. 정촌의 공민은 모두 선거권이 있으므로 선거인이 되며, 또 피선거권도 있으므로 피선거인도 된다. 바꿔 말하면 정촌의 공민은 그 공민 중에서 적당하다고 인정하는 인물을 의원에 선거하되, 단 공민 중에서 공민권을 정지시킨 자와 육해군의 현역에 복무하는 자는 그 기간 중에는 공민권을 행사할 수 없기 때문에 선거권도 없고 피선거권도 없다.

선거란 자치의 본뜻에 기초하여 정촌 전체의 대표자를 정하는 것이다. 곧 대변자가 논의하여 정한 것은 정촌 인민이 각자 의논하여 정한 것과 동등한 것이라 이해관계가 가장 밀접하다. 선거인은 마땅한 인재를 투표하여 선거할 때 충분히 주의하지 않을 수 없으니 만일 부적당한 인물을 잘못 선출하여 자기의 불이익을 초래하더라도 이것은 이른바 스스로 만들고 키운 일이니 누구를 탓하겠는가. 이와 같은 경우에는 다만 다음번의 선거를 신중하게 살펴 알맞은 인재를 선거하기를 바랄 뿐이다. 의원의 정원은 그 정촌의 인구수에 준하여 아래 나열한 비례로써 정하는 것으로 한다.

인구 1,500인 미만인 정촌에서는 의원 8인
인구 1,500인 이상 5천 인 미만인 정촌에서는 의원 12인
인구 5천 인 이상 1만 인 미만인 정촌에서는 의원 18인
인구 1만 인 이상 2만 인 미만인 정촌에서는 의원 24인
인구 2만 인 이상의 정촌에서는 의원 30인

이와 같이 규정하는 것을 보고 일본의 정촌을 아주 큰 줄로 알겠지만 대개 정촌은 최하급의 자치체이다. 이웃의 단결은 관습에 따르고 지방 공동의 이익을 발달하게 하는 필요에 기초하여 조직한 것이니 그 구역이 너무 크면 민심의 이반과 이해의 충돌이 생길 것이다. 그러므로 당초 정촌제를 시행할 때 호수(戶數)가 대략 3백 내지 5백 사이에 있는 정도로 하여 자치체를 조직한 것이다. 인구 5천 이상에서 수만 인에 이르는 규정은 정(町)의 제도에만 필요할 뿐이고 촌(村)의 제도에는 실례가 거의 없다. 그 사례를 외국에 비교해보면 최하급 자치체의 평균 인구수는 영국이 2천여 인이고, 프랑스가 1천여 인이고, 프러시아는 6백여 인에 불과한데 일본은 3천여 인이니 이른바 평균 인구수는 전국 정촌 수로써 전국 인구 총수를 제하여 얻은 인원수를 가리키는 것이다.

모두 공민이되 정촌회 의원이 될 수 없는 자는 아래와 같다. 단, 선거권을 행사하는 것은 무방하다.

1. 소속 부현군(府縣郡)의 관리
2. 급료를 받는 정촌의 관원
3. 검찰관 및 경찰관리
4. 신관(神官), 승려 및 여러 종교의 지도자
5. 소학교 교원

이외 관리로서 정촌회 의원에 당선하여 이를 응낙하려면 소속 장관의 허가를 먼저 얻기로 규정한다. 또 변호사가 아니면서 다른 사람을 위하여 재판소나 그 밖의 관청에 대하여 일을 보아주는 영업을 하는 자는 정촌회 의원에 선출될 수 없고, 부자형제가 동시에 정촌회 의원이 될 수 없다. 만일 동시에 선출될 때는 투표수에 따라 표를 많이 얻은 자한 사람만 당선되고, 표수가 같으면 나이 많은 자가 당선된다. 또 정촌의 장이나 조역(助役; 공무원)의 부자형제인 자가 동시에 정촌회 의원이 될 수 없으니, 만일 의원이 된 자의 부자형제되는 자가 정촌의 장이나 조역에 당선되어 인가를 받아 그 취임을 확정한 때는 그 친속인 의원이 곧바로 퇴직한다.

정촌의 일을 다스리는 정촌의 장이나 조역과 부자형제인 사람을 의원으로 선출하지 않는 것은 그 사이에 정실이 몰래 행해지는 것을 예방하기 위해서이며, 관리나 교사 등이 의원이 될 수 없는 것은 인민의 자유의사를 보호하는 법률 취지에 기초한 것이다.

대개 자손의 교육을 맡은 소학교 교원이나 또는 신관(神官), 승려(僧侶) 및 여러 종교 지도자 등 평상시 인민의 정신을 지도하는 자를 의원이 되게 할 때는 선거인의 자유의사를 표시할 수 없어서 선거의 신성함을 보존하지 못할까 염려하는 것이다. 또 상급 관아의 관리는 감독하는 지위에 있어서 각종의 관계가 있으니 자기가 거주하는 곳의 정촌회 의원이 될 수 없는 것은 적당한 규정이라 한다.

(5호, 15~18면)

제도에 대한 강의와 법률의 해석은 논쟁거리나 흥미거리가 없으므로 극히 무미건조하여 자연히 독자 여러분의 권태를 불러올까 두렵다. 그러나 최근 전해들은 데 따르면 한국정부의 조사위원회에서 내년 봄까지 자치제도의 실시가 가능한지 여부를 연구하기로 내정하였다고 한다. 그러니 이즈음에 일본의 자치제도를 강술하여 관민 여러분이 참고하는 데 이바지하는 것은 시기가 매우 적절하다고 믿는다. 내가 비록 명민하지 못하나 정치와 법률에 관해서는 평소에 전공한 바가 있어, 감히 남에게 뒤지지 않는다고 자신하니 여러분께서는 잘 읽고 음미하시기를 바란다.

앞의 연재에서는 정촌회의 조직 및 의원 선거를 설명하였다. 의원 선거는 정촌 대표자를 정하는 것이다. 의원의 좋고 나쁨은 정촌의 이해득실에 관계되므로 용의주도하지 않을 수 없고, 또 그 의원에 관한 규정도 가장 완비해야 할 필요가 있다. 일본에서는 정촌회 의원의 임기를 6년으로 하고, 3년마다 그 반수를 다시 선출하되 의원수를 반분하기 어려울 때는 처음 뽑힌 인원을 절반에서 반올림하여 해임하게 한다. 가령 25인의 의원수라면 그 13인을 해임하는 것이다. 그 해임자는 추첨으로 정하며, 다만 퇴임한 의원이라도 재선은 무방하다. 만일 의원 가운데 사망이나 사직 등으로 결원이 생길 때는 매 3년 정기적으로 다시 선출할 때에 이르러 동시에 보궐 선거를 행하는 것이 정상적인 규칙이다. 그러나 만일 의원 중 3분의 1 이상 결원이 있을 때, 또는 정촌회나 정촌 장이나 군장이 임시 보궐을 필요로 인정할 때는 정한 기한 전이라도 그 보궐선거를 시행하며, 보궐의원은 전임자의 잔여 임기 동안만 재직하는 것으로 한다.

정촌장은 선거를 시행할 때마다 그 선거 전 60일을 기한으로 선거 원부를 만들어 각 선거인의 자격을 기재하고, 또 원부에 근거하여 다시 선거인명부를 만들되, 선거인명부는 7일을 기한으로 정촌 사무소에서 관계가 있는 자에게 열람하게 하는 것이 평상시의 규칙이라 한다. 만일 관계자가 그 선거인명부 가운데 선거인의 자격이 없는 자를 기재한 것을 발견하든지, 또는 자격이 있는 자를 탈락한 것을 발견한 때는 그 기한 내에 정촌장에게 신고할 수 있다. 이 신고를 소원(訴願)이라고 부르며, 그 수정할 수 있는 것은 선거 전 10일을 기한으로 하여 이를 수정하여 확정한 명부를 만들고 이 명부에 등록되지 않은 사람은 어떤 사람이라도 선거에 관계할 수 없다. 선거를 집행할 때는 정촌장이 선거의 장소와 일시를 정하고 선거할 의원수를 병기하여 선거 7일 전에 공고하되, 공고하는 법은 정촌장 사무소 앞에 게시한다.

정촌장이나 그 대리자는 선거주임이 되고, 따로 선거인 가운데 2명이나 혹은 4명을 선임하여 보좌하게 한다. 이를 선거계(選擧係)라고 부르며, 선거가 개시된 동안에는 선거인 외에는 어떤 사람이라도 선거회장에 함부로 들어갈 수 없다. 선거회장에서는 선거인이 서로 협의하거나 또는 권유하는 것을 불허한다. 선거계장은 그 회장의 단속을 맡기 때문에 그것을 법을 어기는 행위를 감시한다.

선거는 모두 투표로써 행하되, 투표지에는 피선거인의 성명만 기재하고 봉하여 선거인이 선거계장의 앞에 직접 제출하고 자기의 성명주소를 신고하면 계장은 선거인명부에 대조하여 이를 받고 봉한 대로 투표함에 투입한다. 투표함은 각 사람이 투표를 모두 마칠 때까지 함부로 열 수 없다. 만일 투표지에 기재한 인원이 선거할 의원의 정원을 초과하거나 또는 부족하더라도 그 투표는 무효로 하지 않고 그 정원을 초과한 것은 끄트머리에 기재한 인명을 순서대로 제거하는 것으로 그친다. 다만 아래 투표는 무효로 한다.

1. 인명을 기재하지 않거나 기재한 인명이 어떤 사람인지 읽기 어려운 것.
2. 피선거인이 어떤 사람인지 확인하기 어려운 것.
3. 선거권이 없는 인명을 기재한 것.
4. 피선거인 성명 외에 다른 일을 기입한 것.

투표지에 피선거인의 성명만 기재하고 선거인의 성명을 기재하지 않는 것을 무기명투표라 부른다. 현재 무기명투표를 채용하는 것은 선거인의 자유의사를 보호하기 위해서이다. 만일 기명투표를 채용하면 누가 누구를 투표했는지 쉽게 알기 때문에 이해관계로부터 나의 의사를 굽혀 부적당하다고 생각한 인물에게도 투표하는 경우가 없지 않을 것이다. 또는 어떤 사람이 나의 청탁을 받아들이지 않았다고 하여 사사로운 원한을 품어 정촌 주민의 화합에 영향을 미친다. 무기명투표를 채용하여 누가 누구에게 투표했는지 알 수 없게 할 때 선거인이 자유의사로 그 적당하다고 생각하는 인물을 투표할 수 있기 때문에 무기명투표는 선거의 신성함을 보존하기에 가장 좋다.

의원의 선거에서 유효투표의 다수를 얻은 자를 당선이라 한다. 투표수가 서로 같은 자는 연장자를 뽑고, 나이가 같은 자는 선거계장이 추첨으로 그 순서를 정한다. 선거인이 만일 그 선거에 관하여 소원(訴願)이 있으면 선거일로부터 7일 이내에 정촌장에게 신고하고, 군장(郡長)이 선거의 효력에 관하여 이의가 있을 때는 소원의 유무에 구애받지 않고 군(郡)의 참사회(參事會; 협의회)에 논의를 부쳐 처분을 행할 수 있다. 또 선거가 그 규정에 위반한 사항이 있을 때는 그 선거를 취소하고 피선거인 가운데 그 자격 요건을 갖추지 못한 자가 있을 때는 그 사람의 선거를 취소하고, 다시 선거를 실시한다. 당선자 중 그 자격 요건을 갖추지 못한 자가 있는 것을 발견하거나 또는 당선자가 취임한 뒤에 그 자격 요건을 상실한 자가 있을 때는 그 사람의 당선은 곧바로 효력을 잃는 것이다. 그 요건의 가부는 정촌회에서 의결한다.

(6호, 31~35면)

이번 연재는 정촌회의 직무 권한 및 처리 규정을 강술할 것이다. 정(町)에 정회가 있고, 촌(村)에 촌회가 있어서 인민의 대표기관을 구성하고, 양회가 같은 권한 규정을 통용하기 때문에 정촌회라고 칭하는 것이다. 정촌회는 그 정촌을 대표하여 이 법률에 준거하고 정촌의 모든 사건을 의결하는 것이니, 그 개괄적인 항목을 제시하면 대략 아래와 같다.

1. 정촌의 조례(條例) 및 규칙을 두고 개정하는 모든 일

2. 정촌비(町村費)로 지출할 사업에 관한 일

3. 정촌의 세입세출 예산을 정하여 예산외 지출 및 예산을 초과하는 지출을 인정(認定)하는 일

4. 결산 보고를 인정하는 일

5. 법률칙령이 정한 것을 제외하고 사용료, 수수료, 정촌세(町村稅) 및 부역 현품의 부과징수에 대한 법을 정하는 일

6. 정촌 소유의 재산에 대한 매매, 교환, 양수, 양도, 질입(質入), 서입(書入) 등에 관한 일

7. 기본 재산의 처분에 관한 일

8. 세입세출에서 예산으로 정한 것을 제외하고 새로 정촌이 의무를 부담하거나 권리를 기각하는 등에 관한 일

9. 정촌이 소유한 재산 및 건축물의 관리 방법을 정하는 일

10. 정촌 관원의 신원보증금을 징수하고 그 금액을 정하는 일

11. 정촌에 관계된 소송 및 화해에 관한 일

이상 기록한 것은 정촌회에서 의결할 개괄적인 항목에 불과하니 자치의 본성상 정촌회의 직무 권한은 위에 열거한 조항에 그치지 않는다. 정촌 관원의 선거를 행하며, 또 정촌의 사무에 속한 서류 및 계산서를 검열하고 정촌장의 보고를 청구하여 사무의 관리와 의결의 시행 및 수입・지출의 잘잘못을 감사하는 권리를 가지고 있다. 또 정촌의 공익에 관한 사건에 대해서는 의견서를 감독관청에 제출할 수 있다. 상급관청의 자문이 있을 때, 또 정촌 주민과 공민의 권리 유무와 선거권 및 피선거권의 유무와 더불어 선거인명부의 정오(正誤)와 의원선거의 효력에 관한 소원(訴願)은 정촌회에서 이를 의결하되 만일 그 판결에 불복하는 자는 군참사회에 소원하고, 군참사회의 판결에 불복하는 자는 부현(府縣)참사회에 소원한다. 만일 부현【한국의 부(府)와 도(道)】참사회의 판

결에 불복하는 자는 행정재판소에 소원하는 일을 할 수 있다.

단, 소원이 있어도 재판을 확정하기까지는 집행정지할 수 없다. 의원은 선거인의 투표를 얻어 당선한 자라도 선거인의 지시나 위촉을 받을 수 없고, 당선된 이상은 순전히 정촌의 대표자로 독립된 권리를 가지고 있는 것이라고 한다.

정촌회는 정촌장을 그 의장이라 하고, 만일 정촌장의 유고(有故)시에는 정촌 부의장이 의장을 대변한다. 회의의 사건이 의장 자신 및 그 부모형제나 처자의 신상에 관한 일이 있을 때는 부의장이 의장을 대신하고, 의장과 부의장이 모두 유고할 때는 정촌회는 연장자로 의장을 삼는다. 정촌회는 회의가 필요하니 매번 의장이 이를 소집하고 만일 의원 4분의 1 이상의 청구가 있을 때는 반드시 이를 소집한다. 회의는 통상 1일 전에 의원에게 통지하는 것이 상례지만 정촌회의 의결로 회의 날짜를 미리 정할 수 있다. 그러나 의원 반수 이상이 출석하지 않으면 의결할 수 없다. 다만 동일한 안건에 따른 소집일 경우에는 의원이 반수 미만이라도 의결할 수 있다. 의결은 가부의 다수에 따르는데, 의결한 가부의 수가 같은 때는 다시 의론에 부쳐 가결한다. 만일 다시 동수가 되는 때는 의장이 결정하는 바에 따른다.

의원은 자기 및 그 부모형제, 처자의 일신상에 관한 사건을 당해서는 정촌회의 의결에 참가할 수 없는데 출석을 피하는 것이 관례이다. 의원이 의석을 피하는 일 때문에 의원의 수가 감소하여 회의를 여는 정족수에 미치지 못할 경우에는 군참사회가 정촌회를 대신하여 의결한다.

정촌회에서 정촌 관원의 선거를 행할 때는 각각 익명투표로 하고, 유효투표의 과반수를 얻은 자가 없을 때는 최다수를 얻은 자들을 선발하여 이들을 대상으로 다시 투표하게 한다. 이 재투표에서도 오히려 과반수를 얻은 자가 없을 때는 추첨으로 당선을 정한다. 정촌회의 의결로써 지명 추천의 법을 써서 투표 선거의 번거로움을 줄일 수 있다. 의장은 회의를 정리하고 의사당의 질서를 보존하는 책임이 있기에 방청을 금지하거나 소란을 일으키는 자를 퇴장시킬 권리가 있다. 정촌회는 회의의 세칙을 두어 그 세칙을 위배하는 의원에게 부과할 과태료 2원 이하의 벌금을 부과할 수 있다.

다음은 정촌 행정에 관한 정촌 관원의 조직 선임을 강술할 것이다.

(8호, 31~34면)

이번 연재에서는 정촌의 행정을 강술하기에 앞서 정촌 관원을 조직하고 선임하는 일을 먼저 서술한다. 정촌에는 장 1인, 부정촌장[2] 1인을 두는 것을 평소의 법규로 하되, 다만 큰 정(町)과 큰 촌(村)에는 부정촌장의 정원을 증가할 수 있다. 정촌장과 부정촌장은 정촌회에서 그 정촌 공민 중에 연령 만30세 이상으로 선거권이 있는 자들을 선출하는데 정촌장과 부정촌장은 아래 자리를 겸직할 수 없다.

1. 소속 부현(府縣)의 관리
2. 급료를 받는 시(市)의 관원
3. 검사관 및 경찰관리
4. 신관(神官), 승려(僧侶) 및 여러 종교 지도자
5. 소학교 교원

정촌장 및 부정촌장의 겸직을 허용하지 않는 것은 위에 기록한 것에 한정하고, 군회의원, 부현회의원, 중의원 의원 등의 공직에 선출될 때는 겸직하여도 무방하나, 부자형제의 친연(親緣)이 있는 자는 동시에 정촌장 및 부정촌장의 직책에 있을 수 없다. 만일 부자형제의 친연이 있는 자가 부정촌장으로 선출되었을 때는 그 당선을 취소하고, 부정촌장이 이미 재직하고 있는데 정촌장이 뒤에 당선되어 인가를 얻은 때는 그

2 부정촌장의 원어는 조역(助役)이다.

친연이 있는 부정촌장은 반드시 그 직책을 사퇴하는 것으로 규정한다.

정촌장 및 부정촌장의 임기는 4년간으로 하고, 그 선거법은 정촌회에서 1인 1표의 익명투표로 행하여 유효투표가 출석 의원의 과반수이면 당선으로 한다. 만일 과반수를 얻은 자가 없을 때는 최다수를 얻은 자 2명을 뽑아 그 2명에게 재투표하게 하고 만일 재투표에도 과반수를 얻은 자가 없을 때는 군참사회가 이를 결정할 수 있다. 정촌장과 부정촌장은 명예직이나 직무를 이행하기 위하여 필요로 하는 실비를 받는 외에 그 근무에 해당하는 보수를 받을 수 있다.

정촌의 정황에 따라 해당 정촌의 공민으로 제한받지 않을 수 있으니 가령 다른 정촌의 공민인 자가 유급으로 이 정촌의 정촌장 및 부정촌장이 될 수 있다. 이 경우에는 정촌장과 부정촌장은 해당 정촌의 공민권을 얻을 수 있다. 급료를 받은 정촌장과 부정촌장은 3개월 전에 신고하면 수시로 퇴직할 수 있으나 그 때는 퇴직금을 받을 권리를 상실한다. 급료를 받는 정촌장과 부정촌장은 다른 급료가 있는 직무를 겸임하거나 또는 주식회사의 사장 및 중역이 될 수 없고 그 나머지 영업은 군장(郡長)의 인가를 얻은 연후에 할 수 있다.

정촌장 및 부정촌장의 선거는 부현(府縣) 지사의 인가를 받는 것을 평상의 법규로 한다. 만일 지사가 인가하지 않을 때는 부현참사회의 의견을 요청하여 듣는다. 참사회와 지사의 의견에 동일하지 않아서 지사가 인가하지 않을 때는 지사의 책임으로 인가하지 않을 수 있다. 부현의 지사가 인가하지 않은 것에 대하여 정촌장이나 또는 정촌회에서 불복할 이유가 있다면 내무대신에게 신고하여 인가를 청할 수 있다.

정촌장 및 부정촌장의 선거 결과에서 그 인가를 받지 못할 경우는 재선거를 행하고 재선거를 하여도 다시 인가를 받지 못한 때는 또 선거를 행한다. 인가를 얻기에 이르는 기간에 인가권이 있는 감독관청은 임시대리자를 선임하고, 또 정촌비로써 관리를 파견하여 정촌장 및 부정촌장의 직무를 관장하게 한다.

정촌에 수입역(收入役)이라고 부르며 회계 일체를 전담하는 자 1명을 둔다. 수입역은 정촌장의 추천에 의하여 정촌회가 이를 선임한다. 급료가 있는 관원으로 그 임기를 4개년으로 하며 군장의 인가를 받아야 한다. 만일 군장이 인가할 수 없을 때는 군참사회의 의견을 요청하여 듣는다. 참사회와 군장의 의견이 동일하지 않아 군장이 인가하지 않는 경우에는 군장이 책임지고 인가하지 않을 수 있다. 군장의 불인가에 대하여 정촌장이나 정촌회에서 불복할 이유가 있을 때는 부현지사에게 신고하여 인가를 청할 수도 있다. 수입과 지출이 적은 정촌이라면 군장의 허가를 받아 정촌장이나 부정촌장에게 수입역의 사무를 겸하게 할 수도 있다. 정촌의 서기와 그밖에 필요한 부속 직원 및 사환을 두고 해당 급료를 지급하되, 그 인원은 정촌회의 결의로 정한다. 정촌장에게 서기에 해당하는 급료를 주고 서기의 사무를 맡길 수도 있으며, 부속 직원은 정촌장의 추천에 따라 정촌회가 선임하고 사환은 정촌장이 자의로 임용한다.

만일 정촌의 구역이 광활하거나 인구가 조밀할 때는 일처리의 편의를 위하여 정촌회의 결의로 이를 몇 구역으로 나누어 각 구역마다 구장(區長) 및 대리자 1명을 둘 수 있다. 구역장 및 대리자는 명예직으로 하고, 정촌회가 그 정촌의 공민 가운데 선거권이 있는 자로 선출하며 구회를 둔 구에서는 그 구회에서 이를 선거한다. 정촌 관원은 임기를 다한 뒤에 재선될 수 있다. 서기, 부속 직원이나 사환은 별도의 규정이나 규약이 있는 경우를 제외하고 임시 해직할 수 있다.

(10호, 41~44면)

이번 연재에서는 정촌 관원의 직무 권한과 업무 처리 규정에 대하여 강술할 것이 있다. 정촌의 장은 그 정촌을 통괄하여 그 행정사무를 담임하는 자다. 그 담임하는 사무의 개괄적인 항목을 제시하면 아래와 같다.

정촌회의 회의를 준비하고 또 그 의결을 집행하는 일이다. 만일 정촌회의 의결이 그 권한을 넘어 법률 명령에 위배하는 일이 있거나 또는 공중의 이익을 해치는 것으로 인정될 때는 정촌장은 자기의 의견에 의하거나 또는 감독관청의 지휘에 따라 그 이유를 정촌회에 명시하여 의결의 집행을 정지한다. 이를 다시 논의하여 그 의결이 개정(改定)된 때는 군참사회의 결재를 청한다. 도쿄에 행정재판소가 있으니 일본전국의 행정상 최종 재판을 집행하는 곳이다. 군참사회의 상급에는 부현참사회가 있고, 부현참사회의 판결에 불복하는 자는 행정재판소에 소송을 낼 수 있다. 보통의 재판소는 민사(民事), 형사(刑事), 상사(商事)를 재판하는 곳이므로 행정상의 재판은 보통재판소에 소송을 낼 수 없고 반드시 행정재판소에 소송을 낸다.

정촌의 설치에 관련한 건축물을 관리하는 일이다. 이른바 건축물이란 새로운 숙어로 일본의 법률학자가 서구 용어를 번역하는 데 있어서 적당한 숙어가 없으므로 건축물이라 부른 것이다. 이는 정촌의 공유물인 수차(水車)와 과수원 등의 총칭이다. 건축물을 관리하는 자가 별도로 있을 경우는 정촌장은 오직 그 사무를 감독하는 데 그칠 뿐이다.

정촌의 세입을 관리를 세출입의 예산표와 기타 정촌회의 의결에 따라 정하여 수입・지출을 명령하고 회계와 출납을 감시하는 일이다.

정촌의 권리를 보호하고 정촌 소유의 재산을 관리하는 일이다.

정촌 관원 및 사환을 감독하고 징계 처분을 행하는 일이다. 단 그 징계 처분은 견책(譴責)과 5원 이하의 과태료로 한정하고 5원 이상은 불허한다.

정촌의 여러 증서 및 공문서류를 보관하는 일이 그것이다.

다른 정촌 다른 관공서 등의 외부에 대해서 정촌을 대표하고 정촌의 명의로 소송 및 화해에 관한 일을 담당하고 다른 관청 및 다른 지역의 인민과 상의하는 일이다.

법률 명령에 따르며, 또는 정촌회의 의결에 따라 사용료, 수수료, 정촌세와 부역 현품을 부과 징수하는 일이다.

이상 나열한 외에 법률, 명령, 또는 상급 기관의 지령에 따라 정촌장에게 위임하는 사무를 처리하는 일이 그것이다.

또 정촌장은 법률과 명령에 따라 아래 사무를 관리한다. 이 사무는 일반적으로 정촌장이 관장하는 것이 아니라 산간벽지의 경찰관서가 없는 곳과 연해 어촌에서 필요가 있는 정촌으로 한정한다.

1. 사법 경찰 보조관의 직무 및 법률 명령에 따라 그 관리에 속한 지방경찰의 사무

2. 포역장(浦役場)의 사무

이른바 포역장이라는 것은 일본의 속어인데 연해의 관청이 그것이다. 곧 내외국인 표류자를 구조하는 등의 사무이다.

이상 설명한 바에 따라 정촌장의 직무 등은 간단명료한 것이라 믿거니와 또 기타 관원에 대해 설명하면, 정촌장의 차석으로 부정촌장이 있다. 부정촌장은 정촌장의 사무를 보조하는 자다. 상세히 설명하면, 정촌장은 정촌회의 동의를 얻어 부정촌장으로 정촌 행정사무의 일부를 분담 관장하게 할 수 있다. 또 부정촌장은 정촌장의 유고시에 그 사무를 대리하며, 만일 부정촌장이 여러 명이 되는 큰 정촌에는 가장 상급인 자가 정촌장의 사무를 대리한다.

수입역은 정촌의 수입을 수령하고 그 비용의 지출을 관장하며, 기타 회계사무를 담당한다. 서기는 정촌장에게 속하여 서무를 분담한다. 또 여러 구역의 부락으로 성립한 정촌에는 구역마다 구장(區長) 및 그 대리자가 있다. 구장 및 대리자는 정촌장의 부속기관이 되어 그 지휘명령을 받고 구내에 관한 정촌장의 사무를 보조 집행하는 자이다.

정촌에 이르러서는 정촌 행정사무의 일부를 분담시키기거나 건축물

을 관리 감독하기 위해, 또는 일시의 위탁으로 기타의 위원을 둘 수 있다. 위원은 정촌회의 의결에 따라 임시 혹은 상설의 2종으로 하되, 정촌회 의원 및 정촌 공민 중에서 이를 선출한다. 그 직무 권한에 관해서는 정촌의 조례로써 규정을 둔다. 정촌의 제도에 대하여 해설하였으니 다음 연재에서는 정촌 관원의 급료에 관한 일을 강술하겠다.

(11호, 46~49면)

이번 연재에서는 정촌 임원의 급료 및 급여의 사항을 강술하고 함께 정촌 소유의 재산관리와 정촌세를 논할 것이다. 정촌의 임원은 봉급을 목적으로 삼아서 취직하는 자가 아니라 다만 선거에 의하여 중망(衆望)에 부응한 국민의 의무로서 취직하는 자이므로 명예직원이라 칭하여 일반 공중(公衆)의 존경을 받으니, 봉급으로서 고용된 자와 전혀 다르다.

단 직무를 집행하기 위하여 필요한 실비의 보상을 받는 일은 가능하다. 실비 보상액, 보수액, 서기료 등은 정촌회의 의결로 처리하고 또 임원의 의무에 맡긴다.

만일 다른 정촌으로부터 특별히 적당한 인사를 고용하여 정촌 임원에 취직하게 할 경우에는 유급임원이라고 부르므로 상당한 봉급을 지급하는 것이 보통이다. 이른바 유급 정촌장, 유급 부정촌장, 기타 유급 직원 및 사환의 급료는 정촌회의 의결로 이를 정한다. 정촌회의 의결로 정촌장 및 부정촌장의 급료를 정할 때는 군장(郡長)의 허가를 요한다. 만일 군장이 이를 허가하지 않을 때는 군참사회의 의결에 부쳐 이를 확정한다.

유급임원은 명예직과 같은 성격이 있어 의무로 취직하는 자가 있으니, 정촌은 따로 적당한 대우의 법칙을 둘 필요가 있으므로 그 은퇴하는 경우에는 재직중의 공로에 대하여 퇴직금을 지급할 수 있다. 정촌 조례의 규정으로 유급임원의 퇴직금을 설정할 수 있다. 그러나 퇴직금을 받는 자는 다시 다른 관직에 나가거나 또는 부(府), 현(縣), 시(市), 정(町), 촌(村) 및 공공조합의 직무에 나가 급료를 받을 때는 그 기간 중에는 퇴직금의 지급을 정지한다. 만일 유급임원 퇴직 후에 얻은 직무에 대하여 퇴직금을 받는 권한을 얻고 그 액수가 예전의 퇴직금과 동일 금액이상이 된다면 유급임원 퇴직금은 폐지한다.

다음으로 정촌 소유의 재산에 대하여 강술한다. 정촌은 부동산 및 적립금, 적립 곡식 등으로 기본 재산을 만들어 이를 관리하고 유지하는 의무가 있으며, 임시 수입금이나 곡식도 또한 기본재산에 더할 수 있다. 다만 기부금 등의 임시수입에 대하여 만일 기부자가 그 사용의 목적을 정하여 부여한 것은 기본재산에 더할 수 없다. 정촌 소유의 재산은 전 정촌을 위하여 관리하고 공용하는 것이라 결코 한 개인의 편리에 쓰는 것이 아니다. 그러나 예로부터 관행에 따라 정촌 주민 중 특히 그 정촌 소유의 토지물품을 사용하는 권리가 있는 자가 있을 경우에는 정촌회의 의결을 거치지 않고서는 그 관행을 고칠 수 없다.

만일 정촌 주민이 이에 그 정촌 소유의 토지물품을 사용하는 권리를 새로 얻고자 하는 자가 있을 때에는 정촌 조례의 규정에 따라 그 자에게 사용료와 혹은 일시적 가입금을 징수하고, 또는 사용료와 가입금을 함께 걷어 이를 허가할 수 있다. 다만 정촌회는 정촌을 위하여 필요한 경우 사용권의 허가를 부여하거나 제한할 수 있다.

정촌 재산의 매각, 대여 및 건축공사 물품 제조의 영업 청구서 등은 공료(公料)로 하는 것이 보통이다. 특히 한 개인의 명령으로 할 수 없다. 이른바 공료는 공중 영업자의 도급(都給)에 필요한 금액을 청원하게 하는 것이다. 이는 정촌이 소유한 이익으로 투표자의 청구(請求)를 명하는 것을 말한다.

그러나 임시의 긴급한 요구나 또는 청구서의 액수가 너무 적어 공료를 수수하는 노고를 충족하지 못하는 경우, 혹은 정촌회의 인허를 얻은 경우는 청원서를 시행하지 않고 한 개인에게 그 도급을 지명할 수 있다.

다음은 정촌세의 사항에 대하여 설명하겠다. 정촌은 그 필요한 지출을 부담하고 또 종전 법률과 명령에 의거해 부과하게 하고, 또는 장래의 법률과 명령에 의거해 부과하게 하여 지출을 부담하는 의무가 있다. 정촌은 그 재산으로부터 생기는 수입과 사용료 및 수수료와 과태료·과태금 그리고 기타 법률명령에 의거해 정촌에 속한 수입으로써 의무 지출에 충당한다. 만일 부족할 때는 정촌세 및 부역현품을 부과 징수할 수 있다. 정촌세로써 부과하는 일을 할 수 있는 세목은 국세, 부현세의 부가세와 직접 및 간접의 특별세가 그것이다.

부가세는 직접 국세 또는 부현세에 부가하여 균일한 세율로 정촌 전부로부터 징수하는 것이 상례이며, 특별세는 부가세 외에 정촌에만 한정된 별도의 세목에 따라 과세할 필요가 있을 때 이를 부과 징수하는 것이다.

이 정촌제의 법률에 규정한 조항 외에 사용료, 수수료, 특별세 및 종전의 정촌비에 관한 세칙은 정촌 조례로 이를 규정하고 그 조례에는 과태료 1원 95전 이하의 벌칙을 둘 수 있다. 과태료를 처분하고 이를 징수하는 것은 정촌장이 이것을 관장한다. 만일 그 처분에 불복하는 자에 대해서는 영장을 교부한 뒤 14일 이내에 사법재판소에 소송을 낼 수 있다. 정촌세는 그 정촌 내에 3개월 이상 체재한 자에 대해 징수하고, 정촌 내에 거주하지 않거나 또는 3개월 이상 체재하지 않은 자도 정촌 내에 토지가옥이 있거나 또는 영업을 하는 자는 모두 토지, 가옥, 영업이나 혹은 그 소득에 대해 부과하는 정촌세를 납부해야 한다. 단 아래의 물품은 정촌제에 면제한다.

정부와 부·현·군·시·정·촌 및 공공조합에 속해 공용으로 직접 제공되는 토지, 건축물 및 가옥

사찰 및 관립, 공립의 학교, 병원, 기타 학예미술 및 자선의 용도로 제공하는 토지, 건축물 및 가옥

관유의 산림, 또는 황무지. 단 관유산림 또는 황무지의 이익에 관한 사업을 일으켜 내무대신, 대장대신(大藏大臣; 재무대신)의 허가를 얻어 그 비용을 징수하는 것은 이 제한에 해당하지 않음

신개발지 및 개간지는 정촌 조례에 따라 정해진 연월일까지 면세할 수 있다.

(12호, 35~38면)

5부 ▌기타 기사

미국 농업의 흥왕 | 국조고사 | 잡록 | 해외기사 : 청나라 입헌 문제의 경과 | 아국 8대 수산업

미국 농업의 흥왕(興旺)

1905년 1년간 미국 각처의 농업에서 산출한 총액이 족히 세인의 이목을 놀라게 할 만하니 아래와 같다.

① 옥수수 : 작년 산출한 총량이 27억 8백만 부셸[1]【2말 5되가량】이니 대금이 미국 화폐로 2억 1천 6백만 달러이다. ② 건초【마초(馬草)】 대금이 6억 5백만 달러이다. ③ 면화 대금이 5억 6천 5백만 달러이다. ④ 소맥 대금이 5억 2천 5백만 달러이다. ⑤ 귀리(燕麥) 대금이 2억 8천 3백만 달러이다. ⑥ 감자 대금이 1억 3천 8백만 달러이다. ⑦ 대맥(大麥) 대금이 5천 8백만 달러이다. ⑧ 담배 대금이 5천 2백만 달러이다. ⑨ 수수와 사탕무 대금이 5천만 달러이다. 이 밖의 각종 곡식이 합계 45억 2천 1백만 부셸이니 대금이 21억 3천 3백만 달러이다. 재작년과 비교하면 4천 5백만 달러가 증가하였다 하며, 또 상업을 논할진대 수출품 대금이 9천 942만 439달러에 달하였다 한다.

(1호, 64~65면)

1 bushel. 기호 bu. 주로 밀의 무게를 나타내는 데에 쓰며, 영국에서는 62파운드(28.123 kg)를, 미국에서는 60파운드(27.216 kg)를 각각 1부셸로 한다.

국조고사(國朝故事)

장지연

기자(箕子)의 정전(井田)은 평양 외성에 있어서 구획이 뚜렷하다. 구암(久菴) 한백겸(韓百謙)이 평안도 관찰사로 있을 때 그 구역과 이랑을 측량하여 도본을 만들었는데, 그 형태가 모두 전(田)자로 이루어져 정전과 달랐던 것이다.

성호(星湖) 이익(李瀷)은 아래와 같이 논하였다.

내가 기자의 전제를 얻은 뒤에 삼대 정전의 제도를 비로소 깨달았으니, 『맹자(孟子)』에 50무・70무라 말한 것[1]은 보(步)로써 말한 것이다. 방리(方里)를 "井"자 모양으로 나누니 정(井)에 9구역이 있고, 이 구역을 4개의 작은 구역으로 나누어 "田"자 모양을 이룬다. 전(田)마다 4

1 『맹자』「등문공(滕文公)」상, "하후씨(夏后氏)는 50무로 공법(貢法)을 쓰고, 은(殷)나라 사람은 70무로 조법(助法)을 쓰고 주(周)나라 사람은 100무로 철법(徹法)을 썼는데, 실제로는 모두 10분의 1로 세금을 받았습니다"라고 하였다.

> 농가가 나누니[2] 1정에 36농가요, 그 땅은 사방 30보(步)니 이는 하(夏)나라 제도이다. 백성들의 쓰임이 점점 넓어져서 어쩔 수 없이 더 주게 되어 2개의 작은 구역을 합하여 1농가에게 주니 1정을 18농가가 나눈다. 그 땅은 길이 100보이고 너비가 50보니 이는 은(殷)나라 제도이다. 주(周)나라는 쓰임이 더욱 넓으므로 4개의 작은 구역을 합하여 1농가에게 주니, 1정에 9농가요 길이와 너비가 모두 100보이다. 그 10분의 1 세법은 바뀐 적이 없다.[3]

이는 맹자 이후로 근세 고고학가가 새로 밝혀낸 확정된 논의이므로 여기에 기록하여 천고의 의안(疑案)을 깨뜨린다.

대개 지금 3천여 년을 지나고서도 경계가 오히려 정연하고 어긋남이 없으니 우리나라 사람이 기자의 유적을 찾고자 하면 오직 이 정전의 구역이 아직 남은 것을 애호하였다. 이로부터 수년이 지나 경의철도의 정거장이 그 가운데를 가로지르고 또 일본군 용지로 아울러 구획해버렸다. 이에 수천 년 기자의 유적이 드디어 허물어져버리고 평지가 되어서 찾을 수 있는 여지가 없어졌다. 행인과 유람객이 다만 배회하면서 탄식하여 더욱 처량한 감회를 막을 수 없다.

(3호, 22~25면)

2 묘(畝)는 넓이의 단위인데 상고시대에는 사방 100보(步)를 1묘라 했고 진나라 이후에는 사방 240보가 1묘였으며, 현재는 100평 정도의 넓이이다.

3 『성호전집』 56권, 「한구암의 기전도설에 대해 쓰다[書韓久庵箕田圖說]」와 『성호사설』 12권 「기자전(箕子田)」에 유사한 내용이 나온다. 장지연이 두 글을 합치고 축약한 것이 아닌가 추정한다.

잡록(雜錄)

이종준

소문을 듣고 감상을 쓴다. 황해도 황주군은 전야가 비옥한 중앙의 요지이다. 부(負; 0.4마지기 정도)마다 부과된 결세가 8전인데, 여러 항목으로 더 배가되어 결(結; 40마지기 정도)마다의 세가 거의 200여 냥[1]이므로 인민이 견딜 수 없었다.

일본의 흥업회사(興業會社)[2]가 지사를 설치하고 토지를 수매하는데, 매매하면서 몇 마지기인지 몇 날갈이인지를 불문하고 매 부(負)마다 금액을 엽전 30냥 내지 20냥까지 정가로 지급하되, 작인은 그대로 경작하여 먹게 하였다. 또 납세는 회사에서 담당하고, 도지는 매 부(負)에 콩 2되씩 액수를 정하였다. 어리석은 백성들이 무거운 세금과 가혹한 수탈을 싫어하고 괴롭게 여겨 일본인에게 땅을 팔 생각을 했다. 더욱 일본

1 1902년에서 1910년 사이의 화폐 단위로 100전이 1원이고 1원은 5냥이었다. 20전이 1냥이다.

2 시부자와 에이이치[澁澤榮一] 등의 일본 자본가가 설립한 조선흥업주식회사를 이르는 것으로 보인다. 1904년 한국의 토지를 수탈하기 위해 설립되었다.

회사의 도지는 결가(結價)에 지나지 않고 땅값을 한 날갈이에 엽전 6, 7백 냥 이상을 주니, 횡재라 이르고 영원히 소작을 지어 살 수 있을 줄로 알고 다투어 팔기를 원하였다.

일본인이 번쇄함을 꺼려서 매 면마다 증권을 모두 합하여 영수하고 매입하였다. 황주 18면 가운데 7면은 문서를 합하여 발급하고, 그 나머지도 현재 많이 팔았다. 황주 1군을 절반이나 팔아넘긴 것이다.

그런데 풍년이 들면 콩 1되의 가격이 1냥이 안 되었는데, 올해는 1승에 2냥이 넘는다. 상등의 전결(田結)이 40부(負)에 가까우니 콩 7, 80승 가격이 엽전 200냥에 가깝다.[3] 후회한들 어쩌겠는가. 회사에서 각동 두령의 약속 증서를 받고서 만일 납부를 거절하면 면소재지로 와서 납부하라 한다. 백성은 벗어나기 어렵고 콩 또한 값이 올라 황주 1군은 콩난리라 이를 만하되, 군수는 안일하게 보고만 있으니 이것이 될 일이냐고 여론이 들끓는다 한다.

아아, 어리석은 백성이여! 눈에 난 고치기 어려운 부스럼으로 목숨을 부지하기 어려운 지경인 줄만 알고 있으니,[4] 저들이 토지가 국가의 흥망에 밀접함을 어찌 알겠는가. 작은 이익만 보다가 장래의 대책을 잃음도 그럴법하니 그 원인을 따지면 무엇을 책할 수 있겠는가! 하지만 따져보자면, 백리 땅에 걱정을 덜어주고 몸소 조정의 계산을 담당하는 자라면 한 조각의 토지가 흥망에 밀접한 것을 생각하지 않고 그저 안일하게 보고만 있을 수 있겠는가?

일찍이 섬에서는 우물과 부뚜막 따위를 가끔 양도하는 자가 있다고 들은 적이 있다. 마침내 나라가 나라일 수 없는 지경인데도 스스로 슬

3 각 부(負)마다 콩 2되로 정해진 도지가 땅을 팔 당시에는 쌌지만, 콩의 가격이 두 배 이상 올라서 전래의 결세와 거의 동일하게 된 것이다.

4 눈에 …… 있으니 : 원문은 "眼前瘡之莫醫에 求死而恐不瞻"이다. "眼前瘡"은 당나라 섭이중(聶夷中)의 「전가시(田家詩)」에 "눈에 난 부스럼 고치려 심장의 살을 도려낸다"는 구절에서 나오며, "求死而恐不瞻"은 『맹자』 「양혜왕(梁惠王)」 상에 나오는 구절로 전국시대 인민의 고난을 서술한 부분이다.

펴할 줄 알지 못하기에 이르렀다. 아아! 어찌 한갓 황주의 땅이야 논할 것이나 있겠는가.

우리 동포여! 오늘날의 나라 안을 살펴보건대, 과연 어떤 경우이길래 상하 모두가 정신이 흐릿하여 꿈을 깨지 못하는가. 오늘 내일이 정신없이 지나고 나면 장차 어떤 지경에 이르겠는가. 생각해보라. 엎어진 둥지 아래 어찌 알이 온전하겠는가. 상하가 잇따라 서로 미끌어지고 빠져서 구차하게 눈앞의 잘못만 막으려 하니 장차 얼마나 궁색할 것인가. 통곡하고 눈물을 흘리며 길게 탄식할 만한 것이다!

오늘날을 위한 계책은 오직 두 가지 일만이 우리 국권을 회복할 수 있으니, 교육과 식산이 이것이다. 교육은 사람들에게 방법을 알게 하고, 식산은 사람들을 윤택하게 할 것이다. 각자 기운을 내어 하루 이틀만이 아니고 10년을 기약하면 와신상담의 사업이 태양처럼 밝게 빛나던 것과 같을 것이다. 이런 까닭으로 대한자강회가 목적한 취지는 진실로 여기에 있다. 힘쓸지어다, 우리 동포여!

(5호, 62~64면)

해외기사 : 청나라 입헌 문제의 경과

임병항

청나라 광서(光緖) 33년(1907) 음력 7월 3일은 청나라 역사상에 마땅히 기념할 날이니 지나제국 천고(千古)의 큰 문자, "청국(淸國) 입헌예비"라는 상유(上諭)가 이 날에 선하(宣下)하니라.

이에 앞서 해외에 나갔던 대신 단방(端方)이 조정에 돌아와 장편의 상소를 올려서 아래 기록한 6조를 주청(奏請)하였다.

(1) 전국 신민(臣民)이 평등하게 획일한 국법 아래 생활하게 하여 만주와 한족의 일체 경계를 제거함이오.

(2) 국무를 공론으로 결의함이오.

(3) 중국과 외국의 장점을 널리 채택함이오.

(4) 중앙정부와 지방정부의 권한을 명확히 함이오.

(5) 궁중과 정부의 체제를 명확히 함이오.

(6) 재정이든지 기타 일체 국무를 국민에게 공포함이라.

해외에 나갔던 재택(載澤)이 또 한 상소를 상주하니 아래와 같다.

입헌정치가 군주에도 유리하고 국민에도 유리하되 다만 관리에게 유리하지 않으니, 정부의 여러 담당 신하들이 이 의견에 반대하여 한 뜻으로 막고 방해하는 것은 국가의 이익을 돌보지 않고 사사로운 이익을 따르는 쥐새끼 무리입니다. 국민은 지식정도가 미숙한 까닭에 헌정이 유종의 미를 족히 얻지 못하리라 논하는 자도 혹 있습니다. 폐하는 생각해 보소서, 민지가 날로 높아지고 원망이 날로 쌓여서 조정에 대하여 울분(鬱忿; 충성)의 정이 남은 바 없다면 헤아릴 수 없는 큰 변고가 황도(皇都)에 일어나리니 이때를 당하여 폐하께서 비록 입헌을 선포하고자 하신다면 어찌 가히 얻을 수 있겠나이까? 또 들으니 만주인이 입헌하면 그 권리를 상실할까 근심하는 자들이 있다 하니 그 식견의 비루한 것이 진실로 가히 웃을 일이라, 원컨대 폐하는 조정 신하들에게 동하는 바 되지 마소서.

위 양 대신의 상소가 그 뜻을 펴고 말을 배치한 것이 명백 엄정하여 양궁(兩宮; 태후와 황제)을 감동시킴이 있는지라. 일일에 드디어 순친왕(醇親王) 이하 군기(軍機)대신, 정무(政務)대신, 대학사(大學士; 도승지에 해당)와 북양(北洋)대신을 불러서 어전회의를 열라는 조칙이 있으니 때는 7월 7일이다. 8일로부터 11일까지 이화원(頤和園; 황제의 여름별장)에서 어전회의를 열었는데 그 참여한 인원은 아래와 같다.

순친왕(만주족) 경친왕(慶親王; 만주족) 녹전림(鹿傳霖; 한족) 구홍기(瞿鴻禨, 한족) 영경(榮慶; 몽고족) 서세창(徐世昌; 한족) 철량(鐵良; 만주족) 손가정(孫家鼎; 한족) 장백희(張百熙; 한족) 왕문소(王文韶; 한족) 세속(世續; 만주족) 나동(那桐; 만주족) 원세개(袁世凱; 한족)

합쳐서 13명인데 이중에 만주족이 5이오, 한족이 7이고 몽고족이 1이다. 순친왕은 지금 황제의 친아우로서 먼 훗날에는 섭정할 수 있는 성의(聖意; 임금의 뜻)가 있는 사람이다. 그러므로 특별히 참여하고 기타 군기대신과 대학사 등은 모두 칙령에 따라 참여하고 지방총독으로 참여한 자는 원세개 일인뿐이다. 장지동(張之洞)이 참여하지 않음은 입헌에 열심을 기울이지 않는 이유이고 해외에 나갔던 대신 중에 재택과 단방 등은 마땅히 참여해야 할 것인데 명을 받들지 않으니 자못 유감이라.

청나라 만년(萬年)의 기초를 가히 정할 이 대회의 광경을 상술하기는 어렵거니와 그 참여한 인원의 각자 의견에 가부는 아래와 같다.

> 순친왕은 이 대회의의 완연한 명예의장이므로 논하지 아니하고 경친왕은 입헌을 찬성하였다. 왕문소는 가부간에 말이 많지 않아 목숨을 구걸하는 뜻이 있는데 녹전림도 그와 같았다. 구홍기는 가부여하를 경친왕의 의견에 따를 따름이고, 세속은 많이 의론하지 않고 나동은 형세를 관망하며 영경은 극력반대 하였다. 장백희는 찬성하고 서세창은 찬성하면서 조정에 힘썼다. 철량은 극력 반대했다. 원세개는 찬성에 가까우나 또한 조정하고 나서 은연중 이 회의의 우이(牛耳; 우두머리)를 잡았더라.

찬성하는 이는 모두 불가불 만주족과 한족의 구분을 파기할 것이라 주장하고 그 반대하는 이는 입헌이 한족에 이롭고 만주족에 불리하다 말하여 양쪽이 굽히지 않았다. 드디어 북경에 주둔하는 만주기병과 한족 병사로 조직된 북양군과 충돌하는 사변이 있어서 사상자가 나올 정도로 격렬했다. 단방은 만주인으로 마음이 입헌에 있으나 만주인의 불리를 기노한다 하여 만수속 일파의 공격을 받고 오직 원세개가 이 기회를 이용하여 만주족과 한족 양파 영수를 자기 수중에 일괄 취입하고자 하여 궁리, 획책하기를 쉬지 않으니 이에 양궁(兩宮)이 크게 느낀 바 있는지라.

재택 전하가 이때에 해외에 있어서 회의 형세의 여하를 숙고하더니 만주족이 한족을 배척하는 형세가 왕성함을 듣고서 우국의 지극한 정성이 타는 불과 같아서 이에 황제에게 상주(上奏)하여 가로되,

> 만주족이 입헌을 불리하다 함은 자가(自家)의 이익을 염려할 따름이고 지성으로 국가를 받드는 것이 아니니 한족을 배척하는 계책이 행해지면 청조의 복멸(覆滅)을 보게 될지니 폐하는 모쪼록 살피소서.

양궁이 감동하고 받아들여 이에 입헌조칙을 선포할 뜻이 있어서 어전회의에 몸소 나아가 하문하시니 참여대신이 모두 답하여 헌정을 세움이 옳다고 아뢰었다. 오직 왕문소, 녹전림이 대답하지 않는지라. 서태후(西太后)가 그 생각이 어떠한지를 재차 자순(諮詢)하니 순친왕이 대신 아뢰기를 왕과 녹, 2인도 역시 찬성한다고 하였다. 반대당 수령인 영경과 철량 2인이 아뢰어, "신등이 가만히 생각건대 장지동이 반드시 탁견이 있을 것이니 그의 의견이 도착함을 기다려 이 논의를 결정하소서." 손가정이 막아서 말하되, "헌정을 세움이 옳다면 세울 것이고 옳지 않다면 그만이니 하필 장지동을 기다리겠습니까." 이에 입헌예비라는 상유(上諭)를 선포하는 의론이 결정되니라.

(5호, 55~59면)

아국(我國) 8대 수산업

일본 전문가 조사보고서

우리나라의 해안선은 모두 1천 5백 리인데, 그중 부산포에서 두만강 하구에 이르기까지 일본해에 닿아 있다. 이른바 동해안의 부분은 7백 리라 한다. 이 7백 리의 부분은 프랑스 해안선보다 짧지만 독일 해안선보다는 길고, 그 연안에서는 비길 데 없는 수산을 산출하여 무한한 부의 근원을 소장하고 있다. 그러므로 이 수산물을 어획하여 부의 근원을 개발함은 사업 경영의 제일 요점이다. 또 무역 총액을 3천만 원에서 1억 원까지 끌어올려서 수산업의 흥성을 기대하고자 하는 것이다.

지금 우리나라 동해안의 연해에 있는 수산업으로서 장래 번창할 희망이 있고, 또 그 어획물의 수출에 적당한 것을 들어 다음의 8대 산업을 기록한다【포경업은 금일 이미 제한의 필요가 있으므로 거론하지 않음】.

(1) 명태 어업 : 명태는 함경남도 성진 이북 단천 이남의 해중 4, 50리 되는 곳에서 산출하는데, 음력 11월경부터 2월경까지 추운 시기에 야

간 바다 속에서 어획한다. 어구는 수조망(手操網), 자망(刺網) 및 낚시의 3종으로서 고깃배 7, 8백 척이 어획한 액수가 무려 2억 마리 가량이요, 총가격은 어획지의 도매가격으로는 100만 원, 수요지의 소매가격으로는 300만 원 아래로 내려가지 않는다.

이번 겨울에는 일본 야마구치현 어업가가 타뢰(打瀨)라 하는 그물을 풍범선으로 끌게 하여 대규모의 어업을 계획하는 중이라 한다. 명태의 제조 방법은 원래부터 내장을 제거하고 장대에 죽 널어 동건법(凍乾法)을 쓰는 것이 상례이다. 연안의 토착인들은 명란으로 젓갈을 담고 그 기름을 등유로 쓴다. 남녀노소가 몰려들어 무료인 내장을 따서 가져가므로 일본인이 출어하는 것을 차라리 환영할 것이다.

(2) 물개 어업 : 바닷개는 음력 2월경에 명태 서식처에 헤엄치다가 오호츠크 해로 북상한다. 그 배를 해부하면 위 속에 항상 명태가 있다. 지금으로부터 6년 전에 러시아 포경선 선장이 당초 함경남도 깊은 바다에서 물개를 발견하여 일본 카이오우마루[海王丸][1] 선장에게 통지하였는데, 카이오우마루에서 이듬해에 물개를 총살(銃殺)하기 위하여 출선하여 가다가 당시 영미의 물개잡이 어선 5척을 만나 합세하였다. 올해 어획할 액수는 25만 원 이상이 예상된다. 물개잡이 어선은 대체로 100톤 내외이며 보트 여러 척을 싣고 다닌다.

어획한 모피는 일본 하코다테로 가지고 가서 오호츠크해산이라 칭하고 요코하마로 수출한다. 다시 양력 5월을 어기(漁期)라 하는 오호츠크해의 물개 어장으로 향한다는데, 들으니 성진에 있는 한국인, 일본인도 올봄에 누누이 그 갑각(岬角)에서 물개가 헤엄치는 것을 보았다 한다.

(3) 멸치 어업 : 멸치는 강원도 연해에서 가장 많이 산출한다는데, 여

1 1930년에 진수한 대형연습범선으로 2,238톤이다.

름 멸치는 6월에서 8월까지, 가을 멸치는 9월부터 11월 중순까지가 어획기요, 어구는 건착망과 예망을 쓴다. 근년에 이르러서는 포경업이 발달되어 고래 수가 줄고, 멸치는 쫓겨서 온 것이 드물어서 자연 해안에 가까이 이르지 않기에 이르렀다고 한다. 이는 깊은 바다에서 잡을 수 있기에 걱정할 필요가 없다. 작년 부산과 경상남도에서 어획한 멸치의 가격이 거의 50만 원에 달하였다는데, 강원 연해 멸치 어업의 이익은 장래 몇 배에 달할는지 헤아릴 수 없을 것이다.

수년 전에 일본인 아무개는 강원도 해안에서 우리 어부가 늘 멸치를 말리는 물가의 모래흙을 파서 가져다가 이를 비료라 하여 일본으로 수송하는데, 효력이 특이하다는 칭찬을 얻었다 한다. 강원도의 멸치 어업이 얼마나 유망한 사업인지 충분히 헤아려 알 것이다.

(4) 방어 어업 : 방어도 삼치를 산출하는 강원도 연해에서 가장 많이 산출하나니, 이는 삼치를 먹이로 하기 때문이다. 어획기는 5월부터 10월까지로 어구는 대부망(大敷網)이다. 소금에 절인 삼치와 방어는 일본 큐슈에서 결혼 등의 길일에 빠뜨릴 수 없는 식품이다. 또 사절【鰤節; 방어를 말린 것】은 도쿄 등지에서 가츠오부시[가다랭이포]를 대용한다. 방어의 어업은 대자본이 필요하지만 큰 이익을 얻으므로 일본 오이타현 사가노세키 어업주식회사는 해마다 36퍼센트의 이익을 배분한다. 미야자키현 히다카의 아무개가 어업으로 부를 이루어 다액납세자로 귀족원 의원까지 선출된 것은 다 이 업종으로부터 나온 것이다.

(5) 삼치 어업 : 삼치는 원산 부근에서 강원도에 이르는 깊은 바다와 아울러 함북 웅기만 가에서 산출한다. 어기는 늦봄 초여름으로 어구는 유망(流網)이다. 삼치는 유영하는 일정한 물길이 있으므로 그 수로를 탐지하면 한 그물에 2만 미 이상을 어획하는 일도 쉽다. 도미는 생선으로서 맛이 있어도 절인 고기로는 살이 두텁지 않고 또 맛을 잃어 삼치의

절인 조각만 못하다. 원산 부근에 있는 일본 어부는 도미가 풍어라도 도리어 삼치를 귀하게 여기는 것이다.

(6) 복어 어업 : 복어【河豚】는 함경남북에 있는 여러 하천에서 산출한다. 그 가운데 남도에서는 안변군 방랑성강과 영흥군 용흥강과, 함흥군 송진하와 성천강과, 홍원군 남대천과 북청 신대천과 단천군 남북천이며, 북도에서는 부령군 대천과 조산만의 함호며, 두만강 어귀에서 가장 많이 산출한다. 올해 영흥만 내 여러 하천에서 어획한 수가 10만 미 이상이요, 또 성진의 우리나라 어부는 부령 대천의 천구에서 하루 1만 미 이상을 어획한다고 한다. 특히 두만강 하구의 복어는 한 마리에 무게가 1관 7, 8백 돈쭝이라 한다.

(7) 해삼 · 전복 · 굴조개 채취업 : 해삼과 전복은 웅기만, 굴조개는 조산만의 함호에서 가장 많이 산출한다. 함호에 있는 굴조개의 채취는 일본인 요코야마[橫山], 카시마[鹿島], 야마모토[山本] 등의 사업이 자못 볼 만하다. 웅기만에 있는 해삼과 전복의 채취는 요시카와 사타로[吉川佐太郎]의 사업이 가장 큰 것이다. 저들은 하루 3장(丈) 이상의 해저를 30리 보행할 수 있는 프랑스에서 전매 특허한 잠수기 6좌를 사용하고, 한국인 10여 명과 일본인 50여 명을 고용한다. 그 제조 방법도 북청으로 수송하는 하등 제탄법(製炭法)이 아니고, 남청(南清)으로 수송하는 상등 일건법(日乾法)을 쓴다. 또 수중 온도가 육상 온도와 같음을 발견하여 씀으로써 11월 중순까지 작업한다.

(8) 김과 진주 채취업 : 함북 명천군 해안에서 김이 많이 산출되고, 나진(羅津)의 포구와 삼랑진에서는 진주가 가장 많이 산출되지만, 한국인과 일본인 중에 금일에 이르기까지 채취에 착수한 자가 없다.

우리나라 동해안의 연해에 있어서 어업의 유망함은 그 서해안과 남해안에 비할 것이 아니다. 서해안과 남해안에서 금일 일본인의 어업은 최대로 발달하였다. 예를 들면 도미 어업과 삼치 어업이 성대한 충청도 죽도에서 전년 일본 황태자 경사 당일에 일본 어부 약 2천 명이 수백 척을 몰아 선두에서 기장을 펄럭이고 술통을 열어 황태자 전하만세를 봉축한 일이 있다. 또 도미 어업이 성대한 충청도의 어청도는 영국 군함이 "콘푸린스"(미상)라 이름붙인 뒤부터 와전하여 지금에는 일본 어부 중에서는 금싸라기라 부르지 않으면 잘 알지 못하는 지경이 되었다.[2] 오히려 삼치 어업, 전복 및 해삼 채취업이 성대한 진해만의 해변에서는 여름밤에 어부가 돌아가며 춤추는 좋은 흥취가 들고, 특히 일본 미에현 부녀 잠수부의 이세온도[伊勢音頭][3]가 들리는 지경에 이르러서는 몸이 일본 아코기(阿漕; 미에현) 포구에 있는 것 같다.

그러므로 동해안도 이 정도에 도달하지 않으면 아직 어업의 번창을 논할 수 없을 것이다. 이 어업의 번창을 위해서는 동해안의 연해에 있는 8대 수산업을 진흥하고 동시에 고깃배 피난항구와 큰 어업항구의 설치와 수산전습소와 수산판매회사와 수산은행의 설립 등을 기도하지 않을 수 없을 줄로 믿는다.

(13호, 34~38면)

2　이청도는 현재 군산시에 소속되어 있다. 수산물이 풍부할 뿐 아니라, 산동 반도와 300km 거리밖에 되지 않아 군사요충지이기도 하다. 중요한 땅이라는 점에서 금싸라기라 칭한 것으로 보인다.

3　이세신궁에 참배하고 돌아가면서 유곽에 들리는 손님들로부터 전국에 퍼진 민요의 하나이다.

20세기 초 근대계몽기 한국 사회에는 새로운 양식의 '잡지'가 대거 등장했다. 잡지의 성격과 종류는 매우 다양했는데 그중에서도 이 시기 잡지의 주된 형식을 이룬 것은 매달 발행된다는 의미의 '월보'라는 형태의 잡지였다. 당대의 계몽운동 단체이자 지식인 그룹인 학회가 만든 기관지이자 학술 잡지는 주로 월보로 발행되었으며 그 이름을 열거해 보면 『대한자강회월보』, 『대한협회회보』, 『조양보』, 『대동보』, 『서우』, 『서북학회월보』, 『호남학회월보』, 『기호흥학회월보』, 『교남교육회잡지』, 『태극학보』, 『공수학보』, 『대한유학생회학보』, 『낙동친목회학보』, 『대한학회월보』, 『대한흥학보』 등으로[1] 20여 종에 달한다.[2]

외교권을 빼앗기고 군대가 해산되면서 국권 상실이 임박해오던 시

1 이 시기 잡지들의 개황 및 편집 체제와 지향 등에 대해서는 다음 책에 상세하게 제시되어 있다. 임상석, 『20세기 국한문체의 형성과정』, 지식산업사, 2008, 참조. 열거한 매체들 중에는 격주간이나 격월간, 계간으로 발행되었던 것들도 소수 존재한다.

2 20여 종이라는 숫자는 국한문체로 표기되어 정론과 계몽에 비중을 두었던 잡지들을 기준으로 하여 잡은 것이다. 기독교 관계 잡지나 주부, 아동용의 잡지까지 합치면 30종을 넘을 것이다.

기, 1905년을 전후하여 집중적으로 등장한 근대계몽기 월보는 당대 계몽 지식인들의 다급한 근대지식의 수혈 의지의 표현이자 국가적 위기에 대한 정치 단체들의 대응으로서의 성격을 갖고 있었다.[3] 이미 신문지법(1907), 학회령(1908), 사립학교령(1908), 출판법(1908) 등 법적 제약을 통한 통감부의 외압이 거세지는 가운데 조선의 계몽과 근대화를 모색하고자 했던 조선 지식인들은 '학회'라는 이름의 정치적 결사체를 구성하였고, 기관지인 각 학회지를 통해 자신들의 사회적 위상과 정치적 견해를 표명하였던 것이다.

그 가운데 가장 대표적인 계몽단체 중 하나가 '대한자강회(大韓自强會)'이다. 대한자강회는 1906년 3월 31일 장지연, 윤효정, 심의성, 임진수, 김상범 등 5명이 발기하여, 20여 명이 4월 14일 임시회를 열고 임원진을 구성한 뒤 통감부의 허가를 받아 합법적인 단체로 발족하였다. 대한자강회의 구성과 체제는 1, 2호에 걸쳐 게재된 「대한자강회규칙(大韓自强會規則)」 등의 기사에서 자세히 확인할 수 있는데, 구성원은 회원과 찬성원으로 이원화되어 있으며 임원 직책은 회장, 부회장, 평의원, 간사원, 고문 등으로 이루어졌다. 통상회는 매월 1회씩 개최하여 여러 사안을 결정했고 평의회는 통상회 일주일 전에 개최하여 안건을 결정했는데, 총 24회 가량 개최된 통상회는 회의 기본 방침을 결정하는 역할을 했다. 그 외에도 연설회 자리를 꾸준히 마련하여 주요한 대외 활동을 펴는 자리로 활용했다. 평의회는 50여 회 이상 열렸는데 주로 유영위원회의 기능을 담당했던 것으로 보인다. 지회는 모두 25개가 설립되었으며 회원은 약 1,500명이었다. 이들은 훗날 헤이그 밀사 사건으로 인해 고종이 일제에 강제 양위되던 당시, 고종 퇴위를 반대하고 친일단체인 일진회

3 이 당시 학회들의 운동 성격에 대해 임상석은 '대정부 건의서 작성, 각료들과의 면담 요청, 학교 설립, 각 단체들의 이합집산 및 친일 인사들과의 연결 시도에 이르기까지 정치적 성격이 강하게 드러난다'고 지적했다. 임상석, 위의 책. 홍인숙 또한 대한자강회가 '근대주의를 내세운 정치단체로서의 성격이 강하다'고 평가한 바 있다. 홍인숙 · 정출헌, 「『大韓自强會月報』의 운동성과 지향 연구」, 『東洋漢文學硏究』 30집, 2010.

의 성토 운동을 벌이다가 1907년 8월 21일 강제해산 되었다.

『대한자강회월보』는 대한자강회의 기관지로, 1906년 7월부터 1907년 7월까지 총 13호가 발간된 월보 유형의 대표적인 초기 잡지라 할 수 있다. 매 호마다 65~85면 정도의 분량으로 2천 부씩 발행했으며 1부에 15전의 가격에 판매되었다. 전체 구성은 '논설부(論說部), 교육부(教育部), 식산부(殖產部), 문원(文苑), 사조(詞藻), 본회회보(本會會報), 해외기사(海外記事), 관보적요(官報摘要), 방언(方言), 소설(小說), 회원명부(會員名簿)'로 되어 있다. 그러나 1호에서 5호까지는 주요 목차가 완비되지 못해 기사를 쉽게 분별하기 힘들고 목차와 기사 내용이 일치하지 않는 경우도 종종 있었다. 6호부터는 '논설, 교육, 식산' 등의 주요 분류가 생기고 7호부터 2단 체제로 편집이 정비되었다. 각 권의 권두에 목차가 실려 있지만 모든 글의 제목이 목차에 들어가 있지는 않기 때문에 본문을 직접 확인하면서 실제 실려 있는 글과 필자를 확인해야 한다. 각 권의 목차에 없는 글들은 '축사(祝辭), 서문(序文), 연설문(演說文), 잡록(雜錄), 별보(別報), 투서(投書), 기서(奇書)' 등의 다양한 형식으로 해당 권호 내 곳곳에 실려 있다.

이 중 '논설부(論說部)'는 대한자강회의 정체성과 지향을 강하게 드러내는 부분으로, 핵심 필자들이 직접 쓴 창작 논설이 주를 이루었고, 드물게 양계초 등 청말 사상가의 번역 논설이 실리기도 했다. 1호와 2호는 '논설부'가 따로 독립되어 있지 않으며 각종 축사와 서문, 연설문들이 곳곳에서 산견되고 있어 그 분량만으로 각 권의 절반 가량을 차지한다. 3호 이후에는 논설의 분량이 평균 15면 정도로 유지되었다. '교육부(教育部)'와 '식산부(殖產部)'는 각각 관련된 분야의 서구의 근대적 분과학문을 번역하여 소개하는 부분으로 11호 이후에는 여기에 '정치부(政治部), 법률부(法律部), 역사지리부(歷史地理部)'가 추가되었다. 근대적 지식을 압축적으로 정리하여 전달하는 성격을 갖고 있었던 이 부분은 월보에서 분량상 가장 큰 비중의 지면이었다. '문원, 사조'는 두세 편의 한

시에 유기(遊記)나 전(傳) 계통의 전통적인 한문산문이 2~3면에 걸쳐 실려 있었다. '본회회보, 해외기사, 관보적요' 등은 각각 자강회 회의록, 해외 뉴스, 정부 관련 소식 등을 전하는 기능으로 15면 내외를 차지했으며 11호부터는 여기에 '내지휘보(內地彙報)'가 추가되었다. '방언'은 우리말 어원에 대한 5행 안팎의 간략한 단상이며, '소설'은 5~10행의 짧은 소화(笑話)나 계몽담(啓蒙談) 형식의 한문 산문으로 대개 1~2면의 분량이다. 『대한자강회월보』의 분량은 50면을 기본으로 한다고 제3호에서 언급되고 있으나 70면을 초과하는 것이 보통이있다.[4]

『대한자강회월보』에서 대한자강회의 계몽운동의 방향성 제시 측면에서 가장 눈여겨 볼만한 부분은 '교육부'와 '식산부'이다. 『대한자강회월보』 제7호에 실려 있는 다음 회의록에서 이 점은 뚜렷하게 명시되고 있다.

> 月報編輯員 李鍾濬氏 議案에 本會目的이 教育殖產二者가 主要點인즉 月報目次에 二部룰 特立區別ᄒᆞ고 實地程度룰 條陳縷析ᄒᆞ야 每號揭載然後에 本會目的에 開導ᄒᆞᄂᆞᆫ 要素이오 (…중략…) 尹孝定氏가 再改議ᄒᆞ기룰 教育殖產兩部룰 特定以協贊員ᄒᆞ야 隨宜開協贊會ᄒᆞ야 俾相妥定케 ᄒᆞ쟈 ᄒᆞ야 動議가 可決되다.[5]

『대한자강회월보』의 편찬위원을 담당했던 이종준은 위 회의에서 '본회 목적이 교육, 식산 두 가지이니 이 두 개의 부를 따로 구별해 두자'는 제안 발언을 하고 있다. 또 초대 평의원이었던 윤효정은 '교육부와 식산부를 담당할 협찬원을 따로 두자'고까지 말하고 있다. 이는 대

---

4 1호에서 13호까지 각 호별 면수는 다음과 같다. 1호 68면, 2호 70면, 3호 72면, 4호 79면, 5호 64면, 6호 83면, 7호 72면, 8호 70면, 9호 72면, 10호 72면, 11호 86면, 12호 72면, 13호 81면.

5 「本會會報」, 『大韓自强會月報』 7, 1907.1.

한자강회라는 조직이 계몽운동의 궁극적인 목적인 '자강(自强)'에 다가가기 위해 가장 시급한 과제로 여기고 있었던 분야가 무엇보다 '교육(教育)'과 '식산(殖產)'이었음을 알게 해준다. 문명의 힘과 경쟁 능력의 부족으로 힘 있는 외세에게 국권이 침탈당하는 현실을 뼈저리게 곱씹어야 했던 이 당시 조선의 지식인들에게 '교육'과 '식산'은 나라의 힘을 배양할 수 있는 가장 직접적인 방책으로 생각되었기 때문일 것이다.

본 편역서는 『대한자강회월보』의 전체 기사를 교육, 학술, 식산 등의 주제 항목에 맞추어 편집하고 주석을 달았다. 이는 기본적으로 대한자강회라는 계몽운동 단체가 실질적인 운동방향으로 스스로 제시한 '교육, 식산, 애국' 등에서 실제로 어떤 내용의 운동을 진행했는지 확인해보기 위함이다. 또한 이러한 작업은 근대 초입부터 우승열패의 신화 속에서 정신적·물질적 힘을 기르기 위해 고군분투해야 했던 한국 사회의 무의식에 대한 흥미로운 근거 자료가 되어줄 것이라 생각한다. 더 나아가 이 작업이 이 시대를 연구하는 현재의 연구자들에게 애국계몽 진영의 지식인들이 구성했던 '교육 담론', '경제 담론', '사회진화 담론' 등의 구체적인 단면에 접근하게 해주는 효과적인 자료로도 활용될 수 있기를 바란다.

가나이 노보루(金井延, 1865~1933) : 일본의 경제학자이자 사회정책학자이다. 독일에 유학하여 구스타프 슈몰러 등에게 사사하였다. 그는 독일에서 배운 사회정책적 경제학에 기반하여 귀국 후 사회정책학회에 참여하여 핵심인물로 활동하였으며, 1925년까지 도쿄제국대학 교수로 근무하였다. 특히 1903년 러일전쟁 개전을 주장하는 의견서를 제출한 도쿄대학 교수 7인 중 한 명으로, 일러강화조약에 반대한 우파지식인의 하나였다. 학문적으로는 자유주의 경제학을 비판하고, 국가의 노동자보호 및 금은 복본위제를 주장하였다.

가의(賈誼, B.C 200~B.C 168) : 중국 한나라 낙양 사람으로 문장가이자 관료이다. 「진정사소(陳政事疏)」, 「조굴원부(弔屈原賦)」 등의 유명한 글이 있고, 『신서(新書)』 10권과 명대에 편집한 『가장사집(賈長沙集)』이 있다.

강유위(康有爲, 1858~1927) : 중국 청나라 말기의 학자, 정치가. 무술변법의 중심적 지도자로 양계초 등을 교육했으며 베이징과 상하이에 면학회(勉學會)를 조직하는 활동을 했다. '변법자강책(變法自疆策)'으로 개혁을 지도했다. 『신학위경고(新學僞經考)』, 『공자개제고(孔子改制考)』, 『대동서(大同書)』 등의 많은 저서가 있다.

강지(江贄, ?) : 북송 말기에 활동한 문인. 호는 소미(少微)로 송 휘종 때, 사마광이 편찬한 『자치통감』을 추려서 『통감절요』를 편찬하였다.

검루(黔婁, ?) : 중국 춘추(春秋) 시대 제(齊)나라 고사(高士). 노(魯)나라 공공(恭公)이 그 어짊을 듣고 정승을 삼으려 했으나 사양했다. 저서 4편으로 도가(道家)에 힘쓸 것을 말했다. 호는 검루자(黔婁子)이다.

경친왕(慶親王, 1836~1916) : 청나라 말기의 황족. 이름은 혁광(奕劻). 의화단 사건 때 전권 대사에 임명되어 관계 각국과 신축조약을 체결하였고, 1911년에 내각 총리대신이 되었으나 신해혁명으로 물러났다.

계연(計然, ?) : 중국 춘추시대 월(越)나라 사람이다. 성은 신(辛)이고 자는 문자(文子)로 범려(范蠡)의 스승이다. 월왕 구천(句踐)에게 이재(理財)의 묘리를 올렸다. 구천은 이를 시행한 지 10년 만에 부강해져 오왕 부차(夫差)에게 복수하고 패자(覇者)의 자리에 올랐다.

고토 분지로(小藤文次郎, 1856~1935) : 도쿄대학 지질학과의 1회 졸업생으로, 독일로 유학 가서 라이프치히 대학, 뮌헨 대학에서 유학 후 도쿄대학 교수가 되었고,

1888년 일본 최초의 이학박사가 되었다. 라이프치히 대학에서 당시 지리학과 교수이던 라첼의 영향을 받아 지리학에 대해서도 관심을 갖게 되었다. 1900년 말부터 1902년 초까지 우리나라를 답사한 뒤 노두 관찰을 토대로 1903년 우리나라의 산맥 명칭과 그 체계를 최초로 제시하였다. 그 외에도 한국지명색인과 한국지도를 작성하였다.

광무제(光武帝, B.C 6~B.C 57) : 중국 후한(後漢)의 시조. 성명은 유수(劉秀), 자는 문숙(文叔), 남양(南陽) 채양(蔡陽) 사람. 고조 유방(劉邦)의 9세손. 지황(地皇) 3년(22) 이통(李通) 등과 더불어 군사를 일으켜 왕망(王莽)의 부장과 더불어 싸워 패배하였다가 다시 이겼다. 뒤에 왕망을 멸하고 황제를 일컬어 동한(東漢)을 세워 한(漢)나라를 중흥(中興)시켰다.

구천(句踐, ?~B.C 465) : 중국 춘추(春秋) 시대 월(越)나라 왕. 아버지 윤상(允常)이 오왕(吳王) 합려(闔廬)에게 패배하자 구천이 마침내 그 치욕을 갚았다. 합려의 아들 부차(夫差)가 회계에서 구천을 핍박하자 구천은 미녀와 보배를 범려(范蠡)를 시켜 오나라에 바치고 나서 국력을 길러 오나라를 멸망시켰다.

구홍기(瞿鴻禨, 1850~1918) : 청나라 말기의 정치가. 한림원 편수(編修)를 시작으로 공부상서를 거쳐 군기(軍機)대신, 정무(政務)대신을 역임했다.

그로티우스(Hugo Grotius, 1583~1645) : 네덜란드의 법학자로 외교관으로도 활동했다. 특히 국제법 분야에 탁월한 업적을 세워 "국제법의 아버지"라 불린다.

기르케(Otto Friedrich von Gierke, 1841~1921) : 독일의 법학자이다. 법의 역사를 연구하여 『독일단체법론』, 『독일사법론』 등의 저서를 간행한 독일 역사법학파의 주요학자였다.

김성희(金成喜, ?) : 호는 송당(松堂), 대한자강회, 대한협회의 임원을 지냈고 국채보상운동에도 참여하였다. 『대한자강회월보』와 『대한협회회보』에 교육, 식산, 정치 등 다양한 주제의 글을 다수 게재하였다. 일제 강점 이후에는 경성고등보통학교 교유로 재직하였다.

김육(金堉, 1580~1658) : 자는 백후(伯厚), 호는 잠곡(潛谷), 시호는 문정(文貞)이다. 본관은 청풍으로 김홍우(金興宇)의 아들이다. 인조 2년(1624) 문과에 급제, 벼슬은 영의정을 지냈다. 대동법(大同法)을 실시했다.

나동(那桐, 1856~1925) : 청나라 말기의 정치가. 만주 양백기(鑲白旗) 사람이다. 군기대신, 판사(辦事)대신 등 요직을 연달아 역임하고 천재로 불렸다. 서화에도 능했다.

녹전림(鹿傳霖, 1836~1910) : 청나라 말기의 정치가. 과거에 급제하고 한림원에 들어갔으나 뒤에는 군대에 근무했다. 순무(巡撫)와 총독을 역임하고 군기(軍機)대신과 대학사(大學士)까지 지냈다.

니시무라 시게키(西村茂樹, 1828~1902) : 일본의 계몽사상가, 문부성 관료. 사쿠라번(佐倉藩, 지금의 치바현) 출신으로 야스이 소켄[安井息軒]에게 유학을 배웠다. 무역과 해외진출을 적극 주장하여 메이지 유신 시기에 외교문서를 담당하였다. 후쿠자와 유키치, 니시 아마네, 나카무라 마사나오 등과 함께 메이로쿠샤[明六社]를 조직하였다. 한자폐지론을 주장하기도 하였다. 문부성 편집국장으로 교과서와 교육제도를 확립하였다.

단방(端方, 1861~1911) : 중국 청나라 말의 정치가, 학자, 금석 서화 수장가. 자는 오교(午橋), 호는 도제(匋齋), 시호는 충민(忠愍). 만주 정백기(正白旗) 사람이고 광서 24년(1898) 직예총독이 되어 섬서, 하남, 호북의 직지를 역임한 후 호광총독이 되었다. 광서 31년에는 외유하여 각국의 사정을 시찰하고 귀국 후는 유럽의 제도를 채용하여 학교, 경찰, 군대를 창설. 입헌 예비운동의 중심인물이 되었다. 서화 골동을 수집하고 금석학의 연구에 몰두하였고 서화도 즐김. 사천 혁명운동에 연루하여 암살되었다.

레셉스(Ferdinand de Lesseps, 1805~1894) : 프랑스의 외교관. 베르사유 출생. 이집트 카이로의 프랑스 영사 출신의 외교관으로, 1859년에서 1869년에 걸쳐 수에즈 운하 굴착을 기획, 지휘하였다.

로셔(Wilhelm George Friedrich Roscher, 1817~1894) : 독일의 경제학자이다. 독일 역사학파의 창시자 중 한 명이다. 그는 아담 스미스의 경제학에 대신하여 국민경제를 제시하고, 각 국민경제는 유기적, 상대적이며 역사적이기 때문에 역사적 비교에 의해서만 그 특질을 밝힐 수 있다고 주장하였다. 일본에서 최초로 서양 경제학을 가르친 페넬로사(E. F. Fenellossa, 1853~1908)에 의해 소개되었다.

르노(Louis Renault, 1843~1918) : 프랑스의 법학자이다. 1907년 노벨평화상을 수상하였다. 국제법에 많은 공적을 세웠다. 프랑스 외무부의 고문으로 많은 국제 문제를 중재하였다.

마치니(Giuseppe Mazzini, 1805~1872) : 이탈리아의 정치가이다. 불굴의 공화주의자로 이탈리아의 통일공화국을 추구하였다. 청년이탈리아당 및 청년유럽당을 결성하고 밀라노 독립운동에도 참가하였으며 빈곤한 망명생활을 하며 여러 차례 군사행동을 일으켰으나 전부 실패하였다.

메인(Sir Henry James Sumner Maine, 1822~1888) : 영국의 법학자이다. 로마와 인도 등의 법제사, 비교법을 연구하여 역사법학을 수립했다.

메테르니히(Klemens Wenzel Nepomuk Lothar von Metternich, 1773~1859) : 오스트리아의 정치가. 귀족 출신으로 나폴레옹과의 전쟁을 승리로 이끌고 빈회의의 의장이 되어 국민주의와 자유주의 운동을 탄압하였다.

몽테뉴(Michel Eyquem de Montaigne, 1533~1592) : 프랑스의 사상가로 프랑스 르네상스를 대표하는 학자이자 작가이다.

범려(范蠡, ?) : 중국 춘추 시대 월(越)나라 재상으로 초(楚)나라 사람. 자는 소백(少伯). 월왕(越王) 구천(句踐)을 잘 도와 오왕(吳王) 부차(夫差)를 죽여 회계(會稽)의 치욕을 씻게 했다. 뒤에 제(齊)나라에서 크게 치부하여 '도주공(陶朱公)'의 부를 쌓았다.

백규(白圭, ?) : 중국 전국(戰國)시대 사람. 이름은 단(丹)이며 규(圭)는 자. 맹자와 세법 및 치수(治水)에 대해 문답했다.

벤담(Jeremy Bentham, 1748~1832) : 영국의 철학자, 법학자. 변호사를 하다가 민간연구자가 되었다. 공리주의를 주장하였다. 『정부소론』 등의 저서를 남겼다.

브룬칠리(Bluntchili Johann Caspar, 1808~1881) : 스위스에서 태어난 당대의 저명한 학자이자 정치가로 국제법과 국가이론에 관해 저술을 남겼다. 양계초가 그의 『국가학』 등을 읽고 번역하였다. 이 양계초의 번역은 국내에도 큰 영향을 끼쳤다.

비코(Giambattista Vico, 1668~1744) : 이탈리아의 철학자로 역사철학의 기초를 닦았다. 법률과 국가의 발전 단계에 대한 독창적 이론을 폈다.

비스마르크(Otto Eduard Leopold von Bismarck, 1815~1898) : 독일의 정치가. 프로이센 총리로 '철혈정책'으로 독일을 통일했다. 보호관세정책으로 독일의 자본주의 발전을 도왔으나 전제적 제도를 그대로 남겨놓았다. 통일 후 유럽의 평화 유지에 전력하였으며 여러 동맹과 협상 관계를 체결했다.

사토 노부히로(佐藤信淵, 1769~1850) : 에도막부 후기의 농학자, 경제학자, 병학자이다. 그는 『農政本論』 등 다수의 농서저술을 통해 농법개량을 주도한 농학자였으며, 동시에 막부가 아닌 천황을 중심으로 통일된 강력한 통일국가 일본을 구상하며 이를 과학적, 사상적으로 뒷받침하려 한 사상가였다. 특히 그가 구상한 통일국가 일본의 모습은 이후 메이지유신을 전망하는 것이었으며, 동시에 그가 쓴 『混同秘策』이라는 가상 전쟁서는 일본이 만주, 중국, 대만 남양군도의 지배를 주장하는 것으로, 정한론과 대동아공영권론의 선구가 되는 것이었다.

서세창(徐世昌, 1857~1936) : 중국의 정치가로 천진 출신이다. 원세개의 천거로 동삼성(東三省)의 총독을 역임하고 1905년부터 입헌제 연구차 유럽에 갔다 왔다. 1914년 원세개의 국무총리가 되었으나 이듬해 원세개의 제정에 반대하여 사직하였다. 학문, 문장, 서화에 조예가 깊었다.

석진형(石鎭衡, 1877~1946) : 법률가, 관료. 경기도 광주 출신으로 일본에 유학하여 호세이대학 법과를 졸업하였다. 보성전문학교 강사와 법관양성소 교관을 역임하고 1921년부터 조선총독부에 발탁되어 충청남도와 전라남도 도지사를 지내고 동양척식주식회사의 감사역에 취임했다. 대한민국 친일반민족행위진상규명위원회의 친일파명단에 수록되었다.

설태희(薛泰熙, 1875~1940) : 유학자, 계몽운동가. 호는 오촌(梧村), 필명은 반구실주인(反求室主人). 평안도 단천 출신이다. 대한자강회, 서북학회 임원으로 많은 논설을 기고했다. 갑산(甲山)군수, 영흥(永興)군수, 조선경제회 이사, 민우회 회원, 물산장려회 고문 등을 역임했으며, 『대학신강의(大學新講義)』, 『다반경작(茶飯更嚼)』 등의 저술을 남겼다.

세속(世續, 1852~1921) : 청나라 말기의 정치가. 만주 정백기(正白旗) 사람이다. 군기대신과 대학사, 정무대신을 역임했다.

솔즈베리 경(Robert Arthur Talbot Gascoyne-Cecil, 3rd Marquess of Salisbury, 1830~1903) : 영국 정치가이자 귀족이다. 보수당을 이끌고 수상을 세 차례 역임했다. 제국주의 정책을 적극 추진했다.

순친왕(醇親王, 1883~1951) : 청나라 말기의 황족. 보수적인 당시 정부에 있어서 비교적 개명한 사람으로 1901년에는 의화단의 난의 사죄사로 독일까지 갔었고, 귀국 후에는 입헌 정치를 시행할 준비에 전념하였다.

스미스(Adam Smith, 1723~1790) : 영국의 정치경제학자, 철학자로 고전경제학의 창시자이다. 스코틀랜드 출신으로 『국부론』 등을 저술하였다.

스티븐슨(George Stephenson, 1781~1848) : 영국의 증기기관차 발명가. 1824년 스톡턴~달링턴 간의 세계 최초의 여객용 철도가 부설되어, 1825년 그의 공장에서 제작한 개량형 기관차 로커모션호를 달리게 함으로써 철도수송의 시대가 개막되었다.

심의성(沈宜性, 1873~?) : 본관은 청송, 자는 경명(敬明). 부는 심능욱(沈能昱). 1894년 진사시에 급제했다. 1898년 태학의 유학생 신분으로 '축사(祝辭)를 개성하고 공사성사(聖師)를 높이는 대법을 시행할 것을 청하는 상소'를 올렸다. 1906년 중추원 3품 관원으로 임명되었다가 이듬해인 1907년 해임되고 파주 군수에 임명되었다. 이후 대한자강회, 대한협회 등에서 평의원으로 활동하였으며, 윤효정, 장지연 등과 더불어 대한협회의 핵심인물 중 하나였다.

양계초(梁啓超, 1873~1929) : 청나라의 학자 · 정치가, 강유위(康有爲)의 제자, 강유위와 함께 변법자강운동(變法自强運動)을 전개한 계몽사상가(啓蒙思想家). 750만 여자(字)에 이르는 방대한 저술을 남긴 문필가, 교육가. 중국 근대 신문의 토대를 형성한 언론인. 중국 근대 역사학의 창시자이다.

여병현(呂炳鉉, 1867~1932) : 호는 소암(素巖). 한국 YMCA 창설자의 한 사람. 황해도 출신. 1895년 관비유학생으로 일본에 건너가 수학하다, 1896년 미국 하버드대학으로 유학하였으며, 5개월 후 다시 영국 할레이대학에서 3년간 수학하였다. 그가 이 대학에서 사사한 스코트필드(Scotfield, F. W.)는 뒤에 우리나라에 와서 일생을 바친 스코트필드 박사의 아버지이다. 1899년 귀국하여 배재학당에서 교편을 잡는 한편, 영국영사관의 통역관이 되었다. 1900년 6월 중국에 주재하던 국제 YMCA 간사 라이언(Lyon, D. W.)이 우리나라에 YMCA를 창설하고자 왔을 때, 창설 멤버의 한 사람이 되어 한성기독청년회를 만들고, 의사부(議事部) 위원장이 되어 김규식(金奎植) · 전덕기(全德基) · 김필수(金弼秀) 등을 기독청년운동에 가담하게 하였다. 애국계몽운동에 적극 참여하여 대한구락부, 대한자강회, 대한협회에서 평의원으로 활동하였다. 1910년 일제가 조선기독청년회를 일본기독청년회와 연맹 관계를 맺게 하려고 하자, 중국에 가서 중국 및 홍콩 기독청년회와 연맹관계를 맺으려고 백방으로 노력하였으나 뜻을 이루지 못하였다.

영경(榮慶, 1859~1917) : 몽고족 정황기인(正黃旗人)으로 과거에 급제하고 한림원에 들어갔다. 동학농민전쟁, 의화단의 난, 무술변법, 신해혁명을 겪으면서 시랑, 형부상서, 관학(管學)대신을 역임하고 경사대학당을 관리했다. 수구파의 대표자였다.

오가키 다케오(大垣丈夫, 1861~1929) : 계몽운동가를 내세웠지만, 정치 낭인 내지 브로커의 역할을 한 것으로 보인다. 필명은 금릉거사(金陵居士). 친일단체인 갑자구락부(甲子俱樂部)를 조직하고, 무당과 박수로 조직된 친일단체 경신무격조합(敬神巫覡組合)을 총지휘. 『조선신사대동보(朝鮮紳士大同譜)』, 『청년입지편(靑年立志編)』 등을 저술했다.

오스틴(John Austin, 1790~1859) : 영국의 법학자로 런던대학의 법철학 강의의 최초 담당자였다. 법실증주의를 제창한 것으로 유명하다. 벤담에게 영향 받았다.

오카무라 긴타로(岡村金太郎, 1867~1935) : 일본의 해양학자이자 수산학자이다. 해조류(海藻類) 연구의 개척자이다. 도쿄대와 동대학원을 졸업하고 농림성수산강습소에 근무했다. 플랑크톤과 해조류 및 수산학을 연구한 논문을 약 250편이나 발표했다.

요시다 쇼인(吉田松陰, 1830~1859). 일본 에도시대 사상가, 교육자. 메이지유신의 정신적 지도자이자 이론가. 1853년 페리 함대 내항 당시 주전론의 무모함을 깨달은 그는 미국 함대에 밀항하여 유학을 가려다 실패하여 투옥되었다. 그 후 고향에서 사설학교를 열어 제자들을 길렀고, 이들이 훗날 메이지유신의 주역이 되었다. 반막부 세력을 대대적으로 탄압한 안세이대옥[安政大獄] 때 처형되었다.

왕망(王莽, ?~B.C 80) : 중국 한나라의 외척으로 한나라를 멸망시키고 신(新)나라를 세웠다. 그는 토지 제도를 개혁하여 천하의 토지를 전부 왕전(王田)으로 하여 매매를 금지했다.

왕문소(王文韶, 1830~1908) : 청나라 말기의 정치가. 순무, 총독을 역임하고 북양대신, 정무대신, 대학사(大學士)를 역임했다. 천진의 진지를 건설하고 북양대학당(北洋大學堂; 지금의 천진대학)을 건설하는 등, 군사와 교육 부분에 공로가 많았다.

왕연(王衍) : 중국 진(晉)나라 사람. 자는 이보(夷甫). 원성령(元城令)이 되어 종일 청담(淸談)을 잘했다. 사도(司徒)를 지내고, 뒤에 석륵(石勒)에게 해침을 당했다. 오직 노자·장자의 이야기를 일삼았다.

왕정(王禎) : 원(元)나라 때 동평(東平) 사람. 자는 백선(伯善), 벼슬은 정덕재(旌德宰) 등을 지냈다. 매년 농상(農桑)으로 백성을 가르치고 또 농기(農器)를 그림으로 그려주고 백성들이 만들어 쓰게 했다. 저서로는 『농서(農書)』, 『농무집(農務集)』이 있다. 1313년에 중국에서 처음으로 종합적인 농업기술서인 『왕정농서(王禎農書)』 22권을 펴냈다. 이 책에는 농작법과 재배법, 농기구에 관한 이론이 그림 273폭과 함께 자세히 서술되어 있다.

원세개(袁世凱, 1859~1916) : 중국의 군인, 정치가이다. 조선에 부임하여 국정을 간섭하고 일본, 러시아를 견제했다. 청일전쟁에 패한 뒤 서양식 군대를 훈련시켜 북양군벌의 기초를 마련하고 담사동 등 개혁파를 배반하고 변법운동을 좌절시켰다. 이후 의화단의 난을 진압했으며 신해혁명 때 청나라 조정의 실권을 잡고 임시총통이 되었고, 이어 스스로 황제라 칭하였다.

원안(袁安, ?~92) : 중국 후한(後漢) 여양(汝陽) 사람으로 자는 소공(邵公)이다. 효렴과(孝廉科)로 진출하여 하남윤(河南尹)을 거쳐 사도(司徒)에 이르렀다. 정사와 호령이 엄격하고 분명했다. 곤궁한 처지에 놓여도 굳게 절조를 지키고 굽히지 않았다.

유병필(劉秉珌, ?) : 대한제국의 의사. 1902년 관립의학교 1회 졸업생으로 육군에서 군의관으로 근무하다, 모교의 교관으로 근무하였다. 최초의 근대적 의사단체인 의사연구회를 창설하고 대한의원 교수로 근무하였다. 1909년 교수직을 사임하고 의원을 개업하고 1910년 위생회를 조직하였다.

윤효정(尹孝定, 1858~1939) : 계몽운동가. 본관은 파평, 호는 운정(雲庭), 별호는 조양(朝陽). 『대한자강회월보』에 '조양루주인'이라는 필명으로 기고하기도 했다. 경기도 양주 출신으로 탁지부주사를 지내고 고베에서 조일의숙(朝日義塾)을 세워 한국 유학생들을 수용했다. 독립협회에서 활동했으며 대한자강회와 대한협회를 조직하는 등, 계몽운동에 공이 컸으나 1909년 일제의 강점 직전에 정권장악을 염두에 두고 일진회와 대한협회를 연합하여 많은 비판을 받았다. 저서로 『풍운한말비사』가 있다.

이익(李瀷, 1681~1763) : 조선의 학자. 자는 자신(子新), 호는 성호(星湖), 본관은 여주, 이하진(李夏鎭)의 아들이다. 숙종 31년(1705) 증광시에 합격했으나 성명을 기록한 양식이 맞지 않아 회시에 응시 못하고 이후 학문 연구에만 몰두하여 근기실학(近畿

實學)의 발원(發源)을 이루었다. 저서로는 『성호선생문집』, 『성호선생속집』, 『질서(疾書)』, 『성호사설(星湖僿說)』, 『곽우록(藿憂錄)』, 『백언해(百諺解)』 등이 있다.

이종일(李鍾一, 1858~1925) : 언론인 · 독립운동가, 3 · 1운동 민족대표 33인의 한 사람. 본관은 성주(星州). 호는 묵암(默菴) · 옥파(沃坡) · 중고산인(中皐散人), 도호(道號)는 천연자(天然子). 충청남도 태안 출신. 교환(敎煥)의 맏아들이다. 1873년(고종 10) 문과에 급제한 뒤 1882년 2월 박영효(朴泳孝)를 따라 일본에 다녀왔으며, 1894년 보성보통학교 교장으로 취임하여 2세 교육에 힘썼다. 천도교에 입교하여 계몽운동에 공이 많았다. 1962년 건국훈장 대통령장이 추서되었다.

이종준(李鍾濬) : 주로 대한자강회의 회원으로 활발하게 활동하여 『대한자강회월보』와 『대한협회회보』에 다양한 기사를 게재했고 『황성신문』에도 기고문을 남겼다. 1901~1904년까지 탁지부 주사를 역임했으며, 1908년 인천 인명학교(仁明學校) 교장이 되었다.

임병항(林炳恒) : 본관은 나주이고 자는 성시(聖時)이다. 참봉과 진주군수 등을 역임하였으며 대한자강회의 발기인이었다. 민영환이 설립한 흥화(興化)학교의 교장을 지냈다.

장백희(張百熙, 1847~1907) : 청나라 말기의 대신이자 교육가이다. 공부, 이부, 호부의 상서를 역임하고 경사대학당의 관학대신을 지냈다. 교육개혁을 주장하였다.

장지동(張之洞, 1837~1909) : 청나라 말기의 정치가이자 학자. 경사실학(經史實學)을 제창하고, 경한(京漢) 철도 부설과 한양(漢陽) 제철과 평향(萍鄕) 탄광을 창설하는 데 관여하였으며, 유교 전통을 살리면서 근대화 정책을 추진하였다. 저서에 『권학편』이 있다.

장지연(張志淵, 1864(고종 1)~1921) : 언론인 · 애국계몽운동가. 본관은 인동(仁同), 초명은 지윤(志尹) · 자는 화명(和明) · 순소(舜韶), 호는 위암(韋庵) · 숭양산인(嵩陽山人). 경상북도 상주 출신으로 용상(龍相)의 아들이며, 장석봉(張錫鳳)의 문인이다.

재택(載澤, 1868~1929) : 만주 양백기(鑲白旗) 사람으로 청나라의 종실이었다. 탁지대신 등을 역임하였다. 개혁파로 입헌을 주장했다.

존 밀턴(John Milton, 1608~1674) : 『실낙원』의 시인으로 유명하나 공화주의자로도 명성이 높았다. 청교도혁명을 지지했다.

증선지(曾先之, ?) : 남송 말기에서 원나라 초기에 이르기까지 활동했다. 『사기』, 『한서』 등의 17종의 정사(正史) 및 송대의 다른 편찬 사료(史料)를 아울러 2권으로 『십팔사략』을 편찬하였다.

철량(鐵良, 1863~1939) : 청나라 말기의 대신으로 만주 양백기(鑲白旗) 사람이다. 일본의 군대를 시찰하고 군기(軍機)대신을 역임하였다. 원세계와 북양군을 설치하였다. 신해혁명 뒤에는 황제의 복벽운동을 진행하였다.

츠다 센(津田仙, 1837~1908) : 일본의 농학자, 교육가이다. 나카무라 마사나오[中村正直], 니이지마 죠우[新島襄]와 함께 기독교계의 3걸로 호칭되기도 한다. 메이로쿠샤[明六社] 회원이었으며 아오야마가쿠인대학의 창립에 관여했다. 네덜란드 농학자의 지도를 받고 『農業三事』를 출간했으며 학농사(學農社)를 설립해 농업교육을 실시했다.

풀턴(Robert Fulton, 1765~1815) : 미국의 기술자. 1807년에 외륜기선 클러먼트호를 진수시켜, 허드슨강의 뉴욕~올버니 간을 정기항행시켰는데, 최초 기선 발명자는 아니었지만, 세계 최초의 기선에 의한 정기항로를 개설하여 상업적으로 성공한 선구자이다.

프리드리히 빌헬름 3세(Friedrich Wilhelm III, 1770~1840) : 1806~1807년 나폴레옹과의 전쟁에서 패한 프러시아의 왕이다. 프러시아는 이 패배로 엘베강 서쪽의 거의 모든 땅을 잃었으며, 그 영향으로 애국주의가 크게 고양되었다. 그를 이은 빌헬름 1세가 비스마르크를 기용하여 프랑스와의 전쟁에서 이긴다.

한백겸(韓百謙, 1552~1615) : 조선의 학자이자 문신이다. 자는 명길(鳴吉), 호는 구암(久菴), 본관은 청주, 한효윤(韓孝胤)의 아들, 민순(閔純)의 문인이다. 선조 18년(1585) 교정청(校正廳)이 신설되자 교정낭청이 되고 파주목사(坡州牧使)에 이르렀다. 『동국지리지(東國地理志)』를 저술하여 실학의 선구적 역할을 했다. 저술로 『기전고(箕田考)』, 『구암유고(久菴遺稿)』가 있다.

허유(許由) : 중국의 전설적 인물이다. 요(堯)임금 때 은사(隱士)로 요임금이 천하를 허유에게 양보하려 하자 기산(箕山) 아래에서 숨어 살았다. 뒤에 또 허유를 불러 벼슬을 주려 하자 허유는 듣지 않으려 하고 또 영수(潁水) 가에서 귀를 씻었다 한다.

현은(玄檃, 1860~1934) : 본관은 천녕(川寧), 자는 원직(元直), 호는 운초(雲草). 조부는 현일(玄鎰), 부는 현제만(玄濟晩), 현제장(玄濟章)에게 출계. 대한자강회, 대한협회, 기호흥학회 등에 참여 활동하였으며 대한협회 평의원, 기호흥학회 재정부장을 역임하였다. 고종 17년(1880) 증광시 역과에 합격하여 관직에 진출하였으며 내부참서관, 지방국장을 지냈다. 그는 애국계몽운동단체의 핵심인물로 활동하며 배일인사로 꼽히기도 하였지만, 1909년 이토 히로부미 추모회에 참여한 것을 시작으로 친일인사로 변절하여 일제 강점 이후에는 중추원참의를 지냈다.

홉스(Thomas Hobbes, 1588~1679) : 영국의 철학자, 정치학자로 국가계약설, 자연권 등의 개념을 정립하였다.

인명 및 기타

서명